资助项目：

中国高校产学研创新基金——北创助教项目（二期）："
慧健康养老服务专业群资源库平台建设（课题编号：2021I
四川省第二批"三全育人"综合改革试点院（系）项目：'
创建伞形立体育人模式；

2023年泸州市哲学社会科学研究规划课题：泸州市农村老年普惠保险助力乡村振兴
路径研究（课题编号：LZ27A031）

RIBEN SHEHUI BAOZHANG ZHIDU
BIANQIAN JI JINGJIXIAOYING YANJIU

日本社会保障制度变迁及经济效应研究

刁美君◎著

经济管理出版社

ECONOMY & MANAGEMENT PUBLISHING HOUSE

图书在版编目（CIP）数据

日本社会保障制度变迁及经济效应研究/万美君著 . —北京：经济管理出版社，2023. 10
ISBN 978-7-5096-9387-2

Ⅰ.①日… Ⅱ.①万… Ⅲ.①社会保障制度—研究—日本 Ⅳ.①D731. 37

中国国家版本馆 CIP 数据核字（2023）第 205631 号

组稿编辑：高　娅
责任编辑：高　娅
助理编辑：杜奕彤
责任印制：黄章平

出版发行：经济管理出版社
　　　　　（北京市海淀区北蜂窝 8 号中雅大厦 A 座 11 层　100038）
网　　址：www. E-mp. com. cn
电　　话：（010）51915602
印　　刷：唐山玺诚印务有限公司
经　　销：新华书店
开　　本：720mm×1000mm/16
印　　张：14. 25
字　　数：257 千字
版　　次：2023 年 11 月第 1 版　　2023 年 11 月第 1 次印刷
书　　号：ISBN 978-7-5096-9387-2
定　　价：98. 00 元

序

　　根本固者，华实必茂；源流深者，光澜必章。犹记与万美君相识于2002年，彼时我任教于辽宁师范大学，常念及校训"厚德博学，为人师表"，期盼学生中涌现学术传承者。须知，为人师表，春风化雨，确是乐终古而未央。今学生万美君的著作《日本社会保障制度变迁及经济效应研究》即将出版，欣喜于学生笔耕不辍，更欣慰于学生坚守讲台，故执拙笔序言一二。

　　本书基于美君的博士论文，并进一步结合当今中日社会保障体系的演变及效应，进行了深度的学术思考。本书结合马克思主义和西方社会保障制度理论，以多种科研手段深入阐释日本社会保障制度的特点及规律，总结既往成功经验，揭示目前和未来的风险挑战。显然，本书是一个科学化、系统化的研究过程，具有科研价值与实践意义，我想这也是其毕生钻研的学术方向之一。

　　社会保障制度为改善民生、维护社会公平、增进人民福祉的基本制度，是促进经济社会发展、实现民众共享改革发展成果的重要制度安排。然而，不同国家社会保障制度安排及效应却有很大的差异，其中日本的社会保障制度对经济发展中的经验和教训对我国完善社会保障制度及政策体系具有重要的借鉴意义。

　　本书对日本社会保障制度的演变及经济效应分析内容夯实，论证严谨，无疑是读来颇受教益的学术著作。尤其是对日本医疗保险、养老保险及护理保险中存在的问题及改革的深入探讨，为中国社会保障制度与经济的均衡发展提供了重要参考。其核心观点"借鉴日本社会保障制度改革的经验与教训，加强经济制度配套改革，将是中国实现经济强国的重要保障"，也与党的二十大提出的"健全社会保障体系、推进健康中国建设"高度契合。显然，本书的研究考究现实，合乎国情，颇具重要的现实价值。

　　当然，我还是不想这篇序写得太过学术化，我更想把这篇序作为我们师生间的叙旧。在我数十年的教师生涯中，我与美君的师生缘跨越十几年，美君从懵懂的大学生经过博士研究生的学习，如今成长为深受学生爱戴、在每个人生抉择处勇于创新、不断开辟新的人生篇章的高校教师，既传承了为人师表的衣钵，也在研究日本社会保障领域青出于蓝而胜于蓝。

本书凝聚了美君多年来在学术研究中的智慧和创新，为社会提供有益的知识和理论支持。当然，近年来，在日本经济持续低迷、财政赤字居高不下的背景下，日本社会保障制度及政策体系也面临着重大挑战。因此，如何科学评价和借鉴日本的经验和教训仍需要持续地深入研究。

十年之计，莫如树木；终身之计，莫如树人。人们总喜欢把老师比作辛勤的园丁，辛苦了自己，美丽了花草，但某天回首，老师也在灿烂的花园里芬芳了一生。何其有幸，为万美君作下这篇序，总感觉还有很多话絮叨不完，不如让我们期许，未来以更严谨的科研态度、更勤勉的实践精神、更坚定的家国情怀，让中国社会保障体系的建设与完善惠及更多民生福祉。

中国政法大学　金仁淑

2023 年 10 月 19 日

前　言

　　自进入 21 世纪以来，为了应对国际社会经济结构的不断变化，世界各国都在不断研究和调整本国的社会保障制度，以期满足社会民众的共同利益和基本生活需求。第二次世界大战（简称"二战"）后，日本经济经历了恢复期、高速增长期、低速稳定增长期、长期停滞期和缓慢增长期。在这个历史进程中，日本的社会保障制度不断发展和成熟，并且其发展周期与日本经济发展阶段基本一致。虽然日本的社会体制、经济实力、人口数量和国土面积均与我国差别较大，但中日两国的传统文化和人口结构极为相似。因此，研究日本的社会保障制度及经济运行规律，可以为中国社会保障制度的发展和完善提供参考经验，推动其更好地发挥协调社会矛盾、促进社会和谐及经济健康发展的作用，实现中国经济体制和社会保障制度的均衡发展。

　　本书基于马克思主义和西方社会保障制度理论，采用规范分析与实证分析相结合的方法，重点分析日本社会保障制度的特点及其经济效应；探寻日本社会保障制度与经济增长、收入分配、劳动力市场和资本市场之间的内在规律；总结日本社会保障制度的成功经验；深入揭示日本保障制度面临的挑战。具体为：通过社会保障适度水平模型，测量 1971～2012 年日本社会保障适度水平的上、下限度；采用回归分析方法，考察日本社会保障支出水平与人均 GDP 的关系；选用时点随机效应模型和最小二乘法分析日本社会保障与收入分配的关系；利用数据和图表，探讨日本公共年金改革对劳动力市场的影响；运用格兰杰因果关系检验法验证日本公共年金基金与资本市场的互动关系。

　　本书通过定量与定性相结合的方法，对日本社会保障与经济的关系进行论证，并得出创新性结论：

　　第一，日本社会保障水平略高于适度水平下限。为了应对人口老龄化高峰期的到来,确保社会保障的平稳过渡,日本政府应着手进行养老保险与医疗保险资金筹集模式、发放水平等方面的改革,否则,日本在人口老龄化与少子化日益加重的趋势下,社保资金会严重不足,直接影响社会保障制度的正常运行。

第二,日本社会保障收入分配功能较弱。日本社会保障支出每增加1个单位,收入分配差距将缩小0.099个单位,而人均GDP每增加1%,收入分配差距将拉大1.5个百分点。这说明,日本社会保障制度还需要进一步完善筹资机制和补偿机制,并加强社会保障经办机构的管理,进而充分发挥社会保障制度的收入再分配作用。

第三,日本公共年金影响企业劳动力需求的结构和供给量。公共年金改革增加了企业对19岁以下及65岁以上临时工的需求。女性就业供给增加,男性劳动力的参与率略有下降,企业对中年以上劳动力的需求减少。从长期来看,公共年金改革加重了企业负担,影响了日本的投资环境,降低了日本对本国企业和外资企业的吸引力,从而使日本国内对劳动力的需求进一步萎缩。

第四,日本养老基金与资本市场是单向因果关系。养老基金并没有对资本市场的发展产生显著影响,而日本资本市场规模与深度的不断变动,将影响养老基金的收益变化,这与养老基金投资无法遵循市场机制有直接关系。

第五,安倍政府时期的社会保障制度改革尚未解决养老基金增源问题,未改善日本经济长期的结构性困境。为了积极应对少子高龄化问题,安倍政府推进的社会保障改革出现了新的动向,即转变社会保障筹资模式,实施社会保障及税制一体化改革,积极推进少子高龄化及育儿支援政策,并将实现不同职业群体公共年金"一体化"的社会保障制度。

笔者认为,日本社会保障制度及经济效应的研究为中国社会保障制度的完善、经济的发展提供了可借鉴的思路。首先,中国应该建立长期护理保险制度,以完善中国社会保险体系。其次,中国社会保障制度应该建立略低于适度水平下限的社会保障项目,以应对人口老龄化高峰期的到来。再次,加快中国社会保障立法的进程,让其成为社会保障改革的法律依据。最后,调整中国社会保障一体化的衔接机制,打破城乡保障的二元结构。

目　录

导　论

纵观世界，社会保障制度的建立已有130多年的历史，德国是世界上首先以制度形式推行社会保障的国家，被认为是现代社会保障制度的诞生地。在历史的长河中，社会保障制度对国家政权的稳定、社会的和谐、经济的发展起到了重要作用。社会保障推行的初期，各国依据自身政治、经济、文化、历史等情况，建立了不同的社会保障制度模式，随着经济水平的提高和经济结构的变化，各国的社会保障制度也在不断地进行变革。社会保障制度发展的实践证明，一国的经济制度与社会保障制度有着密切的联系。本章主要简述本研究的背景和意义、方法及内容、创新及不足。

第一节　选题背景和意义

一、选题背景

（一）理论研究的需要

西方社会保障理论最早可以追溯到亚当·斯密，他认为政府不需要过多地干预市场经济，而应该建立维护自由和公平的交换制度，这一理论阐述了社会保障制度建立的目的。19世纪40年代，德国形成了（主流经济学理论）历史学派，新旧历史学派的代表人物主要有罗雪尔、布鲁诺·希尔德布兰德、卡尔·克尼斯、古斯塔夫·施莫勒等经济学家。他们认为：政府应干预经济发展，同时大量收集各国、各民族历史、文化、经济等资料，并依据收集的资料来研究各国经济发展的具体道路。① 20世纪40年代，英国以《贝弗里奇报告》为依据首先建立了福利国家。20世纪70年代，西方国家社会保障改革成为政府解决严重经济滞胀的重要工具。自20世纪90年代以后，社会保障领域出现了"第三条道路"学派，这一学派主要是从公平与效率的角度来研究经济全球化和科技产业革命背景下的社会保障经济理论。这一时期，研究社会保障制度的学者开始把新经济增长理论引用到社会保障研究中。虽然这种研究方法发展较晚，但它在社会保障与经济增长相关性的研究上开辟了新的领域。

除此之外，还有很多学者从经济角度来研究社会保障制度的相关问题。近些年，中国的郑功成、郑秉文、邓大松、李珍、穆怀中等学者对社会保障理论进行了进一步分析并提出了自己的观点。20世纪90年代中期，中国对社会保障理论的研究也逐步展开。国内学者杨黔云主要通过考察战后日本社会保障制度的发展历史来分析影响现代社会保障制度发展的因素，他认为经济发展会导致产业结构和就业结构发生变化，从而对现代社会保障制度产生影响。② 张炜、吴宇主要运用向量自回归模型（VAR）对日本的社会保障支出水平及其国民收入进行实证分析，通过分析发现两者之间存在长期的均衡关系。国民收入是日本社会保障支出的重要决定因素，国民收入的增长会相应地增加社会保障的支出，并且增加的幅度要高于国民收入的增长。经济发展水平直接影响社会保障支出水平，社会保障具有收入再分配的功能，能够调节经济运行结构，增加社会有效需求，政府可以通过社会福利支出助力个人、家庭对劳动力的培养和训练，促进劳动力资本的培养和开发。③ 经济发展对社会保障起到拉动效应，同时，社会保障也对经济发展起到推动效应。陈作章主要研究了日本泡沫经济和金融危机时期，经济对社会保障投资带来的消极影响。④ 齐琳研究了20世纪60年代和70年代日本政府运用社会保障政策来调节贫富差距的做法。⑤

（二）经济社会发展与改革的需要

目前，从各国社会保障的实践来看，社会保障进入全面改革阶段，但改革中

---

① 杨祖义：《德国历史学派的经济史学解析》，《中南财经大学学报》2001年第5期，第69-73页。

② 杨黔云：《论影响现代社会保障制度发展的因素——对战后日本社会保障制度发展的历史考察》，《学术探索》2005年第4期，第53-57页。

③ 张炜、吴宇：《日本社会保障支出水平与其经济发展关系的实证研究——基于VAR模型》，《日本问题研究》2008年第4期，第33-35页。

④ 陈作章：《日本社会保障制度及社保基金的投资运营》，《日本经济》2001年第2期，第39-46页。

⑤ 齐琳：《20世纪60、70年代日本政府调节贫富差距的政策研究》，天津商业大学硕士学位论文，2012年。

出现了很多问题，在世界范围内也相继发生了一系列事件。例如：2010 年 9 月法国发生全国性的大罢工，以抗议政府计划将退休年龄从 60 岁推迟到 62 岁；2014 年 5 月美国发生医保欺诈案，非法向政府套取 7.12 亿美元保险费，据推算，给纳税人造成的损失为 980 亿~2720 亿美元[①]；2014 年 12 月 14 日比利时全国罢工，抗议比利时联邦政府实施减少养老金、削减福利预算和延长退休年龄等政策。这些事件警示各国政府，社会保障改革与经济发展密切相关，必须深入研究社会保障制度与经济制度之间的内在规律，找到两者之间的均衡点。同时，日本少子化、老龄化、高龄化的社会现实，急需进行社会保障制度的改革，完善与社会经济发展相辅相成的社会保障制度才能促进经济发展、社会和谐。

（三）政府关注的焦点

社会保障制度是人类文明与社会进步的标志之一，无论是对推进经济发展，还是对促进社会与经济协调发展都具有重要的作用。《2014 年全球社会保护报告》认为："社会保障具有调节贫富差距和不公平的功能，社会保障的实施能够增强社会的凝聚力，实现公平和正义。"2012 年，习近平总书记指出："我们的人民热爱生活，期盼有更好的教育、更稳定的工作、更满意的收入、更可靠的社会保障、更高水平的医疗卫生服务、更舒适的居住条件、更优美的环境，期盼孩子们能成长得更好、工作得更好、生活得更好。人民对美好生活的向往，就是我们的奋斗目标。"以及"保障和改善民生是一项长期工作，没有终点站，只有连续不断的新起点。"[②] 自党的十八大以来，政府以人为本，高度重视民生工作与社会保障的建设与发展，认为民生工作是推动经济持续健康发展的重要保障。

二、选题意义

（一）理论意义

社会保障经济学是研究社会保障与经济主体行为及宏观运行相关性和相互作用的一门边缘学科。中国的社会保障制度建立于中华人民共和国成立后，到目前为止还没有形成具有中国特色的社会保障学科体系，社会保障理论研究滞后，制约了社会经济的发展，社会保障学科缺乏理论性、系统性和科学性。在中国，对国外社会保障的研究尚未引起广大学者的足够重视，研究成果也很少。从仅有的

---

① 《中国社会保障》编辑部：《2015 年国际社会保障十大新闻》，《中国社会保障》2016 年第 1 期，第 17 页。

② 引自 2012 年 11 月 15 日习近平总书记在新一届中央政治局常委同中外记者见面时的讲话。

研究成果来看，论文多，专著少，制度介绍多，理论创新少，这与我国社会保障制度起步晚有很大关系。中国社会保障制度经过70年的发展取得了很大的成就，在此基础上，大量的国内学者开始积极学习和研究国外社会保障制度的经验和理论，但我国研究日本社会保障制度的成果仅限于《日本社会保障制度》[①]《日本社会保障制度的发展》[②]《日本社会保障制度研究》[③] 等，数量很少。从中日历史文化及人口结构的相似性来看，对日本社会保障制度的研究将越来越重要。从社会保障制度与经济制度的关系来看，研究日本社会保障制度与经济的关系是完善经济制度的重要条件，同时将吸引更为广泛的学者前来研究日本社会保障问题，从不同领域分析日本社会保障问题，形成社会保障经济学的自有体系。日本社会保障制度相对中国较为成熟，因此研究日本社会保障制度及其经济效应可以丰富和完善中国社会保障经济学理论。

（二）现实价值

社会保障制度最早起源于西方，1601年英国颁布的《济贫法》开启了政府主持社会救济事业的做法，为社会保障制度的形成奠定了基础，德国在19世纪末也建立了现代社会保险制度，但"社会保障"一词最早是由美国提出的。社会保障制度的建立、完善及发展对一个国家制度体系的构建有着重要影响，政治学、社会学、经济学、伦理学、法学等不同领域的学者已开始进行社会保障问题的研究。各个国家社会保障制度的模式不尽相同，这主要是受本国社会环境、经济发展水平、经济制度等因素影响的结果。现阶段，中国处在社会主义市场经济体制改革的关键时期，社会保障制度体系还不完善，需要不断调整和改革。从理论层面看，社会保障制度的发展受到多种制度的影响，如政治制度、经济制度，但同时社会保障制度的发展也受到了非正式制度[④]的影响，如传统的历史文化等因素。虽然西方发达国家的社会保障发展历史较长，但与西方欧美国家相比较，日本的非正式制度因素与我国相似，所以更具有借鉴意义。

自明治维新以来，日本开启了赶超型发展模式，日本的经济经历了快速增长期、停滞期和缓慢增长期。在经济发展过程中，日本制度模式的独特性是推动日

---

① 宋健敏：《日本社会保障制度》，上海人民出版社2012年版。
② 沈洁：《日本社会保障制度的发展》，中国劳动社会保障出版社2004年版。
③ 杨华：《日本社会保障制度研究》，中国财政经济出版社2011年版。
④ 金仁淑教授认为：非正式制度是人们在长期交往中无意识形成的，具有持久生命力，并构成代代相传的文化的一部分。参见金仁淑：《日本经济制度变迁及绩效研究》，中国经济出版社2012年版，第6页。

本经济发展的关键。金仁淑分析了明治维新以来日本经历的两次以政府为主导的强制性经济制度变迁和第三次制度创新的转折，它们使日本步入从以政府为主导的强制性经济制度向以市场为主导的诱致性经济制度转变的新阶段。[①] 她认为，强制性经济制度变迁适合赶超型发展战略，诱致性经济制度变迁更适合自主创新型发展战略。国泰君安证券在 2012 年 9 月 13 日发表的一份题为《扶桑的启示——37 年前日本经济与中国当前的比较》的研究报告中认为，中国经济与 37 年前的日本存在多个相似之处。从 GDP 水平来看，中国自 2004 年以来 GDP 的变化趋势与日本 1967 年后的变化趋势基本一致，也就是说中国经济滞后于日本约 37 年。2007 年和 2010 年，中国出现高通货膨胀，经济开始下滑，日本在 1970 年和 1973 年 GDP 增速同样有所下降。[②] 此外，通货膨胀、货币供应量、利率波动及汇率的变动也表现出一些相似之处，所以研究日本社会保障制度的变迁及经济效应对中国社会经济发展道路的选择有着重要的借鉴意义，对中国社会保障制度体系的构建也有着重要的启示作用。

第二节　研究方法及内容

一、研究思路

首先，本书比较全面地介绍了社会保障的内涵、历史演变过程及理论，在此基础上，对日本社会保障制度的发展过程进行梳理。其次，研究现实社会保障制度运行与经济发展的相关性。通过实证方法分析社会保障水平与经济增长的内在联系，探索社会保障制度与收入分配的影响机制，探求社会保障制度与劳动力供给及参与率的互动关系，论证社会保障制度与资本市场的互动关系等。比较系统地评价社会保障制度的经济效应，为中国制定社会保障政策提供理论依据和实证支持。最后，根据理论和实证分析结果，为中国社会保障制度改革提出建议。因此，该研究是按照从理论到实证、从抽象到具体的逻辑次序安排的。具体研究结构如图 0-1 所示。

[①]　金仁淑：《日本经济制度变迁及绩效研究》，中国经济出版社 2012 年版。
[②]　《中国经济与 37 年前的日本存在多处相似点》，《东方早报》2012-09-26。

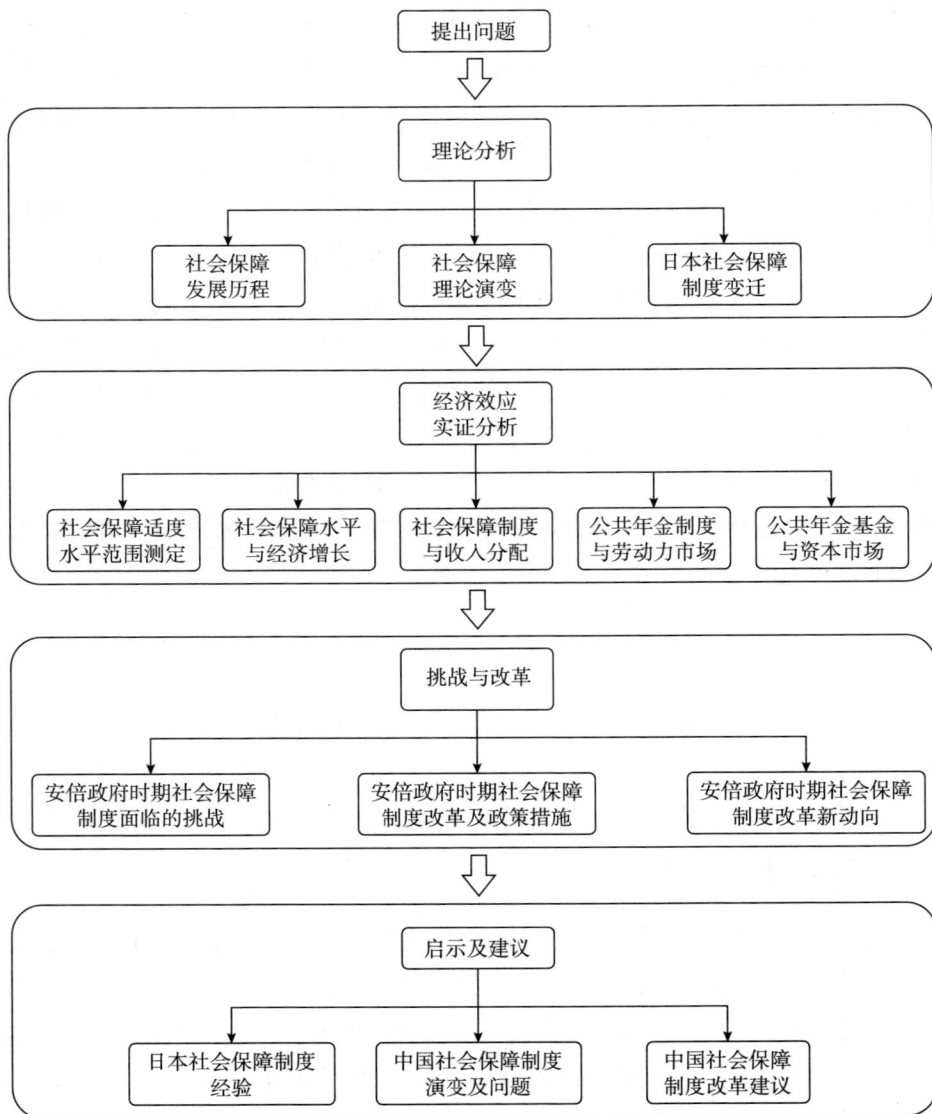

图 0-1 本书研究结构

二、研究方法

本书以社会保障经济理论为基础，运用规范分析与实证分析相结合的方法，同时运用格兰杰因果关系检验、时点随机效应模型等计量回归方法来研究社会保障制度经济效应，论证过程和结论更加科学，具有现实指导意义。

（一）规范分析与实证分析相结合

本书运用规范分析方法，对日本社会保障制度的发展历程与改革、日本经济制度的发展状况和特点等进行分析，判断不同经济发展阶段社会保障制度所呈现的不同的特征，进而分析不同时期社会保障制度对经济发展的影响，如20世纪90年代前经济增长时期社会保障制度对经济产生的影响、20世纪90年代后经济衰退时期社会保障制度是如何推动经济发展的。此外，运用实证分析方法对日本社会保障制度对经济增长、收入再分配、劳动力市场、资本市场产生的效应进行检验。

（二）实证分析法

为了准确客观地研究日本社会保障制度对经济发展的积极效应，本书运用计量经济学的方法研究日本社会保障制度的适度水平。以当前的社会保障水平为研究前提，运用格兰杰因果关系检验、时点随机效应模型等计量回归方法分析社会保障制度与经济增长、收入分配、劳动力市场、资本市场的关系。

（三）比较分析方法

本书通过对日本经济发展阶段与社会保障发展周期进行比较分析，寻找出经济与社会保障的内在联系和规律。日本经济经历了恢复期（1945~1955年）、高速增长期（1956~1972年）、低速稳定增长期（1973~1989年）、长期停滞期（1990~2001年）和缓慢增长期（2002年以后）。日本社会保障也经历了形成和确立时期（1945~1961年）、发展和扩充时期（1962~1974年）、调整和重组时期（1975~1989年）和转型时期（1990年至今）。为了获得更多的样本量，使计量分析更为准确，笔者把日本经济恢复期及高速增长期归为一个时期，把低速增长期和长期经济停滞期归为一个时期。按照经济发展阶段把社会保障划分为明治维新到"二战"前社会保障制度的萌芽阶段，1946~1973年日本经济高速增长期社会保障制度的建立与发展阶段，1974~2000年日本经济稳定增长期社会保障制度的调整阶段，及2001年以后日本经济缓慢增长期社会保障制度的改革阶段。本书基于对两者发展阶段的比较，探讨两者的发展历程及相互关系。

三、主要内容

本书共八章，可分为三部分。第一部分包括导论、第一章和第二章，属于基本理论分析，重点研究中外社会保障理论及日本社会保障的发展历程；第二部分是第三章到第六章，用实证方法分析社会保障制度与经济增长、收入分配、劳动力市场及资本市场的内在规律，是本书研究的重点和难点；第三部分由第七章、第八章组成，探讨日本社会保障制度面临的挑战，总结日本社会保障制度的成功经验，展望日本社会保障制度的发展趋势，分析中国社会保障制度的变迁及存在的问题，并提出中国化的社会保障制度改革建议，具体内容如下。

导论：介绍选题的背景和意义，阐述研究思路及方法，理顺写作的逻辑框架和主要内容，同时指出本书的创新及不足。

第一章：社会保障理论演变及文献综述。介绍社会保障的概念、发展历程，梳理西方社会保障的相关理论及中国从古至今的社会保障思想，阐述现行日本社会保障的内容、管理机构及法律体系。

第二章：日本社会保障制度变迁。依据日本经济发展的阶段，把社会保障的发展历程分为四个阶段：第一个阶段，明治维新到"二战"时期，社会保障制度的萌芽时期；第二个阶段，1946~1973年，日本经济高速增长阶段，社会保障制度的建立与发展时期；第三个阶段，1974~2000年，日本经济稳定增长阶段，社会保障制度的调整时期；第四个阶段，2001年以后，日本经济缓慢增长阶段，社会保障制度的改革时期。本章的研究为后续研究社会保障制度变迁与经济制度变迁的关系奠定了基础。

第三章：日本社会保障水平对经济增长的影响。通过数据计算1971~2012年日本社会保障水平，运用穆怀中的社会保障适度水平理论，测算日本社会保障水平的上、下限度。研究在不同经济发展阶段，日本社会保障水平与经济增长的关系，并进一步分析存在这一关系的原因。

第四章：日本社会保障制度与收入分配：机理分析与实证检验。介绍日本国民收入的状况，阐述社会保障与收入分配的机制与原理，探讨社会保障与收入分配中的初次分配、二次分配及三次分配的关系，用面板数据模型分析两者之间的内在规律。

第五章：日本公共年金制度改革对劳动力市场的影响。对有关日本养老保险与生育率、退休决策、劳动参与率关系的理论进行梳理，分析日本公共年金改革的主要内容，论证公共年金改革对劳动力参与率及劳动力供求的影响，从而得出结论及对中国社会保障制度发展的启示。

第六章：日本社会保障基金与资本市场运作效应分析。介绍日本资本市场的基本概念和发展状况，对公共年金基金的资本运作历史进行分析，检验日本社会保障基金与资本市场的互动关系，并得出结论。

第七章：日本社会保障制度面临的挑战与改革趋势。分析安倍晋三执政时期"新旧三支箭"的政策效果，讨论日本社会保障制度面临的挑战及改革的动向。

第八章：日本社会保障制度对中国的启示及建议。在前几章研究的基础上，总结日本社会保障制度的成功经验，分析中国社会保障制度发展的特点及其存在的问题，结合经济发展水平，提出合理化建议。

第三节　研究的创新及不足

一、研究的创新

目前，国内外学者对日本社会保障制度经济效应的研究，多局限于经济某个单项领域对社会保障体系的影响，或者社会保障中的某个社会保险项目对经济某个范围的影响，且以描述性研究或整体论述为主，缺乏综合性实证分析。本书对日本社会保障制度的经济效应进行了创新性的研究，主要体现在以下三个方面。

（一）研究视角创新

本书以日本明治维新为起点，主要研究"二战"后不同经济阶段的社会保障制度对经济的影响，以20世纪90年代为界限，分别研究20世纪90年代之前经济增长期和90年代之后经济衰退期，社会保障制度呈现的特点及对日本经济发展的影响。

（二）研究方法创新

本书收集了近几十年有关社会保障及经济发展的数据，利用计量模型，对日本社会保障水平与经济增长、社会保障制度与劳动力市场、社会保障基金与资本市场、社会保障模式与收入再分配等的关系进行实证研究。本书把规范分析与实证分析相结合，既有理论分析，又有实证检验，做到理论和实践相结合。

（三）学术观点创新

大多数理论研究者认为日本社会保障水平过高，而本书通过理论分析和实证检验，得出日本社会保障水平保持在适度水平范围内的结论。社会保障水平的适度性是研究社会保障制度内容的基础，在适度水平下进一步研究社会保障的模式，使其与经济制度对接，才能使社会保障制度更好地促进经济的发展，发挥其应有的经济功能和社会功能。

二、研究的不足

目前，越来越多的学者关注社会保障与经济的相关性，相关研究成果也逐年增多。笔者在研究过程中力求科学严谨，注重提高研究结论的可靠性，但受主客观因素的影响，本书仍存在一些不足：

第一，由于研究精力有限，本书没有对德国、美国、英国等发达国家社会保障模式的经济效应进行比较研究，只对日本与中国的社会保障制度进行了研究，因此，对不同社会保障模式经济效应的比较分析略显不足。

第二，本书只对日本社会保障水平的适度性与经济增长的关系、日本社会保障与收入再分配的内在逻辑、日本公共年金制度对劳动力市场的影响、日本公共年金基金与资本市场运作的互动关系进行了论证，但对社会保障与公共财政、人力资本等方面的关系未作研究。本书的研究视角有待进一步扩展，研究深度有待进一步挖掘。

第三，由于数据所限，本书采用的数据都是全国性的数据，并且早期的数据不够全面，这使早期研究和空间研究具有一定的局限性。今后，可以进行日本城市社会保障制度经济效应的分析研究。

第一章　社会保障理论演变及文献综述[*]

第一节　社会保障内涵及发展

一、社会保障的定义

从世界范围看，各国建立社会保障制度的时间不同，经济的发展水平各有差异，国民意识形态不同，造成了世界各国对社会保障的需求也不一样，这就必然引起不同地域、不同学者对社会保障概念的界定不尽相同，因此很难做出统一的概念界定。

（一）国外对社会保障概念的界定

19 世纪末，德国第一个建立了比较完备的社会保障立法体系。在德国文献中，"社会保障"这个概念并没有统一的内涵，经常会出现"社会保障"和"社会安全"的不明确使用。①

美国在 1935 年颁布的《社会保障法案》中首次使用了"社会保障"一词。1938 年，新西兰政府在《社会保障法案》中增加了社会救济的相关内容，又一次提到了"社会保障"一词。1941 年，《大西洋宪章》也出现了"社会保障"一词。1942 年，《贝弗里奇报告》规定了社会保障建立的前提条件及保障的主要

---

　　*　2012 年笔者曾就"社会保障理论演变"进行过研究。参见万美君：《社会保障发展历程及理论研究》，《辽宁公安司法管理干部学院学报》2012 年第 3 期，第 156-158 页。

　　①　姚玲珍：《德国社会保障制度》，上海人民出版社 2011 年版，第 5 页。

内容。1944 年，《费城宣言》规范了扩大社会保障范围的具体措施。1952 年，《社会保障公约》制定了社会保障基本准则，使"社会保障"一词开始被大多数国家及相关国际组织接受并推广。

美国 1935 年颁布的《社会保障法案》从被保障对象的角度对"社会保障"一词进行定义，被保障对象主要是老年人、遗属、残疾人等。美国 1999 年出版的《社会工作词典》将社会保障定义为："一个社会对那些遇到了已经由法律做出定义的困难的公民，如年老、生病、年幼或失业的人提供的收入补助。"[①]

英国的《贝弗里奇报告》主要是从社会保险角度对社会保障进行阐述，其目标是使英国民众在任何情况下都不会陷入贫困，都会得到国家的保障。1994 年，《不列颠百科全书》与中国大百科全书出版社合作推出的《新大不列颠百科全书》对社会保障进行了诠释："社会保障是对病残、失业、作物失收、丧偶、妊娠、抚养子女或退休的人提供现金待遇。"[②]

1950 年 10 月，日本政府引用"关于社会保障制度的劝告"中的观点，首次把社会保障界定为："由于疾病、负伤、残疾、死亡、失业、多子女及其他原因造成的贫困，从保险立法和国家直接负担上寻求途径，并谋求公共卫生和社会福利的提高，以使所有国民能过真正有文化的社会成员的生活。"[③]

1984 年，国际劳工组织发表了《社会保障导言》，指出："社会保障是社会通过一系列的公共措施对其成员提供保护，以防止他们由于疾病、妊娠、工伤、失业、残疾、老年及死亡而导致的收入中断或大大降低而遭受经济和社会困窘，对社会成员提供的医疗照顾以及对有儿童的家庭提供的补贴。"[④]

（二）中国对社会保障概念的界定

1986 年 4 月公布的《国民经济和社会发展第七个五年计划》，在我国第一次使用了"社会保障"一词，指出："中国要建立具有中国特色的社会保障制度。"自 20 世纪 80 年代后，西方社会保障的不同定义传入我国，使我国学者对社会保障有了进一步的理解。《中国百科全书》经济卷中记载，社会保障包括社会保险、社会救助、社会福利和公共医疗卫生四个方面，《现代劳动关系辞典》又增加了优抚安置的内容。

---

① Barker Robert L. , *The Social Work Dictionary*, 4th, Washington D. C. : NASW Press, 1999.

②③ 资料来源于社会保障的定义：http://www.lawtime.cn/info/laodong/shehuibaozhang/20111024117877.html。

④ 国际劳动局：《展望 21 世纪：社会保障发展》，劳动人事出版社 1988 年中文版，第 36 页。

葛寿昌在《社会保障经济学》中对社会保障概念进行了归纳，认为社会保障是国家通过立法，采取强制手段，对国民收入进行分配和再分配形成社会消费基金，对基本生活有困难的社会成员给予物质上的帮助，以保证社会安定的一种有组织的措施、制度和事业的总称①。王尚银指出：社会保障是国家、集体和个人为社会成员维持基本物质生活需要提供的援助，它是实现生存权的体现。② 郑功成在《社会保障学——理念、制度、实践与思辨》中写道：社会保障是各种具有经济福利性的、社会化的国民生活保障系统的统称。③ 郑秉文认为：社会保障是与社会主义市场经济的体制基础相适应，国家和社会依法对社会成员基本生活予以保障的社会安全制度。④

通过以上的观点可以看出，早期的社会保障主要针对弱势群体，最终的目的是让所有公民都能享受社会经济发展的成果，稳定社会，推动社会的正常运行，它是人类社会实现理想的一种方式。从定义中可以了解到，社会保障在不同历史时期具有不同的特点，在经济高度发展的当今社会，社会保障更强调责任主体，保障的对象及保障的内容也与其他时期不同。⑤ 通过借鉴国内外学者对社会保障的理解和界定，笔者把社会保障定义为：由政府、社会团体及个人利用社会各种资源，保障公民基本生活中的物质及精神需求，使公民能够享受到社会经济发展的成果，体现社会公正，实现共同富裕，并不断提高公民生活质量的各种保障措施的总称。

这个概念与其他概念相比，体现了保障责任主体及保障对象的变化。保障责任主体已经不单纯是政府，各种自治组织、社会团体及个人都可以为社会保障事业尽一份力量，帮助那些有需要的人，改善他们的生活。保障对象也发生了变化，由弱势群体及已经发生或即将发生风险的人群扩大到所有的公民。随着社会经济的发展，社会保障的最终目的就是提高所有人的生活质量，每个人都能幸福快乐地生活。

---

① 葛寿昌：《社会保障经济学》，复旦大学出版社1990年版，第2页。
② 王尚银：《对社会保障定义的商榷——兼论社会保障制度的风险覆盖范围》，《贵州大学学报》，1999年第6期，第25—28页。
③ 郑功成：《社会保障学——理念、制度、实践与思辨》，商务印书馆2000年版，第11页。
④ 郑秉文、和春雷：《社会保障分析导论》，法律出版社2001年版，第3页。
⑤ 资料来源于《社会保障》：http://www.docin.com/p-373638198.html。

二、社会保障的建立与发展

（一）建立的标志

英国 1601 年颁布的《济贫法》是社会救济制度形成的标志，1834 年颁布的新《济贫法》是社会救济制度建立的标志，从此英国成为人类历史上第一个福利制度国家。1883 年德国颁布的《疾病社会保险法》，是社会保障制度建立的标志。1884 年 3 月 6 日，修改后的《工伤事故保险法》第三次被提交至国会，修改内容中不包含国家对工伤事故保险提供补贴等重要条款，[①] 1884 年 6 月 27 日国会正式通过《工伤事故保险法》，并宣布于 1885 年 10 月正式生效。1889 年 5 月，德国又通过了《老年和残疾社会保险法》。这三部保险法，不仅使德国成为世界上第一个通过立法来建立社会保障制度的国家，还使德国成为世界上第一个拥有完整社会保险体系的国家。从英国的社会救助发展到德国的社会保险，这是世界社会保障制度质的飞跃。

（二）建立的原因

19 世纪的欧洲，德国能够建立全面的社会保障制度，有其主观和客观的原因。

1. 客观原因

客观上，生产方式及工业化的推动是社会保障制度产生的直接原因，同时宗教思想的影响和学术思想的发展也推动了社会保障制度的产生。

（1）工业化的推动。工业化初期，农业的发展赶不上农村人口的增长。19 世纪上半叶，欧洲农村人满为患，农民普遍贫困，处于大饥荒的边缘。同一时期，城市死亡率高于出生率，劳动力缺乏，为农村人口进城创造了条件。工业化的逐步推进，直接促成农业机械化的程度越来越高，农业生产率的增长速度超过农产品消费的增长速度，农业部门对人力的需求越来越下降，农业在国民经济中所占的比重也日趋下降，直接促进了人口的城市化。进入城市的部分农民由于文化程度低、年龄大、残疾等因素，无法继续就业，成为贫困人口，这就直接推动了社会保障制度的产生。

（2）宗教思想的影响。宗教在西方被称为慈善之母，对早期社会保障的形

---

① 1881 年，德国首相俾斯麦提出《工伤事故保险法》，但未能获得议会通过。1882 年，经过修订的《工伤事故保险法》再次提交至国会，但还是遭到了国会的否决。

成有重要的影响。宗教通过建立各种慈善机构，在思想观念、组织方式、经营管理以及救助活动人员的培养等方面，为社会保障提供了反思与改造的参照物。在学者思考如何实现公平的问题上，宗教为其提供了重要的观念支持，从而奠定并强化了社会公平与社会互助等道德基础，提供了制度安排最初的方法示范，为弥补社会保障制度安排的不足起到了积极的作用，更为重要的是，将社会保障的种子植入每个公民的心中。

（3）综合保险学的发展。社会保险理论是保险学理论的一个分支，保险学是社会保险产生的理论基础和实践基础。不同历史时期，保险学有不同的研究内容。19世纪80年代，出现了综合保险学，对保险业的发展起到了推动作用。德国综合保险学的发展为1883年德国实施社会保险并取得成功奠定了坚实的理论基础。[①]

2. 主观原因

资本主义的快速发展引发了诸多的社会矛盾，资产阶级为巩固执政权力是社会保障制度产生的重要原因。

（1）由于圈地运动，英国社会动荡不安，大量人民流离失所，贫困、失业、流浪现象急剧增加，社会陷入极不稳定状态，农民反抗情绪日益激烈。为了缓和矛盾，1536年英国颁布了《公共救济计划法令》，希望通过逐渐介入济贫事务来加强和扩大世俗政权的力量。

（2）德国为了平衡社会各个阶级和阶层的利益，把社会保障看作一个潜在的整合利益集团的手段。在国内，安抚工人阶级，调和劳资矛盾，给工人更多生存的权利，用社会保险把工人的利益和国家需求捆绑在一起，使工人认同国家主义，并通过与工人阶级的和解，来制约新兴的自由资产阶级，立足于君主政治，把德国的封建传统和新兴的社会主义融为一体。[②]

（三）社会保障的演变

1. 救济型社会保障的萌芽

1834年，英国新《济贫法》的实施是社会保障制度萌芽的标志。早在17世纪，社会保障制度就开始出现，圈地运动后，为消除失业、流浪和贫困现象，稳定社会秩序，英国于1601年颁布的《济贫法》确立了就业保障、财政补贴、福

---

①②　吴轩、郭跃：《英德不同社会保障传统形成的原因分析》，《科技创业月刊》2008年第3期，第130-131页。

利救济的保障形式。在社会经济由自然经济向市场经济过渡期间，日益增多的贫困和各种社会问题，世俗慈善事业及宗教已无力满足社会的保障需求。15世纪和16世纪之交，《济贫法》介入慈善事业，使其变成一项社会政策，为了接管宗教团体掌管的慈善事业，一个由行政人员组成的官方济贫机构诞生了。总之，"二战"以前的社会救济措施的施行对社会保障的发展有一定的推动作用，仍值得后世借鉴。①

2. 保险型社会保障的发展

19世纪80年代，德国率先建立了社会保障制度。俾斯麦政府1883年颁布《疾病社会保险法》，1884年颁布《工伤事故保险法》，1889年颁布《老年和残障社会保险法》，这几项法令的颁布标志着世界上第一个完整的社会保险体系建立，社会保险制度由此诞生，这对于世界特别是欧洲社会保障的发展有着深远的影响。德国之所以首先推出并实行社会保险制度，并非出于人道，更多是出于政策策略的考虑：①为了调和日益紧张的劳资冲突，推动工农业经济发展和对外扩张；②为了缓和迅猛发展的工人运动对现行政权的冲击，把构建社会保障体系视为一种"消除革命的投资"，正如威廉一世在1881年发布的《黄金诏书》中宣布的"社会弊病的医治，一定不能仅仅靠对社会民主党进行过火行为的镇压，同时也要积极促进工人阶级的福利"。在这种政治需求的推动下，社会保障实现了由社会救助型向社会保险型的转变。②

3. 福利型社会保障的改革

美国政府在1935年8月14日通过了《社会保障法》。该法的宗旨在于：增进公共福利，使一些州得以为老人、盲人、残疾儿童提供更为可靠的生活保障，为妇女保健、公共卫生和失业补助法的实行作出妥善的安排。《社会保障法》初步奠定了美国当代社会保障体系的框架和基础，对世界其他国家社会保障制度的形成也产生了非常大的影响。

英国的社会保障制度发展到20世纪40年代，开始在全民中普及，社会成员对社会保障的需求也由基本保障上升到福利服务。1944年，受英国首相丘吉尔的委托，"福利国家之父"贝弗里奇试图制定一项统管人们一生的公共保障计划，他主张用一种崭新的、更加完善的社会保障制度将英国变为一个"福利国

---

① 王榕平、王启民：《世界社会保障制度的历史渊源和发展概况》，《福建师范大学学报》1996年第4期，第109-114页。

② 崔万有：《日本社会保障研究》，东北财经大学博士学位论文，2007年，第3-4页。

家"，社会保障覆盖全体英国公民，为他们提供"从摇篮到坟墓"的完备的社会保障。贝弗里奇在其报告中提出："国家对于每个公民从'从摇篮到坟墓'即由生到死的一切生活与危险，诸如疾病、灾害、老年、生育、死亡以及鳏、寡、孤、独、残疾人等，都给予安全保障。"他认为，获得安全保障是公民的社会权利，也是公民承担的社会义务；社会应统一管理社会保障项目，由国民收入再分配来实施社会保障；社会保障只为被保障人提供稳定可靠的基本生活保障；社会保障的对象为全体公民，保障项目涉及公民生活的各个基本方面。《贝弗里奇报告》表明英国的社会保障进入充分发展时期，它不仅为英国战后重建社会保障制度奠定了决策的基础，也成为西方发达国家在战后发展社会保障的重要依据。[1] 1948 年，英国第一个宣布成立"福利国家"，这既是社会保障发展的当代发展阶段，也是社会保障发展的最高阶段。[2]

第二节　社会保障理论基础

研究社会保障理论发展进程，可以探究人类古往今来的理想与社会发展的终极目标，如果与现实相结合，就能够判明社会保障理论与政策实践的变迁历程及未来的趋势。经济、社会、政治、文化及伦理道德诸因素共同作用于社会保障，这些学科成为社会保障学科的理论基础。[3] 本书主要从经济学的角度分析阐述社会保障理论的演变过程。

马斯洛的"层次需求理论"强调人类生存必须首先满足基本的生理需求。社会保障思想形成的初期，出发点就是对人类基本生理需求的满足。社会救济是社会保障初期的实践，世界各国的社会保障在发展初期都是建立在扶贫济困的思想之上，这一时期的思想还不能称为真正的社会保障理论。随着经济的快速发展，近代西方社会保障思想也迅速发展起来，亚当·斯密在《国富论》中率先提出了社会保障的经济思想。

———————

① 万美君：《社会保障发展历程及理论研究》，《辽宁公安司法管理干部学院学报》2012 年第 4 期，第 156-158 页。

② 崔万有：《日本社会保障研究》，东北财经大学博士学位论文，2007 年，第 4-7 页。

③ 郑功成：《社会保障学——理念、制度、实践与思辨》，商务印书馆 2000 年版，第 48-49 页。

一、西方社会保障理论的演变

（一）古代西方社会保障思想

古代社会保障理论的萌芽是建立在平等公正、互帮有爱、扶贫济困的思想之上。

1. 慈善思想与宗教教义

宗教发展比较早，公元1世纪之后基督教及伊斯兰教慢慢发展起来。传统宗教是离不开慈善事业的，而慈善事业是社会保障早期主要的表现形式。在西方社会，宗教被称为"慈善之母"，慈善思想是社会保障意识产生的最原始的思想基础，对社会保障制度形成的促进作用表现在思想和实践两个方面。在思想方面，早期基督教反对剥削，实行平均主义分配制度，为社会保障萌芽奠定了基础。同时，宗教表达了平等、博爱和乐于助人等思想，为社会保障理论的形成奠定了基础。在实践方面，宗教中设立了各种慈善机构，虽然这些慈善机构的数量不多且规模不大，但在思想观念、组织方式、经营管理以及救助活动人员的培养等方面，为社会保障提供了反思与改造的参照物。16世纪，德国最早进行宗教改革，传统宗教的革命象征着现代社会的到来，改革后的新面貌、新伦理道德对德国的历史文化产生了深远的影响，也促进了德国社会保险的产生。宗教的慈善思想，慢慢发展为社会慈善事业，它是社会保障体系不可或缺的一部分，为学者思考如何实现公平提供了重要的观念支持。由此可见，宗教对社会保障的影响主要体现在：宗教既奠定了社会公平与社会互助等的道德基础，又提供了制度安排最初的方法典范，并且补充了社会保障制度安排的不足。因此，宗教对现代社会保障的影响不仅是理论的，也是实践的；不仅是历史的，也是现实的。[①]

2. 空想社会主义启蒙思想

空想社会主义起源于16世纪初，早期代表人物有：英国的莫尔、德国的闵采尔、意大利的康帕内拉。1516年，英国人托马斯·莫尔发表《乌托邦》，成为空想社会主义产生的标志。莫尔向往着一个没有剥削、没有压迫的理想社会：乌托邦社会实行民主的政治制度，废除私有制经济，大家都热心于公事，人人参加劳动，注重科学文化的发展，在生活中男女平等、尊重老人、照顾儿童、人人互助。1525年，闵采尔在推翻贵族的起义中牺牲，他揭露了统治阶级的剥削和阶

---

① 郑功成：《社会保障学——理念、制度、实践与思辨》，商务印书馆2000年版，第52~53页。

级地位的不平等，希望建立一个没有阶级差别、没有私有财产、没有压迫的社会。1602 年，意大利人康帕内拉的《太阳城》是近代空想社会主义的基石，在"太阳城"里财产公有，人们共同劳动并享有共同成果，法律严明，人人平等。①

（二）近代西方社会保障思想

1. 英国古典学派

社会保障具有利益再分配功能，建立初期与经济发展的关系更为密切。英国古典学派保障经济理论的代表人物有亚当·斯密、李嘉图、马尔萨斯和萨伊。亚当·斯密在 1776 年出版的《国民财富的性质及其原因的研究》一书中，论述了通过"看不见的手"可以推动个人与社会福利共同增长的观点，这是实现社会整体福利水平提高的一种美好的憧憬。他主张自由放任，认为社会救济对社会经济发展起不到重要作用，济贫行为不是使穷者富而是使富者贫，这会制造出一个穷人的世界，使人们变得懒惰与傲慢，极易摧毁英国的制造业。②

2. 空想社会主义盛行时期的思想

空想社会主义流行于 19 世纪初，主要代表人物有英国的欧文和法国的圣西门、傅立叶，他们把近代空想社会主义理论推向了顶峰。空想社会主义是指为提高劳动群众的福利和保障社会和平而改造社会制度的思想，允许财产不平等的存在，更重视社会保障制度方面的问题。这三位空想社会主义者，身体力行，非常关心整个社会的保障状况，关心人的生、老、病、死，尤其是妇女、儿童福利及工人失业状况，并努力推动社会在此方面的改善。如 1815 年，欧文提出了限制童工劳动的工厂立法，经努力，英国议会 1819 年通过了第一个限制童工、女工劳动的法案，尽管没有制订具体的实施措施，但它为此后该方面的立法及实施奠定了基础。空想社会主义揭示了社会矛盾的根源是社会的不平等，对未来社会的构想及社会保障的建立指引了方向，是社会保障最为深刻的思想渊源。③

3. 德国新历史学派

19 世纪 70 年代，德国一部分人反对自由放任，主张国家干预，但又反对马克思主义，后人把他们称为"新历史学派"，这是第一个系统阐述社会保障经济

---

① 刘波：《当代英国社会保障制度的系统分析与理论思考》，东北师范大学博士学位论文，2005 年，第 18—19 页。

② 崔万有：《日本社会保障研究》，北京师范大学出版社 2011 年版，第 31—32 页。

③ 郑功成：《社会保障学——理念、制度、实践与思辨》，商务印书馆 2000 年版，第 56 页。

思想的经济学派。[①] 新历史学派把税收政策作为调节国民收入再分配的杠杆，认为税收能够调节经济结构，稳定社会发展，同时提倡国家实行福利政策，这些思想为德国社会保障制度的建立奠定了理论基础。

德国新历史学派又被称为"历史的伦理学派"，主要代表人物有瓦格纳、布伦塔诺、施穆勒等，认为国家具有帮助国民实现个人目标的职责。1872年，新历史学派在"社会政治协会"上说：我们虽然不满意现在的社会状况，深感改良的必要，但我们不主张打破现存的关系，而是要改革经济主张和现有生产形态及各个社会阶级现存的教养和心理状态，并以此为我们活动的出发点。他们提出通过改良的方法来增进社会福利，国家担负起制定社会保障相关法律的责任，这些思想为德国政府建立社会保障制度提供了依据。1883年，德国颁布《疾病社会保险法》，随后又颁布实施了一系列重要的社会保险法律，这些法律有力地保障了社会保险制度的实施。新历史学派认为，国家应直接干预经济活动，有效地解决劳资问题。新历史学派的这些观点，为西方资本主义国家建立社会保障奠定了理论基础。[②]

4. 费边社会主义思想

"费边社会主义"就是"渐进主义"，产生于19世纪末，主要的代表人物有韦伯夫妇、萧伯纳、格雷厄姆·华莱斯与克莱门特·艾德礼。1889年，萧伯纳出版的《费边论丛》一书第一次集中表达了费边社会主义的主要观点。费边社会主义注重失业问题的解决，同时主张建立工厂法来保护工人的身体健康及提高工人的生活水平。费边社会主义者认为："社会保障对提高公民的道德水平以及促进社会的文明、健康的发展有重要的影响。"[③]

（三）现代西方社会保障理论流派

1. 福利经济学

1920年，英国著名的经济学家阿瑟·塞西尔·庇古（A. C. Pigou，1877～1959）写成《福利经济学》一书，标志着福利经济学的正式产生。庇古被称为"福利经济学之父"，提出了"国民受益"的概念，构成了自己的理论体系。

福利经济学主要从资源配置效率和国民收入分配的角度出发，研究一个社会成员的经济福利问题，进而分析一个国家实现最大的社会经济福利所具备的条件

---

① 张戌凡：《西方社会保障制度的经济学脉络》，《经济论坛》2010年第2期，第5-10页。

② 李珍：《社会保障理论》，中国劳动社会保障出版社2001年版，第39页。

③ 资料来源于费边社会主义思想：http://blog.sina.com.cn/s/blog_5cccca480100xhnm.html.

和国家增进社会福利应采取的政策措施。福利经济学包括效率标准、分配标准以及社会最大福利决定等。庇古的"社会福利"思想在很大程度上受到英国改良主义经济学家霍布森提出的"最大社会福利"思想的影响。庇古指出：政府应该干预分配或者二次分配，以增进社会福利。庇古的"旧福利经济学"是在马歇尔经济理论基础上，由与福利相关的概念和措施形成的福利经济学理论体系。"旧福利经济学"的主要贡献在于：提出了资源最优配置的标准、社会福利最大化标准及外部性理论。庇古以后的福利经济学称为"新福利经济学"，"新福利经济学"与"旧福利经济学"在研究方法、基本观念和政策措施上都有差别。"新福利经济学"主要提出了序数效用论、最优化条件论、补偿原则论、社会福利函数论、相对福利论和次优理论。他们主张只用序数词表示效用水平的高低，以求达到福利的最高水平；他们完善了帕累托最优原则（这一原则是福利经济学的核心内容），这是资源配置的最佳状态；他们对帕累托最优原则进行了改进，提出了"补偿原理"，对政策受损者进行补偿；柏格森等学者认为补偿原理不够科学，提出了"社会福利函数"理论，指出实现福利最大化建立在个人自由选择的基础上；杜森贝里提出了"相对福利"理论，认为福利不可能均等化，社会变革措施也不会增加社会整体福利；利普西和兰开斯特认为由于经济外部性的存在，资源不能达到最优配置，这就需要选择一个次优的水平。福利经济学的产生和发展，为福利国家社会保障的发展提供了理论依据。[①]

2. 瑞典学派

瑞典学派是现代西方经济学的重要流派之一，起源于19世纪末20世纪初，理论创始人主要有克努特·维克塞尔、大卫·达维逊、古斯塔夫·卡塞尔等。20世纪二三十年代，经济学家埃里克·罗伯特·林达尔、纲纳·缪达尔、埃里克·伦德堡、贝蒂尔·俄林等进一步完善了瑞典经济学理论。

瑞典学派提出了"自由社会民主主义"的经济制度理论，该理论认为国家应通过政府干预来抑制经济周期的波动，而收入再分配能够起到改进社会福利的作用。"自由社会民主主义经济制度"是指在政治上保留西方的"民主制度"，实现阶级调和，在经济上实行"国有化""市场经济""福利国家"三者相结合的制度。[②] 1898年，瑞典学派的代表人物维克塞尔在《利息与价格》中提出了

① 李珍：《社会保障理论》，中国劳动社会保障出版社2001年版，第40—69页。

② 参见瑞典学派：http://wiki.mbalib.com/wiki/e7%91%9e%e5%85%b8%e5%ad%a6%e6%b4%be。

"积累过程原理"，这一原理认为，在当代的银行体系中，价格水平的高低取决于货币利息率。维克塞尔主要从市场利息率与自然利息率差异的角度出发，解释经济周期波动的内在原因。随后，卡塞尔、达维逊对维克塞尔的理论进行了批评和补充说明。这些经济理论为西方经济学做出了重大贡献，并且成为瑞典国家福利制度的理论基础。

3. 凯恩斯主义经济学

1929~1933年，资本主义经济危机给社会福利理论带来很大的冲击，在这种背景下凯恩斯主义理论产生了。该理论认为，发生经济危机的根本原因是有效需求不足。1936年，凯恩斯在《就业、利息和货币通论》一书中指出：市场经济无法达到充分就业的状态，政府必须采取干预的手段来促进充分就业的实现。国家可以通过扩大财政支出及财政赤字的方法来加大基础设施建设的投入力度，人民收入水平的提高可以进一步刺激有效需求的增加，进而扩大社会公共福利范围。凯恩斯还提出了消除贫困的具体措施，主张建立累进税制、实行最低工资法和推行社会福利等，来调节国民收入的再分配。凯恩斯的经济学理论为社会保障理论的提出奠定了基础。

4. 贝弗里奇的福利国家思想

"二战"后，各国的社会保障由原来的满足基本生活需要的保障转变为福利国家社会保障。英国是福利国家社会保障的先驱者。

贝弗里奇（W. H. Beveridge，1879~1963）是英国经济学家和社会活动家。1942年，贝弗里奇①负责起草以构建和平为目标的、有关战后福利制度重建基本框架的报告，我们称为《贝弗里奇报告》。该报告提出了英国福利体系的基本原则，即普遍性、满足最低需求、充分就业、费用共担。贝弗里奇认为，英国社会政策应以消灭贫困、疾病、肮脏、无知和懒散五大祸害为目标。

《贝弗里奇报告》构建了"二战"后英国社会保障的基本框架。"国家所组织的社会保险和社会救济的目的是在保证以劳动为条件获得维持生存的基本收入，即保证每个人的生活水平不至于低于国家最低生活标准。"至于某些阶层要求的超出最低生活标准需要的保障，则可以通过参加私人举办的自愿保险计划去解决。因此，社会保障有三种方式，即"满足基本需要的社会保险；对特殊情况

---

① 贝弗里奇"二战"时期任英国社会保障服务委员会主席。

的国民补助；作为补充基本补助的自愿保险"①。

贝弗里奇在报告中提出的养老、失业、工伤、疾病等社会保险项目很快成为西欧和北欧国家建立福利国家的依据。

5. 社会民主主义的福利思想

民主主义是在"讲坛主义"与"费边主义"的基础上发展起来的一种学说，其最大的特点就是用社会主义旗号来实施福利国家政策。② 社会民主主义起源于19世纪末，发展于"二战"之后，自20世纪50年代以后迅猛发展。社会民主主义倡导社会整体的公平与公正，通过调节国民收入再分配来提高社会民众的福利水平，从而建立自由、平等的良好社会。社会民主主义福利思想增加了社会就业机会，减轻了国家的负担，稳定了社会。社会民主主义为战后欧洲福利国家的发展打下了自己的烙印。

6. 消费周期理论

1949年，美国经济学家杜森贝里（James Stemble Duesenberry）在其《收入、储蓄和消费者行为理论》一书中提出了相对收入假说理论。1954年，弗兰科·莫迪利安尼（Franco Mordigliani）提出了生命周期假说。1956年，米尔顿·弗里德曼（Milton Friedman）提出了持久收入假说。这些理论为当代生命周期消费理论的诞生和发展奠定了基础。

相对收入假说认为，个人的消费行为与能够影响消费者观念的其他消费者的消费水平以及消费者过去的消费习惯有关，这种消费现象称为"示范效应"，这种消费者行为不会迅速做出改变。消费具有刚性的特点，消费水平容易随着收入的提高而提高，但很难随着收入的降低而央速降低，这种消费现象称为"荆棘效应"。

持久收入假说认为，消费者的消费支出不是由他的当期收入和最高收入决定的，而是由他的长期平均预期收入所决定的。为了实现长期效用的最大化，理性的消费者会根据持久的收入水平做出消费决策，用公式表示即 $C_t = c \times Y \times P_t$。其中，$C_t$ 为当期消费支出，c 为边际消费倾向，$Y \times P_t$ 为当期持久收入。

弗兰科·莫迪利安尼和 R. 布伦伯格（R. Brumberg）分别于1953年、1954年共同发表了两篇论文：《效用分析与消费函数：对横截面数据的一种解释》和《效用分析与消费函数：统一解释的一个尝试》，他们在这两篇论文中提出了生

---

① 杨晓波：《社会保障基金运行的经济分析》，中国人事出版社2006年版，第11页。

② 郑功成：《社会保障学——理念、制度、实践与思辨》，商务印书馆2000年版，第94页。

命周期消费假说。该理论认为，为了实现一生消费效应最大化，家庭会根据一生的全部预期收入来预测自己的消费支出。这种生命周期既指个人的生命周期，也包含整个社会的人口结构。就个人来说，年轻时期（30岁以下）：收入<消费，没有储蓄；中年时期（30~65岁）：收入>消费，储蓄增多；老年时期（65岁以上）：收入<消费，储蓄逐渐减少。就整个社会来说，人口结构可以分为年轻型、成年型、老年型。如果是成年型人口结构，则储蓄>消费；如果是年轻人口与老年人口的比例较高，则储蓄<消费。消费周期理论为进一步完善社会保障制度提供了理论基础。Glenn Hubbard 等建立了低收入家庭和高收入家庭消费预期模型，认为基于资产均值预测，社会保险项目会减少具有低预期收入家庭的储蓄，也就是说增加了低收入家庭的消费预期。[①]

7. 新剑桥学派

新剑桥学派的思想与新古典综合派的思想相对立，代表人物有琼·罗宾逊、卡尔多等。1958年，罗宾逊发表了《资本积累论》，卡尔多发表了《几种不同的分配理论》。他们的思想表现在收入分配和调节政策两个方面。他们指出，国民收入分配制度直接影响经济的发展，收入分配结构的调整、收入均等化的实现是当时主要的经济政策目标。他们认为，国家可以通过建立国民收入分配调节机制来实现收入的"均等化"：通过实行累进税制来实现不同阶层收入均分；通过实行高额遗产税来消除贫富差距；通过政府拨款进行失业培训；根据国内的优势资源进行进口管制；通过购买私人公司股票的办法，把财富从资产阶级私人手中转移给国家。[②]

新剑桥学派否定新古典综合派的边际生产力分配理论。新古典综合派只看重整个国民收入水平的增长，而不去触动资本主义的收入结构。新剑桥学派认为，分配论和价值论两者是紧密结合的，前者是后者的引申，没有价值论的探讨，就不可能解决分配理论问题。新剑桥学派的最终目的是通过改善社会收入分配结构，来实行收入均等化，促进了社会保障理论的发展。

（四）当代西方社会保障理论

1. 新自由主义理论

20世纪70年代，在福利国家弊端不断暴露的背景下，欧洲兴起了新自由主

---

① Glenn Hubbard, Jonathan Skinner, Stephen P. Zeldes, "precautionary saving and social insurance", *Journal of Political Economy*, 1995（2）：360-399.

② 李珍：《社会保障理论》，中国劳动社会保障出版社2001年版，第43页。

义理论，主要代表人物有哈耶克和弗里德曼。新自由主义的鲜明观点是反对福利国家政策，其核心思想是自由和公正。该理论认为社会福利应该走市场化道路，应该以市场为主导，反对直接干预，转移国家的作用，指出自由的市场才是有效的途径。[①] 该理论同时提出，完善的社会保障政策会增加财政负担，导致"福利病"的发生，所以国民应该树立自我保障意识，政府应该重点解决无劳动能力贫困者的社会保障问题。该理论告诫我们：超出国家承受能力的社会保障水平将导致经济无法运行。

2. 德国的社会市场经济理论

德国的社会市场经济理论的代表人物是路德维希·艾哈德（L. Erhard，1897~1977），1948 年起担任联共德国经济部长，并推行社会主义市场经济，促进了德国经济的复苏和发展。1957 年，他出版了《大众的福利》一书，指出社会市场经济的目的是通过自由竞争来实现大众福利，在这一过程中，国家要积极并有效地干预自由竞争。艾哈德的社会市场经济理论主要体现在以下几个方面：从目标上看，社会市场经济是要实现大众福利，这就需要消除贫富之间的差距，让全民都能享受到社会发展的成果，而自由放任的市场是做不到这些的。从根源上看，他认为社会市场经济要实现公平，但这种公平不是绝对的"公平分配"，并且国家也不能马上实行分配制度改革，因为这种改革会增加社会运行的成本及不稳定因素，从而削弱了大众的福利，这种分配从根本上说要提高生产效率，通过生产效率的提高来优化分配。从程度上看，他认为现代国家应该不断增加福利支出，但社会福利支出应该坚持适度原则，支出水平过高会影响经济的发展速度，支出水平过低会影响劳动者的积极性。总的来说，艾哈德认为生产力的提高是大众福利的重要保障，适度的再分配会对经济起到重要的促进作用，反对与经济发展水平不适度的"福利国家"的口号。德国社会市场经济理论坚持社会保障和社会公正的原则，主张在充分保障社会成员最基本需求的基础上，达到增加福利和实现公平的目标。

3. 公共经济学

公共经济学主要研究公共收支活动。由于市场经济存在失灵的缺陷，所以需要通过社会保障来调节收入再分配。斯蒂格利茨认为，帕累托最优并不能形成公平的收入分配格局，仅仅依靠市场竞争可能会扩大收入分配的差距，进而使一部

---

① 郑功成：《社会保障学——理念、制度、实践与思辨》，商务印书馆 2000 年版，第 97~98 页。

分人失去赖以生存的基本生活资料，政府可以通过社会保障等福利事业来干预收入的重新分配。公共经济学认为，政府应该通过建立公共医疗保健系统、社会保险系统、幸存者照顾计划以及社会救济系统等来构建一个灾害社会保险系统，保障每一个公民的基本生活。在社会保障方面，公共经济学认为政府干预过多，导致了社会保障发展速度超越了经济增长速度，阻碍了经济的发展。① 在以后的社会保障制度改革过程中，政府要明确在社会保障中的责任，通过社会保障部分私有化的方式来加强市场的作用。

4. 布莱尔的"第三条道路"

"第三条道路"理论以英国前首相布莱尔出版的《第三条道路》而命名，也叫"中间道路"。该理论建立在三个假设的基础上，一是资本主义体系能够促进经济的高速增长，二是资本市场的弊端与自由市场经济体系有关，三是它们相信政府能够解决这些问题。② "第三条道路"理论充分认识了自由市场的积极作用和消极作用，认为自由市场能够带来高效和经济增长，但也存在社会不公平等社会问题。它主张国家通过适度干预手段来寻求政府与市场之间的平衡。关于社会保障政策，该理论认为，国家应该首先保障无劳动能力及贫困者，这是维护社会稳定的重要条件，同时社会福利应该有其适度性，高福利社会将导致"福利病"，所以倡导私人和自愿的社会福利作为补充。③

二、马克思主义社会保障理论探究

19 世纪 40 年代，西欧产生了马克思主义。马克思主义不是社会保障理论的流派，但对社会保障理论及政策实践的发展具有重要的指导意义。马克思从资本主义和社会主义两个角度来探讨社会保障的性质，并从人的需要理论、社会再生产原理和社会产品的分配原理④三个角度来研究社会保障的相关理论。

（一）马克思社会保障理论

1. 福利的作用

马克思对资本主义社会建立社会保障的目的进行了阐述，认为：资本主义是

---

① 约瑟夫·E. 斯蒂格利茨：《公共部门经济学》，郭庆旺译，中国人民大学出版社 2013 年版，第 423 页。

② 晓攀：《西方福利理论流派——第三条道路》，《中国民政》1999 年第 6 期，第 47–48 页。

③ 郑功成：《社会保障学——理念、制度、实践与思辨》，商务印书馆 2000 年版，第 101–104 页。

④ 王元月、游桂云、李然：《社会保障——理论、工具、制度、操作》，企业管理出版社 2004 年版，第 66 页。

必然要灭亡的，在资本主义制度下，福利只是国家用来帮助资本家迷惑工人阶级的一个工具，同时也是工人阶级经过长期斗争的产物，它发挥的作用是缓和劳资矛盾、延缓资本主义体系崩溃，从这个意义上出发，马克思主义者否定的是资本主义福利的公平性质，但同时也承认工人阶级能够从国家福利等制度中获得好处。①

2. 需要被满足理论

人是一种具有社会性的高级动物，有着不同层次的需要，满足人的发展需要是社会发展的根本动力。马克思认为，人的需要是人的本性，是在一定的社会关系条件下形成的，通过人的自觉的社会实践活动得到。根据其多样性、层次性的特点，可以分为自然需要、社会需要、经济需要和精神需要等。人类社会应该保证人的需要，在一定条件下，要为每个人提供福利和全面发展的权利。② 马克思主义认为，社会主义生产的根本目的是满足人的需要，只有满足人的需要，才能发挥劳动者的积极性和创造性，这一观念为社会保障奠定了理论基础。马克思从维护无产阶级利益的角度出发讨论社会保障实施的必要性，认为社会主义仍然需要社会保障。他指出：使商品变贵而不追加商品使用价值的费用，对社会来说，是生产上的非生产费用，对单个资本家来说，则可以成为发财致富的源泉。因为这些费用实际上是生产成本的延续，尽管它们是在流通过程中产生的。③

3. 两种生产理论

两种生产是指物质资料的再生产和劳动力的再生产。前者是后者的基础，后者是前者的必要条件。物质资料的再生产是满足人的需求的前提。劳动力的再生产是人类延续和劳动力更新的必要条件。

4. 社会产品分配理论

马克思认为，社会产品可以分为初次分配和再分配。他在《哥达纲领批判》一书中提出了社会产品的分配理论。④ 马克思认为，个人消费品分配之前必须扣除一部分资金用来应对失业、灾害、不幸事故等，并为丧失劳动能力的人建立相应的基金，进而促进社会的稳定与和谐发展。这是关于社会保障基金来源的主要

---

① 郑功成：《社会保障学——理念、制度、实践与思辨》，商务印书馆 2000 年版，第 105-106 页。
② 武建奇、张润锋：《马克思对生产劳动概念的三次扩展及其启示》，《经济学家》2005 年第 5 期，第 11-15 页。
③ 马克思：《资本论（第二卷）》，人民出版社 1975 年版，第 154-155 页。
④ 王元月、游桂云、李然：《社会保障——理论、工具、制度、操作》，企业管理出版社 2004 年版，第 66-67 页。

理论，对社会保障实践有重要的指导意义。

（二）列宁社会保障思想

关于社会保障的责任主体，列宁认为："国家是实施工人社会保险的主体，社会保险是工人在工伤、疾病、年老、残疾等发生时，以及怀孕和生育时，面临失业并失去工资时的一种保障。"列宁认为，政府在社会保障的实施过程中承担主要责任，任何个人或团体都无法替代。

第三节　中国社会保障思想基础

一、中国古代社会保障思想渊源

中国的社会保障思想起源于中华民族传统的博爱思想。纵观中国历史，社会保障思想最早是与安民、抚民的思想混合在一起的，它可以追溯到舜时期。奴隶制时期，社会保障原始思想得到确立，随着历史的发展及各种流派的形成，出现了社会大同思想、仓储理论、社会互助论及社会救济论等。这些传统思想在中国历史上不同程度地应用于实践，是现代中国社会保障理论的渊源。

我国古代虽没有社会保障这一概念，但其本身却是各民族传统文化的一部分。春秋战国时期，孔子的大同思想是原始社会保障思想的渊源，《孔子家语》和《礼记》两书的《礼运》篇记载了这一思想。大同是指："大道之行，天下为公，选贤与能，讲信修睦。故人不独亲其亲，不独子其子。使老有所终，壮有所用，幼有所长，矜、寡、孤、独、废疾者皆有所养。"孔子认为，社会稳定的前提就是天下为公，老少皆有所养。大同社会的基本目标就是使所有社会成员都能得到基本的生活保障，这样才能维护统治阶级的利益和统治秩序。这是一种理想社会的主张，包含着社会保障制度所必需的道德理念。孔子也曾谈到"贫"与"寡"的问题，《论语·季氏》篇记曰："丘也闻，有国有家者，不患寡而患不均，不患贫而患不安。盖均无贫，和无寡，安无倾。"从这句话可以看出，社会再分配的方式对社会的稳定起到主要作用。孔子的大同思想，追求的不是局部的和谐，而是整个社会的和谐。这些"天下一体、互助共济、仁爱互助"的学说，为中华民族美德的传承奠定了思想基础。明太祖朱元璋受到传统民本思想以及儒家仁义思想的影响，在其统治时期提出并实行了一系列与社会保障相关的政策措施，涉及灾荒救助、救济鳏寡孤独、养老、优抚优恤等方面。在历代封建帝王中，朱元璋对于社会保障问题最为重视，政策较为全面。[①] 宗教伦理与教义也体现了中国早期某些社会保障思想的内涵，如道教劝导世人通过行善来修身养性，还主张在有能力的情况下救济世民，体现了其仁义道德、广救普生的思想。[②] "老吾老以及人之老，幼吾幼以及人之幼，天下可运于掌"，这是孟子的观点，也是中国人耳熟能详的名言，更是中国社会保障思想萌芽的体现。这种古代最朴素的社会保障思想，不仅促进了社会的稳定，还成为中华博爱思想的精华，对中国社会的发展影响深远。

二、中国近代社会保障思想基础

（一）康有为的大同思想

20世纪初，清末的思想家康有为在《大同书》中描绘了理想的社会状态：胎教、育婴、蒙养、养病、养老都有专门的场所，建立养老院，兴办教育福利、医疗福利，人们同吃同住，人人平等，共同劳作。其在著作中特别重视发展生产，主张废除私有制，建立公有制，通过自动化加速发展生产。

（二）孙中山的民生思想

1905年孙中山成立了中国同盟会，1911年辛亥革命之后其被推举为中华民国临时大总统。他提出"民主、民权、民生"的三民主义，主张通过国家干预的方式平均地权，使农民具有独立的经济地位，采用机械化的方式进行农业耕作，并通过现代的运输方法解决粮食的运输问题。孙中山认为，天下为公，主张兴办公立教育，保障充分就业，实行全民公费医疗。他强调民生是社会的根本问题，必须从分配上入手[③]，只有民生问题解决了才能让国家摆脱贫困。

三、中国特色社会保障思想

（一）毛泽东的社会保障思想

毛泽东创立了中国化的马克思主义思想，并将马克思主义思想与中国的实际

---

① 王卫平：《朱元璋社会保障思想研究》，《华中师范大学学报》2012年第4期，第115-119页。

② 刘波：《当代英国社会保障制度的系统分析与理论思考》，东北师范大学博士学位论文，2005年，第19页。

③ 《孙中山全集（第十卷）》，中华书局1986年版，第220页。

情况相结合，创立了具有中国特色的社会保障思想。

1. 社会保障对促进中国革命胜利有积极的作用

土地革命及抗日战争时期，毛泽东把救济、救灾、优抚安置等作为这一时期社会保障的主要内容，毛泽东曾指出，为了革命必须给人民看得见的物质福利，这是我们党的根本路线、根本政策。[①] 同时，他认为革命战争时期，社会保障制度能够保障中国共产党领导革命取得胜利。战时社会保障是紧急性质的保障，虽然保障范围和项目有限，但在这一时期，优待红军家属等保障政策的实施，为日后开展革命工作、促进中国革命胜利有着积极的作用。

2. 社会保障对稳定执政有重要的作用

中华人民共和国成立以后，我国出现了大批失业群众，毛泽东意识到失业的知识分子和失业的工人对新政府不满意，新政府通过调整工商业的结构，并拿出20亿斤粮食对其进行温饱的救济，解决工人吃饭问题。通过救济和安置等办法，对失业人员进行了分类型、分步骤的安置，对稳定执政党的地位起到了重要作用。中华人民共和国政府建立的失业保险和救济制度，包括对自然灾害的救灾工作，使广大人民群众受益于社会保障事业的发展，进一步稳定了党的执政基础。

3. 社会保障与经济发展的互动关系

毛泽东认为，社会保障可以改善人民的生活，而生活改善将进一步激发人民劳动的积极性，促进经济的不断发展。[②] 同时，社会保障水平的提高要以生产力水平为基础。这一时期我国实行的是计划经济体制，社会保障主要是以政府财政补贴、民政救济和单位福利为主，都是针对城镇居民建立的，[③] 而农村主要是以增加农业收入为主。

4. 社会保障实施主体多元化

毛泽东认为社会保障的责任主体是多元化的，不能只依靠政府，可以通过团体和群众的力量开展中国的社会保障事业。毛泽东曾说：是不是要把一切人一切事物都要由政府包下来呢？当然不是，许多人，许多事，可以由社会团体想办法，可以由群众直接想办法，他们是能够想出很多好的办法来的。[④]

---

① 参见 1942 年毛泽东在中共中央西北局高干会议上的报告《经济问题与财政问题》。

② 苏光明：《浅析毛泽东、邓小平社会保障思想的差异》，《市场经济研究》2001 年第 3 期，第 57–58 页。

③ 王振鹏：《毛泽东、邓小平和江泽民社会保障思想比较研究》，《法治与社会》2008 年第 4 期，第 186 页。

④ 《毛泽东文集（第七卷）》，人民出版社 1996 年版，第 227–228 页。

（二）邓小平的中国特色社会保障思想

邓小平在新的历史时期延续了毛泽东的社会保障思想，并对其进行了创新和发展，邓小平指出：社会保障的发展要以生产力发展为基础，我们要大力发展生产力，改善人民的生活水平，社会保障的发展要以经济建设为中心；① 社会保障水平要坚持适度原则，中国改革开放时期的生产力水平还比较低，不适合在中国进行西方的福利型的社会保障，要根据中国的特色进行建设和发展；社会保障建设要分步骤、分阶段，先解决温饱才能逐步提高社会保障水平；② 社会保障要改变救济模式，要提高受救济对象的生产能力，通过技术、资源的输入来改变贫困人口的状况；社会保障要体现广大人民的利益，领导干部要重视广大工人阶级的社会福利，从生活和物质福利上去关心他们，不要忽略有利于工人的"小事"③。"文化大革命"结束之后，邓小平指出工会要努力保障工人的福利，④ 同时要重视农民社会保障的建设，促进农业的发展。由此来看，中国的社会保障要体现最广大人民也就是工人与农民的根本利益。⑤

（三）江泽民、胡锦涛、习近平等领导人的社会保障思想

中国共产党领导人一直注重社会保障事业的建设和发展，随着改革开放和市场经济的发展，他们在继承毛泽东的社会保障思想的基础上进行了新的发扬。

20 世纪 90 年代中期，经济结构调整使我国出现了大批下岗职工，在这种情况下，我国结合自身经济水平和人口结构状况等国情，进行了社会保障制度改革。1997 年 9 月，江泽民在党的十五大报告中指出：实行社会统筹和个人账户相结合的养老、医疗保险制度。他认为，建立健全社会保障体系的重大措施，是一项根本性的制度建设。我国特有的二元经济结构使城镇和农村的社会保障体制具有明显的不同，据此，江泽民在十六大报告中指出，要在有条件的地方建立农村基本养老保险及低保制度，逐步建立和完善具有中国特色的农村社会保障制度。⑥

胡锦涛提出统筹发展城乡社会保障制度。我国城乡差距大、地域差距大，出

---

① 曾长秋、徐德莉：《毛泽东、邓小平的社会保障思想》，《中南大学学报》（社会科学版）2004 年第 3 期，第 277-282 页。

② 于 1987 年 10 月《我们的事业是全新的事业》一文中提出，收录于《邓小平文选（第三卷）》，人民出版社 1993 年版，第 255 页。

③ 《邓小平文选（第一卷）》，人民出版社 1993 年版，第 174 页。

④ 《邓小平文选（第二卷）》，人民出版社 1994 年版，第 137 页。

⑤ 于学江：《中国农民就业保障体系研究》，西北农林科技大学博士学位论文，2005 年，第 17 页。

⑥ 臧少梅、于学江、修雁：《毛泽东、邓小平、江泽民的社会保障思想及中国的实践》，《内蒙古农业大学学报》2006 年第 3 期，第 329-330 页。

现了统筹发展困难加大、转移手续很难衔接的现实问题，领导集体对此进行了深入的调查和思考。胡锦涛领导集体对社会保障的城乡统筹思想进行了开拓和创新，坚持以人为本，破除城乡经济二元发展结构，坚持以城乡统筹为中心，加强农村社会保障制度建设，[①] 增加农民收入，促进农业发展，并最终确立了中国特色社会保障城乡统筹体系发展的具体内容、目标、基本原则。

习近平提出要建立可持续的社会保障制度。在党的十八届三中全会上，习近平提出要建立更加公平的、可持续发展的社会保障制度。他提出：整合城乡居民基本养老保险制度、基本医疗保险制度，推进城乡最低生活保障制度统筹发展，稳步推进城镇基本公共服务常住人口全覆盖，把进城落户农民完全纳入城镇住房和社会保障体系。他明确了社会保障要维护大多数人的利益，我国的社会保障不能以维护少数人的利益为目的来提高所谓的"效率"，而是要维护大多数人的利益及社会的公平正义。

就中国目前的生产力发展水平来说，社会保障的目的是满足广大人民群众基本的生活，缩小贫富差距，实现和谐社会，促进经济可持续发展。[②]

第四节　日本的社会保障理论体系

一、日本现行社会保障制度体系

随着时代的变化和经济水平的提高，社会保障的内涵和功能也在不断变化。社会保障建立初期，学者主要围绕救济功能对其进行界定。"二战"以后，社会救济制度的完善成为社会保障制度建设的主要内容。此后，随着日本经济的恢复，建立和发展社会保险制度成为日本社会保障工作的核心内容，日本政府提出了"全民皆保险，全民皆年金"的口号。经济高速增长时期，由于人口结构的变化，应对少子高龄化成为社会保障的主要课题。

日本在《关于社会保障制度的劝告》中首次把社会保障定义为：由于疾病、

---

① 孟喜灵：《胡锦涛社会保障城乡统筹思想研究》，浙江农林大学硕士学位论文，2013年，第26页。
② 习近平：《关于〈中共中央关于全面深化改革若干重大问题的决定〉的说明》，《求是》2013年22期，第19-27页。

负伤、残疾、死亡、失业、多子女及其他原因造成的贫困，从保险立法和国家直接负担上寻求途径，并谋求公共卫生和社会福利的提高，以使所有国民能过真正有文化的社会成员的生活。① 这个劝告确定了日本社会保障体系的基本框架，明确了国家在实施社会保障过程中的责任，推动了社会保障制度的建立和完善。

在战后经济恢复和高速增长的背景下，日本逐渐建立了覆盖全民、保障全面、灵活多样的社会保障体系。从狭义角度看，日本社会保障包括社会保险、社会救助、社会福利、公共卫生及医疗、老年保健等几个方面。从广义上看，日本社会保障除了狭义社会保障还包括军人优抚、战争受害者救援。与社会保障相关的制度主要有住房政策和雇佣政策。本书主要讨论狭义社会保障的三大主体，即社会保险、社会救助与社会福利。

（一）社会保险

日本的社会保障制度项目繁多，结构复杂。从保障内容上看，社会保险包括医疗保险、养老保险、护理保险、工伤保险及失业保险。②

1. 医疗保险

医疗保险是日本最早建立的社会保险制度，主要包括职域保险、地域保险及高龄者医疗保险制度（见表1-1）。职域保险主要依据《健康保险法》《船员保险法》《国家公务员共济保险法》《私立学校教职工共济保险法》划分为健康保险、船员保险、共济组合，要求适用单位强制参加。

表1-1　日本医疗保险体系框架

	项目		对象
医疗保险	职域保险	健康保险	企业被雇用者①
		共济组合	公务员及私立教师②
		船员保险	船员③
	地域保险	国民健康保险	除①②③④⑤以外的居民
	高龄者医疗保险制度	退职者医疗	65~74周岁退职者④
		老人保健	75周岁以上高龄者⑤

资料来源：笔者汇总整理相关资料所得。

---

① 资料来源于社会保障的定义：http://www.lawtime.cn/info/laodong/shehuibaozhang/20111024117877.html。
② 日本养老保险一般称为公共年金制度，失业保险称为雇佣保险，工伤保险称为劳动者灾害补偿保险。

健康保险的对象是企业在职员工。国民健康保险又分为协会管掌健康保险①及组合管掌健康保险。协会管掌健康保险主要适用于中小企业或机构，而大型企业主要适用组合管掌健康保险。

船员保险是"二战"初建立的，适用于渔业中的船舶工作者。2009 年日本全国参保人数为 205 人，2010 年参保人数为 190 人，2011 年参保人数为 194 人。②虽然从事该职业的人很少，但日本医疗保险仍把该人群涵盖在内，这正是日本"全民皆保险"的体现。

医疗共济保险对象包括国家公务员、地方公务员、私立学校教职工及其家属，类似于中国机关事业单位的职员。该保险并不是由同一个部门负责，国家公务员共济保险由中央财务省负责，地方公务员共济保险由中央总务省负责，私立学校共济保险由文部科学省负责。

高龄者医疗保险制度是日本在 2008 年建立的，由"退职者医疗制度"和"老人保健制度"演变而来。该制度包括前期高龄者医疗制度和后期高龄者医疗制度。前期高龄者是指 65~74 周岁的退职者，后期高龄者指 75 周岁及以上的高龄者。

2. 养老保险

日本的养老保险又称为年金制度，分为公共年金和企业年金，由国家管理和运营，公共年金具有强制性。所谓的公共年金指由年老、残疾或者抚养人死亡等原因引起的劳动能力下降或逐渐丧失而对参保人及其家属进行的长期的、终身性的支付年金制度。

公共年金是面向所有日本居民并强制其参加的国民年金制度。国民年金主要对 20~60 周岁的被保险人征收定额保费，并发放老龄基础年金、残疾基础年金和遗属基础年金，适用对象为表 1-2 中的第一号被保险人。被用者年金是指厚生年金和共济组合，其中厚生年金的适用对象为企业职员及其家属，包括老龄厚生年金、残疾人厚生年金、残疾人补贴和遗属厚生年金。各种共济保险的适用对象包括公务员和私立学校教师职工。厚生年金和共济组合的被保险人被称为第二号被保险人。除此之外，还有企业年金等，是公共年金的补充。企业年金指作为对员工劳动进行补偿的一种方式而由企业实施给付的制度。本书中的企业年金按照

---

① 2010 年以后政府掌管的健康保险被称为"协会管掌健康保险"，管理机构为全国健康保险协会。

② 数据来源于日本国立社会保障人口问题研究所发布的《社会保障统计年报（2014）》。

相关法律制度划分为九种形式（见表1-2）。

表1-2 日本养老保险的主要内容

项目	内容	对象
国民年金	老龄基础年金	第一号被保险人
	残疾基础年金	
	遗属基础年金	
被用者年金	厚生年金	第二号被保险人
	共济组合	
国民年金	基础年金、公共年金（厚生年金、共济组合）	第一号、第二号被保险人
企业年金	内部保留型	法律规定的并与 半数以上员工达成协议
	中小企业退职金供给制度	
	特定退职金共济制度	
	免税年金制度	
	厚生年金基金制度	
	章程型确定给付企业年金制度	
	基金型确定给付企业年金制度	
	企业型确定支出年金制度	
	勤劳者财产形成年金储蓄制度	

注：第一号被保险人是指个体经营者等；第二号被保险人是指厚生年金和共济组合等被用者年金的被保险人；第三号被保险人是指第二号被保险人的被抚养人及配偶。

资料来源：笔者根据相关资料整理所得。

国民年金是日本养老保险的基础年金，也是第一层次年金，包含日本所有的居民，它是日本实现"全面皆保险"的基础。厚生年金和共济组合是第二层次年金，在国民年金基础上发放养老金。第一层次养老金和第二层次养老金及相应的年金基金都属于公共年金制度。企业年金是第三层次养老金，是公共年金制度的补充，不具有强制性。三个层次的养老金共同组成日本现行的养老保险体系。

3. 护理保险

护理保险又称为"介护保险"。由于日本社会少子化、老龄化现象日益严重，同时卧病在床、痴呆需要护理的老年人急剧增加，日本居家养老存在很多现实困难，为了解决这一难题，日本国会在 1997 年通过了《护理保险法》，并于 2000 年 4 月 1 日正式实施。护理保险与养老保险、医疗保险有密切的联系，所以本章把护理保险放到工伤保险和失业保险的前面来研究。

护理保险主要包括护理服务和设施服务。护理服务主要包括护理预防给付服务和护理给付服务。其中，护理预防给付服务包括预防上门护理、上门看护、门诊护理、门诊医疗指导和福利用具的借予；护理给付服务包括上门护理、看护、洗澡、机能训练、门诊护理、医疗指导、短期入住、福利用具借予、住宅改造、痴呆性高龄老人团体养老所的护理、收费养老所的护理等。护理设施服务主要指老年人护理保健设施的全面护理、福利设施的医疗福利护理、疗养型医疗设施的疗养护理。

4. 工伤保险

日本工伤保险称为"劳动者灾害补偿保险"。1947 年，日本颁布了《劳动者灾害补偿保险法》，适用者为一般被雇用者和特别加入者。[①] 如表 1-3 所示，工伤保险给付主要包括疗养给付、停业给付、参加给付、残障一次性补贴、遗属年金、遗属一次性补贴、丧葬费及补贴、伤病年金、护理给付、两次健康检查（主要是针对心脑血管的诊断及指导）给付[②]以及福利事业费用的支付。

表 1-3　日本工伤保险基本结构

工伤保险制度	
依据的法律	劳动者灾害补偿法（1947.4.7 法 50）
对象	一般被雇用者
运营主体	政府
财源	保险费
费率	根据行业性质以及同行业各企业不同事故发生率采用不同费率
	事业主全额负担

① 特别加入制度是针对一般被雇用者以外的中小企业主、家庭从业人员、司机、木匠、个体老板、特定农业人员及海外派遣人员等在一定条件下可以加入工伤保险的制度。

② 宋健敏：《日本社会保障制度》，上海人民出版社 2012 年版，第 296-298 页。

<table>
<tr><td colspan="5" align="center">工伤保险制度</td></tr>
<tr>
<td rowspan="3">给付</td>
<td rowspan="3">负伤、疾病</td>
<td colspan="2">治疗给付
治疗期间疗养费：全额通勤灾害时支付
最初治疗费</td>
<td>治疗开始 1 年 6 个月以后</td>
</tr>
<tr>
<td colspan="2">缺勤给付
休假第 4 日起
给付金额：基础日×金额为平均工资的 60%</td>
<td>同左</td>
</tr>
<tr>
<td colspan="2">年金</td>
<td>治疗开始 1 年 6 个月以后未能治愈情况下支付伤病补偿年金给付
给付标准按不同标准分为 1~3 级</td>
</tr>
<tr>
<td rowspan="6">给付</td>
<td>残障</td>
<td>一次性补贴</td>
<td colspan="2">残障补尝年金：给付基础日额×313 日（1 级）至 131 日（7 级）
残障特别支付金（福利事业）：342 万日元（1 级）至 159 万日元（7 级）
残障特别年金（福利事业）：给付基础日额×313 日（1 级）至 131 日（7 级）</td>
</tr>
<tr>
<td rowspan="2">遗属</td>
<td>年金</td>
<td colspan="2">遗属补尝年金（遗属年金）：给付基础日额×153 日（遗属 1 人）至 245 日（遗属 4 人以上）
遗属特别年金（福利事业）：给付基础日额×153 日（遗属 1 人）至 245 日（遗属 4 人以上）</td>
</tr>
<tr>
<td>一次性支付金</td>
<td colspan="2">遗属补尝一次性支付金（遗属一次性支付金）
给付基础日额×1000 日（上限）遗属特别一次性支付金（福利事业）
给付基础日额×1000 日（上限）遗属特别支付金（福利事业）：被雇用者死亡当时的遗属补偿给付（遗属给付）300 万日元</td>
</tr>
<tr>
<td>护理</td>
<td colspan="3">护理补偿给付（护理给付）：护理费用支出额（上限额：日常护理，每月 104970 日元；临时护理，每月 52490 日元）</td>
</tr>
<tr>
<td>丧葬</td>
<td colspan="3">（丧葬给付）：315000 日元+给付基础日额×30 日</td>
</tr>
<tr>
<td colspan="4"></td>
</tr>
<tr>
<td colspan="2">2 次健康检查</td>
<td colspan="3">2 次健康检查给付内容：掌握脑血管状况的必要检查
特定保健指导 2 次健康诊断结果 接受心脏疾患预防医师等保健指导</td>
</tr>
<tr>
<td colspan="2">福利事业</td>
<td colspan="3">病院、特别支给金、假肢等支付</td>
</tr>
</table>

资料来源：笔者汇总整理相关资料所得。

5. 失业保险

日本失业保险称为"雇佣保险"。1922 年，日本宪政会曾向议会提出失业保险法案，但未获通过，直到 1947 年相关法案才得以制定。1974 年，《失业保险法》更名为《雇佣保险法》，意味着保险范围的进一步扩大。1989 年，日本对《雇佣保险法》进行了修订，将保险范围进一步扩大到临时雇用者及派遣工作者，短期被雇用者被纳入雇佣保险体系中。失业保险除了失业预防和失业给付，还有雇佣保险事业，主要是政府采取的公共项目，目的是稳定雇员及能力开发。

（二）社会救助

日本把社会救助称为"公的扶助制度"。因为日本是一个自然灾害频发的国家，所以从广义上，日本社会救助除了生活保护制度还包括灾害救助，主要从经济与生活、住所重建、中小企业及个体经营、安全社区建造四个方面开展救助工作。日本的社会救助制度已经走过了 80 多年的发展历程，1929 年颁布《救护法》，1946 年制定《生活保护法》；1950 年 5 月针对生存权的问题，又制定新《生活保护法》；2013 年 5 月通过《生活保护法》修正案，并于 2014 年 4 月实施，该修正案是 1950 年以来的首次修订。日本生活保护制度包括八项内容，如表 1-4 所示，其对每一类扶助项目的内容做了简单介绍。

表 1-4　日本社会救助制度

广义：社会救助制度		项目	内容	形式
	狭义：生活保护制度	生活扶助	饮食、服装、娱乐费等（①类）；水、电、煤、取暖费用（②类）；入院患者日常费用；入住护理设施者基本生活费用；残障者、单亲（母子）、孕妇、子女抚养等的附加费用	③
		住房扶助	房租、地租及房屋修理费用	④
		教育扶助	教育一般费用，伙食费、交通费及教材费	①
		护理扶助	向不能自理的贫困者提供居家护理、住宅改造等相关救助	②
		医疗扶助	向贫困户提供药品、治疗、手术、住院等救助方式	②
		生育扶助	向贫困者提供分娩相关服务及医药卫生材料	①
		就业扶助	就业费、技能进修费、就业准备费	①
		殡葬扶助	在贫困户家人去世，需要举行葬礼时提供资金救助	①
	灾害救助		经济与生活方面救助；住所重建救助；中小企业及个体经营救助；安全社区建造救助	③

注：①为现金给付；②为实物给付；③现金给付为主，实物给付为辅；④现金给付为主，提供住所为辅。

资料来源：笔者根据相关资料整理所得。

（三）社会福利

日本社会福利主要涉及老年福利、儿童福利、障碍者福利等。日本 1951 年颁布《社会福利事业法》，1960 年颁布《精神薄弱者福利法》，后来改为《智障者福祉法》，1961 年通过《儿童抚养津贴法》，1963 年制定《老年人福祉法》，1964 年颁布《单亲母子福祉法》，1971 年实施《儿童津贴法》等，这些法律的颁布和实施为现行社会福利奠定了法律基础，并勾勒了日本社会福利的基本框架。随后，日本在 1982 年又颁布《老人保健法》，在 1990 年颁布《社会福利关系法八法改正法》，对社会福利进行了修正及改革。目前，日本运行的社会福利制度主要包括社会福利、儿童家庭福利、老年福利及障碍者福利等。从经济生活福利方面看，日本社会福利建立了"生活福利资金贷款制度"，主要从综合支援资金、福利资金、教育支援资金、不动产担保型资金等方面提供福利服务。表 1-5 对日本社会福利的主要内容做了简明介绍。

表 1-5　日本社会福利主要内容

项目	内容
社会福利津贴	儿童津贴
	儿童抚养津贴
	特别儿童抚养津贴
	障碍儿童福利津贴
	特别障碍人津贴
生活福利资金贷款制度	综合支援资金
	福利资金
	教育支援资金
	不动产担保型资金
儿童家庭福利服务	儿童福利服务
	母子及寡妇福利服务
老年福利服务	高龄者保健福利
	老年医疗福利
	老年护理福利
障碍者福利服务	身体障碍者福利服务
	智力障碍者福利服务
	精神障碍者保健及福利服务

续表

项目	内容
障碍者自立支援制度	自立支援给付
	地域生活支援事业

二、日本现行社会保障管理机构及职能

社会保障管理属于有别于生产管理的社会政策管理，作为国家上层建筑的组成部分，在实践中受到社会生产力、社会经济制度及现代各国行政框架的制约。社会保障是公共领域，是以政府为主体的强制性事业，所以必须依靠行政力量的介入才能完成相应的任务。从实践中可以看出，大多数国家的社会保障管理是由政府承担。[1] 社会保障管理结构的合理性对于社会保障的发展有着重要的作用。

社会保障管理包括行政管理、基金管理和监督管理三部分内容。行政管理即针对社会保障的各种信息、各项费用、资格审查及待遇发放等进行操作和管理；基金管理主要指经办机构对结余资金投资方式、方向的管理，以及与投资委托公司之间的运作；监督管理主要指政府对社会保障预算与执行情况、日常工作和基金运作的一般监管，以及对专业机构的业务监管和对经办机构的监督管理等。[2] 本书主要对社会保障的管理机构及职能进行阐述。

厚生劳动省是日本社会保障管理的中央政府机构，是日本最高层次的社会保障管理机构，主要负责社会保障制度的制定。日本社会保障采用集中与分散相结合的管理模式，不同的保障项目由不同的部门负责管理。厚生劳动省主管企业中一般被雇用者的社会保险项目，内部设有很多局级单位，其中保险局、年金局、职业安定局、劳动基准局以及老健局等专门负责医疗保险、养老保险、雇佣保险、劳灾保险和护理保险等制度的立案研究、文件起草、制度运行、基金管理，但各保险政策的具体实施则不完全由厚生劳动省执行。厚生劳动省具体的职能由日本年金机构[3]及其地方分支机构承担。国家公务员共济组合由财务省主计局负责，管理中层机构由各省厚生管理室及人事课负责，基层机构由年金事务所、公共职业及船员安定所负责。地方公务员共济组合由总务省管理，其主要由警察厅

---

① 郑功成：《社会保障学——理念、制度、实践与思辨》，商务印书馆 2000 年版，第 373-417 页。

② 穆怀中：《社会保障国际比较》，中国劳动社会保障出版社 2002 年版，第 145-146 页。

③ 2010 年受社保基金丑闻的影响，日本政府废除社会保险厅成立了特殊法人：日本年金机构。

长官官房、文部科学省大臣官房总务省自治行政局构成。农林渔业共济组合由农林水产省负责管理。私立学校共济组合由文部科学省大臣官房主管。社会救助的最高管理机构为厚生劳动省社会援护局，中层管理机构为都道府民生主管部门，基层管理机构为社会福利事务所、身体障碍者更生咨询所、智力障碍者更生咨询所。社会福利的管理机构由厚生劳动省、都道府县和市町村相关部门构成。儿童家庭主要负责儿童抚养，中层机构由都道府卫生部门主管，基层机构由保健所和区市町村负责。特别儿童抚养津贴及智力障碍者福利由厚生劳动省社会援护局负责，中层机构由民生主管部门负责，基层机构由社会福利事务所障碍者咨询所负责。①

三、日本社会保障法律体系

与西方发达国家相比，日本社会保障虽然立法较晚，却在较短的时间内建立了比较完整的法律体系。日本社会保障立法机构由参众两院构成。日本医疗保险及养老保险相关法律的出台为日本在 1961 年实现"国民皆保险"奠定了基础。2000 年，日本实行《护理保险法》，这使日本的社会保险法律更加全面。日本社会保障法律体系包括给付法律、行政管理法律和诉讼法律，以给付法律为主，日本每个社会保障项目的出台，都有相应的法律依据。

（一）社会救助、社会福利立法

1. 社会救助立法

早在 1868 年明治维新后，日本政府就出台了有关社会救助和社会保险的法律。1874 年，日本政府颁布《恤救规则》，该法律主要以没有劳动能力的人为救助对象，只要能够进行劳动则被排除在该救助体系外，以防出现养懒汉的情况。1932 年，《救护法》取代《恤救规则》，对政府的救助责任进行了明确的规定。1937 年，日本政府修改了《救护法》，1938 年《救护法》更名为《社会事业法》。日本政府 1946 年制定《生活保护法》，1950 年针对生存权问题，又制定《新生活保护法》，2013 年对《生活保护法》进行修订，2014 年正式实施修订后的《生活保护法》。

2. 社会福利立法

日本政府在 1945 年制定《战灾孤儿保护对策纲要》，着力解决儿童的收养及

---

① 宋健敏：《日本社会保障制度》，上海人民出版社 2012 年版，第 24—26 页。

教育问题。1947 年，日本政府建立了儿童局，并于 12 月颁布《儿童福利法》。1949 年，日本政府制定《身体障碍者福利法》，主要强调障碍者的自力更生能力的训练，为其提供就业机会。1951 年，制定《社会福利事业法》，明确了福利体系。1960 年，颁布《精神薄弱者福利法》，对精神病患者的康复、回归等给予了一定的帮助。随着社会家庭结构、人口结构的变化，日本政府于 20 世纪 60 年代初开始重视老年人福利问题，在 1963 年颁布《老人福利法》。同时，由于离婚率逐渐升高，日本政府于 1964 年颁布《母子福利法》，主要在生活方面对单亲家庭的母子进行照顾。1989 年，日本政府实施"黄金计划"①，用 10 年的时间来完善老年人的医疗、保健、福利等保障项目。

（二）社会保险立法

1. 医疗健康保险

医疗保险是社会保险中最早建立的保险项目，日本政府 1922 年颁布《健康保险法》，标志着医疗保险的建立。1938 年，日本政府实施《国民健康保险法》，该法案是日本"国民皆保险"建立的基础。1939 年，日本政府制定了《职员健康保险法》和《船员保险法》。1941 年，日本政府颁布了《劳动者年金保险法》。1949 年，日本政府对《健康保险法》进行修订，1953 年再次修订。1961 年，日本实现了"全民皆保险"的医疗保险制度。1982 年，日本出台《老人保健法》，主要是针对老龄化社会建立老人医疗和保健体系。随着人口老龄化的加剧，医疗保险相关法律不断调整，1984 年日本政府修订《健康保险法》，提高了戈恩医疗费用的比例。1997 年，医疗保险个人缴费比例由 10% 提高到 20%。

2. 公共年金保险

日本明治维新以后开始推行"恩给制度"，1944 年制定《厚生年金法》，1954 年颁布新的《厚生年金法》，1959 年颁布《国民年金法》，随后又对《国民年金法》进行了修订。1961 年，日本建立了"国民皆年金"的养老保险制度。1985 年，日本政府对《国民年金法》进行改革，并制订了长期的改革计划，把退休年龄延迟到 65 周岁，②并加入了"基础年金制度"。由此，日本形成了多层次、多结构、覆盖全民的社会养老保险体系。养老保险的资金筹措由国家、企业、个人三方共同负担。

---

① 黄金计划出自日本政府于 1989 年 12 月颁布的《发展老人保健福利事业 10 年战略规划》。

② 1944 年日本领取退休金年龄为 55 周岁，1954 年新《厚生年金法》把退休年龄推迟到 60 周岁，1985 年再次推迟到 65 周岁。

3. 劳动灾害补偿保险

劳动灾害补偿保险又称为"工伤保险"。日本 1931 年到 1947 年分别制定并颁布了《紧急失业对策法》《劳动者灾害扶助法》《劳动者灾害扶助责任保险法》《职业安定法》《工伤补偿保险法》和《失业保险法》等法案，1948~1959 年分别建立了公家公务员、地方公务员及私立学校的共济组合伤害补偿保险法。日本的工伤保险实行的是"无过失原则"。

4. 雇佣保险立法

自 1974 年以后，日本社会保障法进入不断完善时期，废除了《失业保险法》，出台了《雇佣保险法》。该法扩大了保险的覆盖范围，不但具有失业补偿功能，而且具有预防失业、促进就业的功能。之后，为了适应新的经济形势，日本分别于 1984 年和 1993 年对《雇佣保险法》进行了修订。

5. 护理保险立法

2000 年，日本政府实施了《护理保险法》，该法律不仅规定了缴费的等级、费率，还规定了护理费用负担的具体比例，即当发生护理保险费时，个人承担10%，其余的由国家和地方政府承担。护理保险缴费按照工资收入的高低设置五个不同等级的缴费率，分别为 0.5%、0.75%、1%、1.25%、1.5%。护理保险服务的种类分为居家保险和专门机构护理。

四、社会保障制度效应评述

（一）社会保障制度是社会需要的产物

明治维新时期，日本就出现了社会保障的雏形，社会保障成为统治阶级维护政权的有效措施。"二战"后，日本经济陷入泥潭，人民生活在水深火热之中，需要完善社会保障项目，提高社会保障水平来满足国民的基本生活需要。20 世纪 60 年代，日本建立了惠及全民的医疗保险、养老保险制度，逐渐完善了儿童救助、医疗保险、养老保险、社会福利等保障项目，保障项目的建立与社会经济结构、人口结构、家庭结构的变化密切相关。当人口老龄化凸显时，日本政府制定了大量有关老年人的医疗、养老、护理、救助、福利等保障措施。少子高龄化时期，为了鼓励妇女生育和积极就业，政府推出了《儿童支援法》等法案，进一步提高了生育妇女的生活保障水平。由此可见，社会保障制度是社会需要的产物。

（二）管理与监督是社会保障高效运行的前提

社会保障的管理组织机构主要负责对社会保障事业进行决策、计划、指挥、监督、调节等一系列活动，以及对社会保障基金进行筹集、管理，运营和保障费用的给付等活动。[①] 社会保障管理包括立法管理、行政管理、执行管理、基金管理及监督管理。日本社会保障管理机构众多，由于日本社会保障制度项目与职业、地域有关，所以各个保障项目设置的部门不同，各自独立，社会保险金的缴纳和给付方面的标准也不统一，因此管理成本高，部门冲突日益增多，同时日本社会保障基金管理曾经发生过多起挪用公款的事件，必须进一步加强对社会保障基金的管理和监督。社会保障基金是社会保障制度运行的物质基础，所以日本社会保障管理机构必须进行整合，统一管理部门，减少条块分割，提高社会保障管理的效率。

（三）社会保障法是推进社会保障事业的保证

社会保障法是国家实施社会保障项目的法律规范的总和，它是推行各项保障事业的重要依据。日本社会保障法包括社会保险法、社会救助法及社会福利等相关法律。它具有以下特点：一是法律修订比较及时。只要社会保障法律中出现了不适应经济社会发展的要求，日本政府便及时进行法律制定和修订。二是法律可操作性强。日本社会保障相关法律规定中的内容非常具体、翔实，具有很强的可操作性。

本章小结

本章主要对社会保障的概念进行界定，对世界社会保障的发展历程、西方社会保障理论、马克思主义社会保障理论、中国社会保障思想及日本社会保障理论体系进行梳理和阐述。社会保障历史发展的一般性规律是救济—保险—福利的转变过程，这说明社会保障随着经济社会发展水平的提高而逐渐完善，提高全民福利水平是世界各国社会保障的最终目标。

西方发达国家的社会保障理论是在社会政治经济理论，特别是经济理论的基

---

① 杨华：《日本社会保障制度研究》，中国财政经济出版社 2011 年版。

础上发展起来的，起步较早，较为成熟。马克思提出了有关社会保障基金来源的理论。由西方社会保障思想的发展历程可总结出：社会保障的建立与发展受经济学理论的影响较大，社会保障制度的产生和发展与经济制度密不可分。

中国社会保障思想主要源于中华民族传统的文化思想。毛泽东曾经论述了社会保障对中国革命取得胜利的作用，并具体分析了社会保障与经济之间的互动关系。邓小平、江泽民、胡锦涛、习近平结合中国国情强调了社会保障对国家稳定、经济发展的重要作用，并使之与时俱进、创新发展。

日本主要参照西方发达国家的做法，结合本国国情建立了适合自身经济发展的社会保障制度。

第二章　日本社会保障制度变迁

与欧美发达国家相比，虽然日本社会保障制度建立较晚，但随着日本经济的迅速发展和综合国力的增强，日本社会保障制度日益完善，推动了社会进步和社会成员的健康发展。本章主要通过文献梳理来厘清日本社会保障制度发展的基本脉络。日本社会保障理念和相应措施在明治维新时期就已出现，至今已有150多年的历史，但相应制度体系的创立，要追溯到"二战"以后。① 本章主要按照日本经济发展的脉络来梳理社会保障制度的变迁，从经济制度变迁的角度把日本社会保障制度的发展划分为四个时期：日本明治维新到"二战"时期是社会保障制度的萌芽阶段（1868～1945年）；经济高速增长时期是社会保障制度的建立与发展阶段（1946～1973年）；经济稳定增长时期是社会保障制度的调整阶段（1974～2000年）；21世纪以后是社会保障制度的改革阶段（2001年至今）。

第一节　明治维新到"二战"时期社会保障制度的萌芽

一、社会保障制度萌芽的背景

1868年，日本通过明治维新结束了封建制度，将一个传统国家转变为现代民族国家，② 从此走上了现代国家的发展道路。部分学者认为，这一时期是日本

---

① 宋健敏：《日本社会保障制度》，上海人民出版社2012年版，第39页。
② 萧国亮、隋福民：《世界经济史》，北京大学出版社2007年版，第294页。

社会保障制度的创立与引进期。这一时期，日本制定的法律主要是《救护法》《军事扶助法》《母子保护法》《战时灾害法》等，[①] 社会保障的立法也经历了从萌芽到初步发展的进程。社会保障萌芽时期的工作主要有两大方面：一方面，建立和完善社会救济、抚恤、慈善等事业；另一方面，推动社会保险事业基本框架的建立与发展。[②] 明治维新以后形成的垄断资本和战时体制，影响了社会保障事业的发展，社会保险或多或少地带有军事独裁的性质。[③] 笔者从经济、政治、文化、人口、法律等角度来探讨社会保障制度萌芽的背景。

（一）工业革命促进经济增长

1868 年，德川幕府的封建统治被推翻，日本以"王政复古"为口号，组建了明治政府。明治政府制定了一系列财政政策并进行经济改革，意在振兴本国经济和增强国家实力，被称为"明治维新"。第二次工业革命推动了日本工业化的发展，引起社会深刻变革，可以说"明治维新"是日本工业化的起点，[④] 日本通过明治维新走上了工业化和资本主义道路。工业革命后，日本经济迅速发展。如图 2-1 所示，1885 年日本国民生产总值为 8.06 亿日元，1890 年为 10.56 亿日元，1895 年上升到 15.52 亿日元，1900 年为 24.14 亿日元，是 1885 年的 3 倍。1905 年国民生产总值上升至 30.84 亿日元，1910 年达到 39.25 亿日元。由此可见，20 世纪日本国民生产总值的增长速度远远高于 19 世纪八九十年代，[⑤] 为社会保障制度的萌芽奠定了物质基础。

（二）对外开放活跃资本市场

19 世纪 60 年代以后，世界经济现代化进程加快，贸易加速发展，金融市场发育，劳动力市场形成。明治维新以后，日本政府不断推行对外开放政策，引入先进的技术和理念。[⑥] 如表 2-1 所示，1885 年日本进口贸易和出口贸易额分别为 0.37 亿日元和 0.38 亿日元，1890 年分别为 0.91 亿日元和 0.58 亿日元，1900 年分别上升到 2.29 亿日元和 2.17 亿日元，到 1910 年迅速上升到 5.21 亿日元和

---

① 孟薇：《浅析战后日本"生活保护"及社会保障制度》，《现代日本经济》1994 年第 5 期，第 21-24 页。
② 杨巍巍：《日本社会保障制度的发展过程及基本框架》，《人口学刊》1994 年第 6 期，第 31-38 页。
③ 梅婧：《社会保障制度下的中日社会保险比较研究》，南昌大学硕士学位论文，2012 年。
④ 王珏：《世界经济通史（中卷）经济现代化的进程》，高等教育出版社 2005 年版，第 230-269、375 页。
⑤ 杨栋梁：《日本近现代经济史》，世界知识出版社 2010 年版，第 75-76 页。
⑥ 《日本统计年鉴（1968~2002 年）》，第四章。

（亿日元）

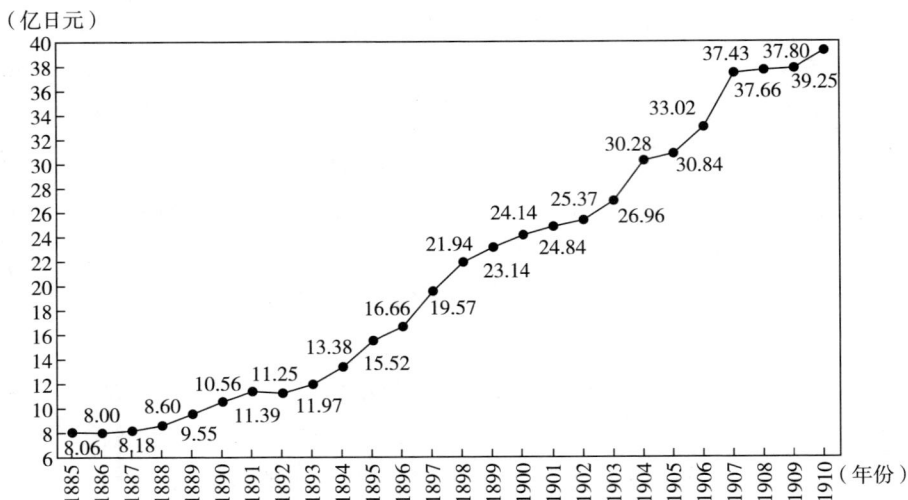

图 2-1　1885~1910 年日本国民生产总值的变化

资料来源：笔者根据杨栋梁：《日本近现代经济史》，世界知识出版社 2010 年版，第 75-76 页中的数据绘制而成。

5.02 亿日元。[①] 日本自明治维新以来，明治政府的"殖产兴业"政策，派生了对工业劳动力的需求，推动了明治初期劳动力市场与金融市场的形成。[②] 日本全国形成了统一的商品市场后，金融市场开始活跃。1885 年，日本银行票据总值为 39560 亿日元，但"二战"期间，金融市场受到影响，这一数值只有 47770 亿日元，到 1990 年这一数值达到 2285700 亿日元。[③] 明治政府通过自上而下一系列改革，加速了日本资本原始积累的进程。明治维新后期的经济发展为社会保障的萌芽和建立奠定了经济基础，同时明治政府主张推行"富国强兵"政策，将工业化与经济增长带来的社会成果用于军事，而不是用于改善国民的生活水平，走上了对外侵略扩张的道路，[④] 所以这一时期的社会保障以军人为主。明治维新末期，下层武士、下层农民、没落商人等的贫困问题受到关注，[⑤] 加之 1929 年爆发世界性的经济危机，日本经济和社会受到很大影响，需要进一步完善社会保障制

① 根据杨栋梁：《日本近现代经济史》，世界知识出版社 2010 年版，第 75-76 页。

② 车维汉：《日本经济周期研究》，辽宁大学出版社 1998 年版，第 28-32 页。

③ 《日本统计年鉴（1968~2002 年）》，第四章。

④ 冯昭奎：《日本经济》，高等教育出版社 2005 年版，第 26 页。

⑤ 杨巍巍：《日本社会保障制度的发展过程及基本框架》，《人口学刊》1994 年第 6 期，第 31-38 页。

度，来维持社会的稳定和发展，进而推动了社会保障的发展。[1]

表 2-1　1885~1910 年日本进出口贸易额变化情况　　　单位：亿日元

年份	出口	进口	年份	出口	进口
1885	0.38	0.37	1898	1.73	3.16
1886	0.50	0.41	1899	2.27	2.24
1887	0.54	0.59	1900	2.17	2.29
1888	0.67	0.74	1901	2.66	2.63
1889	0.72	0.73	1902	2.73	2.79
1890	0.58	0.91	1903	3.07	3.27
1891	0.81	0.70	1904	3.29	3.82
1892	0.93	0.78	1905	3.35	5.02
1893	0.91	0.99	1906	4.39	4.37
1894	1.16	1.33	1907	4.52	5.12
1895	1.39	1.42	1908	3.99	4.61
1896	1.20	2.89	1909	4.37	4.31
1897	1.70	2.43	1910	5.02	5.21

资料来源：杨栋梁：《日本近现代经济史》，世界知识出版社 2010 年版，第 75-76 页。

（三）发动对外战争迅速积累资本

自明治维新以来，日本通过发动对外侵略战争进行掠夺获得赔偿，从而促进了经济的增长。1894~1895 年，日本发动中日甲午战争，获得了"割地"和"赔款"，并在中国港口获得了通商特权。"一战"以后，日本通过战争获取暴利，积累了大量资金，把日本从债务国变为债权国，并在经济结构上从农业国变为工业国。虽然日本通过侵略获取战争赔款积累了大量资金，[2] 但 1923 年的关东大地震仍使日本国民陷入困苦。[3] 另外，1937 年和 1941 年的战争，使日本的战时费用增加，总费用高达 7558 亿日元，1930 年日本国债为 62 亿日元，1945 年底上升到 1439 亿日元，日本经济陷入泥潭。[4] 为了解决社会问题和维持社会稳定，日本实施了一系列社会保障政策。20 世纪以后，由于社会矛盾不断激化，

---

① 崔岩：《战后日本社会保障制度的发展及其启示》，《日本研究》1997 年第 2 期，第 2-7 页。

② 冯昭奎：《日本经济》，高等教育出版社 2005 年版，第 27 页。

③ 杨巍巍：《日本社会保障制度的发展过程及基本框架》，《人口学刊》1994 年第 6 期，第 31-38 页。

④ 冯昭奎：《日本经济》，高等教育出版社 2005 年版，第 28 页。

社会保障制度进一步发展，[1] 1944 年日本制定厚生养老保险政策，但还没来得及实施，就宣告战败。[2]

（四）"教育先行"为社会保障萌芽奠定文化基础

从德川时代（1603~1867 年）开始，日本就十分重视教育，日本的义务教育推动了现代化进程。明治维新时期，日本推行"教育先行"的政策，政府鼓励向外国学习先进技术及理念。明治政府于 1872 年强制推行学龄儿童义务教育，并建立了当时世界上最大的技术大学——东京技术工业学院，后又于 1877 年成立了东京大学。明治政府通过财政拨款的方式，聘请外国专家来日本传授西方先进的生产技术和管理理念，为社会保障萌芽奠定了文化基础。[3]

（五）城市化的发展推动了社会保障的进程

1871 年的"废藩置县"、1889 年的"町村合并"等制度为城市化发展提供了制度基础。这一时期，日本农村村落由 1888 年的 70472 个减少到 1945 年的 10536 个；1888 年日本城市数量为 37 座，1903 年发展到 60 座，1920 年为 83 座，1945 年发展到 206 座；[4] 1920 年日本城市人口数为 10096758 人，占总人口的 18%，1940 年为 27577539 人，占总人口的 35%。[5] 城市化与农业土地发展过程中的矛盾以及资源和人口之间的矛盾促进了社会保障雏形的出现。

（六）社会保障相关法律制度的建立

明治维新时期，日本出现了关于保护救济的法令（类似英国《济贫法》）。[6] 1874 年，日本政府颁布《恤救规则》，把救济对象划分为赤贫者、重病者、13 岁以下孤儿等，慈善性质明显。[7] 虽然从严格意义上说《恤救规则》还不是一部法律，但却是日本实施社会保障制度的立法开端。19 世纪七八十年代，日本政府先后实施了《海军退隐令》《陆军恩给令》《官吏恩给令》，标志着社会养老保险的出现。1941 年，日本实施"雇员年金保险"，规定企业雇员必须参加此项保险。[8] 明治末期，日本政府建立了各个公务员共济组合的恩给制度。日本

① 崔岩：《战后日本社会保障制度的发展及其启示》，《日本研究》1997 年第 2 期，第 2-7 页。
② 王闻、石为华：《日本的社会保障制度》，《国际经贸研究》1996 年第 4 期，第 35-38 页。
③ 冯昭奎：《日本经济》，高等教育出版社 2005 年版，第 27 页。
④ 资料来源于《日本统计年鉴（1968~2002 年）》电子版。
⑤ 门晓红：《日本城市化：历史、特点及其启示》，《科学社会主义》2015 年第 1 期，第 146-149 页。
⑥ 宋健敏：《日本社会保障制度》，上海人民出版社 2012 年版，第 40 页。
⑦ 杨巍巍：《日本社会保障制度的发展过程及基本框架》，《人口学刊》1994 年第 6 期，第 31-38 页。
⑧ 田夫：《日本社会保障制度掠影》，《社会工作》1995 年第 5 期，第 42-44 页。

政府 1911 年颁布，并于 1916 年实施的《工厂法》，是日本最早的劳动者保护法案，该法案规定雇主必须给予发生工伤事故的雇员一定的补偿，这是工伤社会保险制度形成的基础。1920 年，日本政府颁布《疾病保险法》，保障对象为职员、教员、船员等。1922 年，日本在《疾病保险法》的基础上制定了《健康保险法》。[1] 以上法令虽然保障范围不广，但可以看作日本最早的较为成熟的社会保险法案。1923 年，日本政府制定《恩给法》。1929 年制定、1933 年实施的《救护法》救济的对象更加广泛，其才是日本真正的救贫法，《恤救规则》被取而代之。[2] 之后，日本政府于 1933 年颁布《少年教护法》，在 1936 年制定《退职金及退职津贴法》，1937 年又颁布《母子保护法》。

1938 年，日本政府以自营业者（农民和个体工商业者）为对象制定《国民健康保险法》，但其实行取决于公民的意愿。同年，日本设置厚生省，制定《社会事业法》，又推出《匡民健康保险法》。1939 年，日本政府制定集医疗保险与年金保险于一身的《船员保险法》。1941 年 3 月，日本政府颁布《劳动者年金保险法》，1944 年将其改为《厚生年金保险法》。1944 年，日本以受雇者为中心，设立了厚生养老保险。[3] 另外，为了捍卫和保护劳动者的权利，1945 年日本政府制定《工会法》。至此，可以说社会保障法律制度已初见端倪。

二、萌芽时期社会保障的主要内容

（一）机构设置

日本政府 1902 年创设大阪养老院，1908 年成立中央慈善协会，标志着日本慈善事业走向组织化和规范化。1913 年成立厚生省，1917 年内务省设立救护课，负责救济援助和保护儿童等。1923 年 4 月，日本又设置了临时健康保险部。这些机构的设置为今后社会保障制度的建立奠定了基础。

（二）基本制度

日本明治初期到"二战"之前，社会保障制度由以下内容构成：

1. 社会救济制度

1874 年，日本政府制定了《恤救规则》，它是"公的扶助制度"的原型，扶助对象是失去家庭扶养的老年人、残疾人及孤儿等，保障范围窄，水平较低。进

---

① 杨巍巍：《日本社会保障制度的发展过程及基本框架》，《人口学刊》1994 年第 6 期，第 31-38 页。

② 吕学静：《立法：日本社会保障的基石》，《国际金融报》2001 年 1 月 5 日第 6 版。

③ 王闻、石为华：《日本的社会保障制度》，《国际经贸研究》1996 年第 4 期，第 35-38 页。

入 20 世纪之后,《救护法》代替了《恤救规则》,保障水平有所提高,民间企业及国有企业建立了互助组织,并创立了失业救济制度。[①]

2. 健康保险制度

日本逐步建立和完善了健康保险制度。明治初期,政府为预防传染病制定了各类公共卫生规则,1922 年颁布的《健康保险法》,标志着医疗保险制度的建立。[②]

3. 恩给制

恩给制是针对军人、官吏、教员等阶层实行的退休金制度。日本政府 1875 年和 1876 年针对军人、1884 年针对官吏制定了恩给制,规定他们的养老金由国库支付。恩给制是日本社会保障制度的一种重要形式。[③]

4. 养老保险

1941 年,日本制定了"养老保险",其保障对象为工厂工作的男性劳动者,标志着日本私营企业养老保险制度的开端。1944 年,劳动者年金保险改为厚生年金保险,保障对象扩大到一般职员和女性,但在这一制度正式实施之前,日本政府宣告战败,社会的动荡造成厚生年金保险制度暂时的停滞。

这一阶段的社会保障制度还处于探索和学习阶段,国家的保障制度还很不成熟,不存在社会保障的观念,也并不成体系。[④] 这一时期,日本社会保障制度在保障规模、覆盖面、政策执行和制度体系方面都不完备,但养老、失业等领域的保障得到了初步发展,为战后社会保障制度的完善奠定了基础。[⑤]

第二节　高速增长期社会保障制度的建立与发展

"二战"后,日本社会保障制度逐步完善和充实,形成了社会保障的"黄金时期"。日本首先从法律层面对原有法案进行修订,并制定了新法案。在实践层

---

① 在日本,社会救济被称为"公的扶助",而"公的扶助制度"通常被称为"生活保护制度"。
② 崔岩:《战后日本社会保障制度的发展及其启示》,《日本研究》1997 年第 2 期,第 2-7 页。
③ 王闻、石为华:《日本的社会保障制度》,《国际经贸研究》1996 年第 4 期,第 35-38 页。
④ 山崎泰彦、沈士仓:《日本社会保障的发展过程》,《中国社会工作》1996 年第 4 期,第 58 页。
⑤ 复旦大学日本研究中心:《日本社会保障研究:兼论中国社会保障制度改革》,复旦大学出版社 1996 年版。

面，日本社会保障内容不断充实，设施日益完善，机构逐步健全，最终发展成为一套完整的社会保障制度。① 从"二战"结束到 20 世纪 50 年代中期，是日本社会保障制度的基础建设时期。这一时期，日本经济高速发展，推动了社会保障制度的建立、完善和给付水平的提高。② 20 世纪 50 年代中期到 60 年代末，日本社会保障制度进入了扩充和调整期。20 世纪 60 年代初到 70 年代初是日本社会福利制度全面形成时期，政府提出了"走社会福利道路"的口号。③ 1961 年，日本实现了"全民皆保险、全民皆年金"的社会保障制度。④

一、社会保障制度建立的背景

（一）经济高速增长

"二战"结束到 20 世纪 50 年代初期，日本经济稳定并高速发展，医疗和养老保险的给付水平不断提高，劳动者灾害补偿保险内容不断丰富。⑤ 20 世纪 50 年代初期以后，日本经济实力恢复到战前水平，⑥ 1955 年到 1973 年创造了世界上经济高速增长的纪录。日本国内生产总值 1955 年为 83695 亿日元，1960 年迅速增长到 160097 亿日元，1973 年持续攀升到 1124981 亿日元。⑦ 经济的高速增长使日本实现了工业化和现代化，把日本从贫困中拯救出来，成为"富裕社会"，⑧ 为日本建立福利型国家体制奠定了经济基础。这一阶段，国民生活水平明显提高，国民要求改善生活质量和生活环境的愿望强烈，日本社会保障进入了显著扩充时期。⑨

（二）战后动荡促进社会保障需求增加

1945 年"二战"结束后，作为战败国的日本，陷入剧烈的社会震荡之中，阶级矛盾十分尖锐，国民生活极度困难。战前实施的社会保障制度处于停滞状态，大部分日本国民难以维持生计，需要救助。同时，这一时期日本经济位于崩溃的边缘，物价飞涨，⑩ 军需产业倒闭导致失业严重，使战后遗留的孤儿、遣送

---

① ⑩ 杨巍巍：《日本社会保障制度的发展过程及基本框架》，《人口学刊》1994 年第 6 期，第 31-38 页。

② ④ ⑨ 崔岩：《战后日本社会保障制度的发展及其启示》，《日本研究》1997 年第 2 期，第 2-7 页。

③ 马斌：《日本社会保障制度及其对中国的启示》，《生产力研究》1996 年第 1 期，第 66-69 页。

⑤ 吕学静：《立法：日本社会保障的基石》，《国际金融报》2001 年 1 月 5 日第 6 版。

⑥ 山崎泰彦、沈士仓：《日本社会保障的发展过程》，《中国社会工作》1996 年第 4 期，第 58 页。

⑦ 资料来源于《日本统计年鉴（1968~2002 年）》电子版。

⑧ 复旦大学日本研究中心：《日本社会保障研究：兼论中国社会保障制度改革》，复旦大学出版社1996 年版，第 381 页。

回国者、战争受灾者陷入贫困的境地，① 产生了大量的失业者和生活穷困者。② 日本失业人口 1948 年为 24 万人，失业率为 0.7%，1950 年上升到 44 万人，失业率为 1.2%，1955 年提高到 105 万人，失业率高达 2.5%，③ 直到 20 世纪 60 年代失业率才开始缓慢下降。在这种经济背景下，日本政府需要通过采取社会保障等措施来维护社会的稳定，对失业者和生活贫困者的救济成为社会保障政策的重要内容④。

（三）人口结构发生转变

20 世纪 60 年代，日本老年人口增长迅速，到 20 世纪 70 年代初，日本已经进入人口老龄化社会。65 岁以上的老年人口占总人口的比例 1950 年为 4.1%，1960 年为 5.7%，1970 年达到 7.1%，老年人口所占比例在 20 年间增长了 3%。20 世纪 70 年代以后日本人口增长率开始下降，老龄化开始显现。在人口增长率下降，老龄化日益严重的背景下，老年人的赡养成为日本社会的重要课题。

（四）建立社会保障相关法律

1. 社会救助相关法律

社会救助主要是保障国民的最低生活水平。日本战后产生了大量的贫困人口，为了维护社会秩序，1946 年日本政府颁布了《生活保护法》。由于《日本国宪法》中提出了"生存权"的概念，所以日本政府在 1950 年颁布了《新生活保护法》，以丰富的给付内容和明确的社会救助行政诉讼程序，进一步体现了"生存权"的内涵。进入 20 世纪 60 年代后，日本政府大幅度放宽了救济条件。⑤

2. 工伤与失业相关法律

日本工伤与失业保险共同组成劳动保险。1947 年，日本颁布了《劳动基准法》《失业保险法》《劳动者灾害补偿保险法》等许多维护工人权利和保护工人的法规。⑥《失业保险法》主要针对工业、制造业、运输业、服务业、批发及零售商等雇用超过五人以上的企业，失业期间可支付 180 天的保险金，1974 年其改名为《雇佣保险法》。《劳动者灾害补偿保险法》规定，劳动者出现工伤事故时，即使没有加入工伤保险，也可以通过诉讼程序获得赔偿。

---

① ⑥　山崎泰彦、沈士仓：《日本社会保障的发展过程》，《中国社会工作》1996 年第 4 期，第 58 页。

②　复旦大学日本研究中心：《日本社会保障研究：兼论中国社会保障制度改革》，复旦大学出版社 1996 年版，第 382 页。

③　杨栋梁：《日本近现代经济史》，世界知识出版社 2010 年版，第 72 页。

④　崔岩：《战后日本社会保障制度的发展及其启示》，《日本研究》1997 年第 2 期，第 2-7 页。

⑤　王闻、石为华：《日本的社会保障制度》，《国际经贸研究》1996 年第 4 期，第 35-38 页。

3. 医疗保险相关法律

医疗保险是日本最早建立的社会保险项目。1947 年，日本政府开始整顿陷入混乱状态的社会保险制度。1948 年，日本政府颁布《日本国宪法》，为稳定民心提出了"生存权"的理念，同年修改《国民健康保险法》，规定由市町村公营。[1] 1961 年，日本实施《国民健康保险法》，建立了"国民皆保险"的医疗保险制度。

4. 养老保险相关法律

1959 年，日本政府颁布《国民年金法》，保障范围进一步扩展到农民、个体业户和无业居民。1961 年，日本国民年金率达到 100%，实现了"国民皆年金"的目标。1985 年，日本修改《国民年金法》的部分内容。

5. 社会福利相关法律

日本政府 1947 年颁布《儿童福利法》，次年开始实施，1949 年颁布《残疾人福利法》，1951 年制定《社会福利事业法》，[2] 这三部法案共同构成了日本社会福利法体系，充分体现了不断提高人民生活水平的社会保障理念。[3] 日本政府 1960 年开始支付各种福利年金，同年制定《精神薄弱者福利法》，1963 年制定《老人福利法》，1964 年制定《母子福利法》，这些法案的制定，标志着日本社会福利体系日益完善。[4]

二、社会保障制度的主要内容

（一）日本社会保障制度的建立

1947 年的《日本国宪法》和《社会保障制度纲要》中均出现了"社会保障"一词，但宪法是将"社会保障与社会福利和公共卫生并列使用的"，仍未完全摆脱所谓"公的扶助"这种狭义的理解。[5] 1950 年，日本首相咨询机构在《关于社会保障制度的劝告》中对社会保障的内涵做了界定：社会保障指对疾病、负伤、分娩、残疾死亡、失业、多子女以及其他原因造成的贫困从保险办法和国家直接负担方面寻求经济保障途径，对陷入生活困境者，通过国家救助保障其最低

① 吕学静：《立法：日本社会保障的基石》，《国际金融报》2001 年 1 月 5 日第 6 版。
② 山崎泰彦、沈士仓：《日本社会保障的发展过程》，《中国社会工作》1996 年第 4 期，第 58 页。
③ 梅婧：《社会保障制度下的中日社会保险比较研究》，南昌大学硕士学位论文，2012 年。
④ 杨巍巍：《日本社会保障制度的发展过程及基本框架》，《人口学刊》1994 年第 6 期，第 31-38 页。
⑤ 郭士征：《日本的社会保障及其国际比较》，《世界经济》1991 年第 11 期，第 67-71 页。

限度的生活；同时，谋求公共卫生和社会福利的提高，以便使全体国民都能过上真正有文化的社会成员的生活。① 可以说，该劝告标志着日本社会保障制度的建立。日本"福利三法"（《生活保护法》《儿童福利法》《残疾人福利法》）的颁布，标志着日本社会救助制度的建立。② 随后，日本政府又建立了失业保险、医疗保险和公共年金制度，1961 年实现了"国民皆保险，国民皆年金"的社会保险制度。日本社会保障制度在这一时期得到了建立和发展。

（二）社会保障的内容

1. 明确社会保障概念及体系

1946 年，《社会保障制度纲要草案》的咨询报告指出：日本社会保障由社会保险、国家救助、社会福利和公共卫生组成。通过社会保障体系可以归纳出：解决贫困问题是现阶段社会保障的重要任务，社保资金来源于社会保险费及财政支出，保障体系对于生活贫困者进行公共救济，该制度从公共卫生、社会福利及文化生活等方面改善社会环境条件③。

2. 完善社会保险体系，建立"国民皆年金"制度

这一时期，社会保险不断完善。日本政府 1947 年制定了失业保险制度，并扩大了健康保险的覆盖面，1953 年健康保险投保人数是战后初期的二倍。1954 年，日本政府进一步修订了《厚生年金保险法》，规定国家负担比例为 15%。1958 年，日本建立了国家公务员共济组合制度。④ 1959 年，日本顺利地建立了国民年金和福利年金，国民年金以付费年金为核心，以免费的国民年金为补充。1961 年，日本实施付费国民年金，开始了向被雇用者年金与国民年金体制的过渡。国民皆年金体制与国民皆保险体制有所不同，对年金的领取有一定时期以上保险金缴付的限制是 20 年后的事了。⑤ 1961 年 4 月，日本实现了"国民皆保险"和"国民皆年金"的制度。⑥ 日本积极推进医疗保险、养老保险给付问题的改善，社会保险体系得到完善，养老和医疗实现了全覆盖。

---

① 马斌：《日本社会保障制度及其对中国的启示》，《生产力研究》1996 年第 1 期，第 66-69 页。

② 张青枝：《日本社会保障制度的演变、特色及对中国的启示》，中国科学技术大学博士学位论文，2011 年，第 4-5 页。

③ 崔岩：《战后日本社会保障制度的发展及其启示》，《日本研究》1997 年第 2 期，第 2-7 页。

④ 小平裕：「公的年金の現行制度と評価」『成城．経済研究』第 199 号，2013-01，第 3 页。

⑤ 复旦大学日本研究中心：《日本社会保障研究：兼论中国社会保障制度改革》，复旦大学出版社 1996 年版，第 382 页。

⑥ 佐川英美：「福祉国家論考新しい福祉ガバナンスの前提認識と方向性」『キリストと世界：東京基督教大学紀要』第 25 号，2015-03，第 121 页。

3. 推进社会救助与社会福利事业

1947 年实施的《日本国宪法》第二十五条第二款规定：“全体国民都享有健康和文化的最低生活水平的权利”“国家必须在一切生活部门努力提高和增进社会福利、社会保障和公共卫生”，开始正式实行社会救助。在社会福利领域，1951 年日本颁布《社会福利事业法》，实现了《儿童福利法》《生活保护法》《残疾人福利法》的三法合一，并建立了社会福利事业所制度。1971～1973 年，日本建立儿童津贴制度、老人医疗费支付制度及“浮动年金制”等，因此 1973 年被称为“福利元年”。这一时期，福利社会化作为一个明确目标被提出。[①]

4. 社会保障与经济

1962 年 8 月，日本政府作了《关于推进社会保障制度的建议》和《综合调整社会保障制度的基本方策》的报告，在报告中对社会保障制度提出以下几点建议：第一，社会保障的经济效果体现在稳定国民生活的机能、刺激消费需求、收入再分配的作用及调节经济波动等；第二，社会保障未来十年的发展目标是，社会保障支出与国民收入相比，至少与社会保障制度比较完备的西方国家的水平持平；第三，社会保障计划的制定，各种社会保障制度之间的均衡标准，国家、受益者负担保费的比例和费用的分配原则。虽然只是报告，但影响了各项政策的制定。

（三）社会保障与财政

第二次经济高速增长时期（从 1965 年 11 月的“伊诺景气”到 1973 年 10 月的第一次石油危机）的财政支出，增加了“民生型、社会政策型”的经费。20 世纪 60 年代中期以后的财政支出，除历年支出的经济高速增长型的经费（其中完善产业基础的公共事业占很大的比重）之外，新增了基础生活的社会保障费、公共事业费及公害对策费等经费。这既是为弥补在经济高速增长政策中出现的失误，也是财政支出的多样化，但社会保障有关费用的预算与一般会计预算比例一直维持在 14%。

1946～1973 年，日本经济高速发展，为社会保障体系的完善奠定了物质基础。由于经济水平不断提高，社会保障项目的支出水平也相应得到提高。日本建立了“全民保险制度”，军人退休制度、社会救助与社会福利等项目也在不断扩充，社会保障体系逐渐建立起来。该阶段，人口老龄化开始显现，人口出生率逐年下降，给养老、医疗、护理保险等制度的资金筹集、支付水平带来了压力。

---

① 杨巍巍：《日本社会保障制度的发展过程及基本框架》，《人口学刊》1994 年第 6 期，31-38 页。

第三节　稳定增长期社会保障制度的调整

1974～2000 年日本经济稳定增长，社会保障处于修正与反思阶段。随着社会经济的发展，日本社会保障制度逐渐完善，但受世界石油危机的冲击，社会保障暴露出不少弊端，日本政府不得不削减社会保障的支出。20 世纪 70 年代后期，日本意识到社会保障制度出现裂缝，进入 20 世纪 80 年代后，问题渐渐突出。在此期间，日本政府对社会保障制度进行了大量的调整及改革，主要表现为由国家包办向政府和民间共同协调运作转变、由以健康和收入保障为主的社会保险向以提供福利保健服务为主的生活保障转变，以期适应社会经济不断发展的新需要。经过这个阶段的修正和反思，日本形成了国家一体化的社会保障制度模式，即从中央到村都建立了全面的包括社会救济、社会保险、社会福利、老年人保健、公共卫生与医疗的社会保障制度。[①] 20 世纪 90 年代，日本的社会保障制度由社会保险、公的扶助、社会福利、公共卫生、抚恤金、儿童津贴、援护战争牺牲者等体系构成。

一、社会保障制度调整的背景

（一）经济形势发生变化

自 1973 年爆发石油危机以来，日本经济由高速增长阶段进入低速增长阶段。在此背景下，日本继续积极地增加国库负担，确保社会保障费用，可即使在当前可用发行国债等方式来筹措经费的情况下，最终也必然导致财政的破产。日本的财政在 20 世纪 70 年代陷入收入不足的境地，为了重建财政，日本尝试了增税，但未有效果，之后不得不缩减支出。随着就业结构的现代化、国家财政能力的降低，中曾根内阁为实现"小政府"，在财政界的指引下于 1983 年进行了财政改革。

（二）政治环境变化

1980 年 6 月初的选举，自民党获得"稳定多数"，加上国民的"生活保守化"等政治环境的变化，促使日本社会保障进行了为建立长期稳定高效保证国民生活的制度改革，我们称为"制度改革"。1989 年 7 月，自民党大败，执政党与

---

① 杨巍巍：《日本社会保障制度的沿革及对我国的启示》，《日本学刊》1995 年第 2 期，第 100-108 页。

在野党的势力分配不均衡，使自灵党于 1989 年底提出了充实公共福利服务与高龄化相适应的思考。①

（三）人口数量和结构的变化

1. 进入老龄化社会

1973 年以后，日本老龄化社会到来。② 进入 20 世纪 80 年代，日本人口的老龄化速度加快。如图 2-2 所示，1975 年日本 65 岁以上老年人口为 886.5 万人，占总人口的比重为 7.92%，说明 1975 年日本已经进入老龄化时代。1980 年老年人口占总人口的比重为 9.10%，2000 年达到 17.34%，20 年间日本老年人口比重增长了 1 倍多，预计到 2025 年日本老年人口占总人口的比重将达 30.30%③。

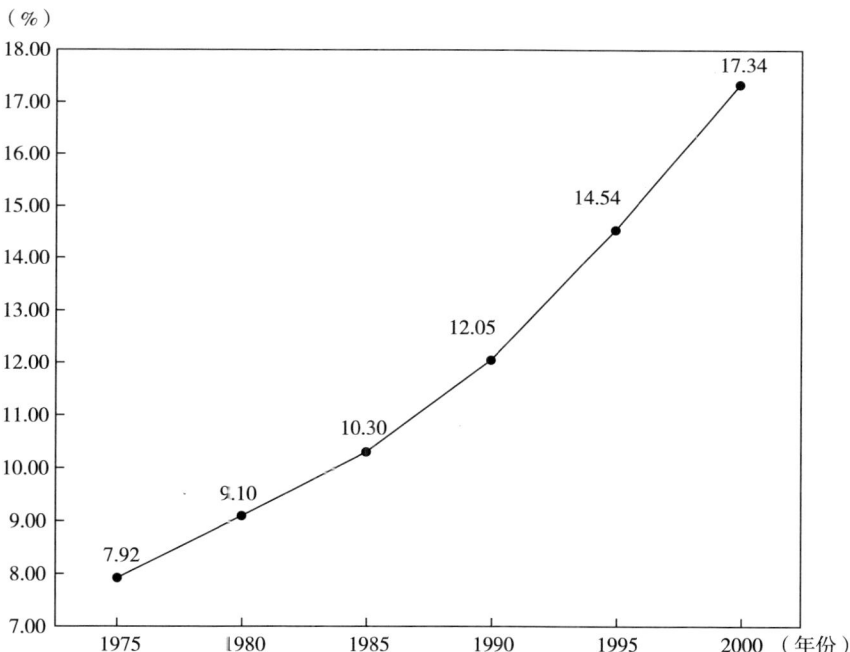

图 2-2　1975~2000 年日本 65 岁以上人口占总人口的比重

资料来源：笔者根据《日本统计年鉴 2012》整理绘制。

---

① 侯星芳：《概述日本的社会保障制度》，《世界经济与政治论坛》1993 年第 3 期，第 36-38 页。

② 王闻、石为华：《日本的社会保障制度》，《国际经贸研究》1996 年第 4 期，第 35-38 页。

③ 资料来源于日本国立社会保障人口问题研究所发布的《社会保障统计年报（2016）》。

2. 少子高龄化已经显现

日本是世界上人口平均寿命最长的国家，1975 年 85 岁以上人口为 39.1 万人，2000 年达到 223.3 万人，高龄人口数量增长了 4.7 倍。由图 2-3 可知，1975 年日本 85 岁以上人口占 65 岁以上人口的比重为 4.41%，1980 年为 4.97%，1990 年为 7.53%，2000 年为 10.15%。可见，日本老龄化社会出现了高龄化趋势，增长速度惊人。高龄化出现的同时，人口出生率下降，少年人口比重逐年降低。0~14 岁人口占总人口的比重 1975 年为 24.3%，1980 年为 23.5%，1990 年为 18.2%，2000 年降到 14.6%。这一时期，少年人口比重大约降低了 10%。由此可知，这一时期不仅出现了高龄化，而且还呈现少子化的态势，对于日本社会来说可谓雪上加霜。

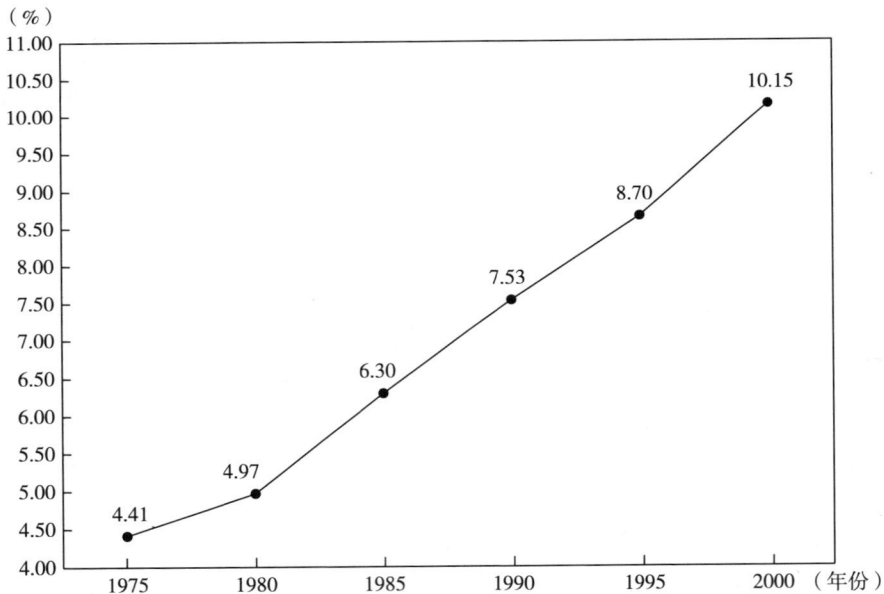

图 2-3　1975~2000 年日本 85 岁以上人口占 65 岁以上人口的比重

资料来源：笔者根据《日本统计年鉴 2012》整理绘制。

日本老龄化、高龄化、少子化的人口结构，不仅影响了日本劳动力市场和企业的发展，还影响了日本社会保障制度的正常运行。老龄化、高龄化人口结构会增加养老保险、医疗保险及护理保险的费用支出以及财政负担。同时，劳动力供给减少，势必影响企业对雇用者的需求。随着时代的发展，独居老人的比例将不断上升，老年人看护及护理需求将不断增加。

（四）法律体系逐步完善

1974 年，日本政府用《雇佣保险法》取代了《失业保险法》，不仅担负了失业的给付，还起到了预防失业、稳定雇佣、能力素质开发等综合政策的作用。日本政府 1982 年 8 月制定《老人保健法》，1983 年 2 月开始实施，[1] 1986 年进行初次修订，1991 年 2 月再次进行修正，修正的主要内容有：建立访问和看护老人的制度，提高老年人介护医疗费的公费承担比例，门诊、住院治疗个人负担的部分实行全部"导入浮动制"等。[2] 日本政府 1984 年对《健康保险法》进行修订，提高了个人支付比例，[3] 1990 年 6 月再次对其进行修订。1985 年，日本政府制定《男女雇佣机会均等法》，目的是进一步促进女性就业，防止性别歧视。1986 年，日本颁布《高龄者雇佣安定法》，鼓励老年人就业，防止未来社会的劳动力不足。[4] 1986 年，日本开始实施《年金修改法》。[5]1992 年 4 月，日本实施《育儿休假法》，进一步推进对生育和养育的支助，[6]规定产妇有 1 年的休假期。[7]

（五）社会保障负担率加重

日本国民负担率[8] 1975 年为 25.7%，1980 年为 31.3%，1985 年为 34.4%，1990 年为 39.2%，1995 年为 36.5%，2000 年为 36.9%。社会保障负担率 1975 年为 7.5%，1980 年为 9.1%，1985 年为 10.4%，1990 年为 11.4%，1995 年为 13.2%，2000 年为 14.4%。如图 2-4 所示，从 1975 年到 2000 年，国民负担率增加了 10% 以上，社会保障负担率增加了近 1 倍。[9]

面对人口老龄化的问题，要想降低社会保障负担率，就需要着手对社会保障及财政制度进行改革，待老龄化高峰期时，使国民负担率保持在 50% 以下，社会保障负担率保持在 16% 以内。[10]

---

① "Notes and Brief Reports", *Social Security Bulletin*, 1987（8）：29-34.

②⑤⑦　侯星芳：《概述日本的社会保障制度》，《世界经济与政治论坛》1993 年第 3 期，第 36-38 页。

③　杨巍巍：《日本社会保障制度的发展过程及基本框架》，《人口学刊》1994 年第 6 期，第 31-38 页。

④⑥　山崎泰彦、沈士仓：《日本社会保障的发展过程》，《中国社会工作》1996 年第 4 期，第 58 页。

⑧　国民负担率是一个国家在一定时期（通常为 1 年）内的税收总额及社会保障支出总额占国民收入总额的比例，是考察政府财政负担轻重度的一个指标。

⑨　资料来源于日本《社会保障统计年报（2000，2001）》：http：//www.ipss.go.jp/s-toukei/j/t_nenpo_back/h12%EF%BD%A513.pdf。

⑩　杨栋梁、沈士仓：《日本社会保障体系的特点及现存问题探析》，《日本研究》2002 年第 3 期，第 48-51 页。

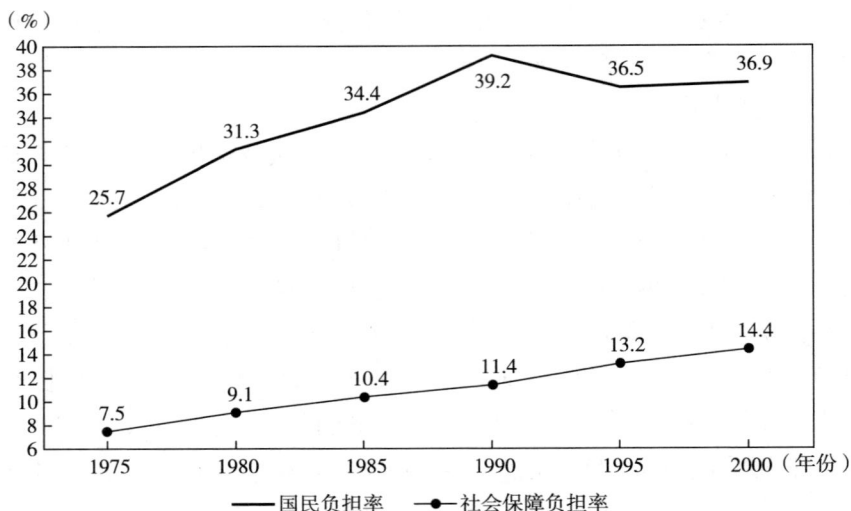

图 2-4　1975~2000 年日本国民负担率及社会保障负担率

资料来源：日本《社会保障统计年报（2000，2001）》。

（六）社会保障基金支出增加

1973~2000 年，日本社会保障给付费用支出过大，社会保障给付比例不断上升。如图 2-5 所示，1973 年日本社会保障给付费用占国民收入比重为 6.53%，1980年这一比例增长到 12.15%，1990 年为 13.61%，2000 年继续攀升到 21.01%。由此可知，社会保障给付费用持续增加，30 年内占国民收入比重增长了 2 倍多。①

2000 年，日本社会保障给付费用为 721410 亿日元，其中医疗保险给付费用为 254077 亿元，占总费用支出的 35.2%，占国民收入比重为 6.65%；公共年金给付费用支出 384105 亿日元，占社会保障总支出的 53.2%，占国民收入比重为10.05%；社会福利及其他支出为 83228 亿元，占总支出的 11.5%，占国民收入比重为 2.18%②。从以上数据可以看出，社会保障支出逐年增加，并且占国民收入比重也大幅度上升。

---

①②　资料来源于日本国立社会保障人口问题研究所发布的《社会保障统计年报（2000，2001）》：http：//www.ipss.go.jp/s-toukei/j/t_ nenpo_ back/h12%EF%BD%A513.pdf。不同年份日本社会保障统计年报数据略有差异，2012 年对此数据进行了修正。

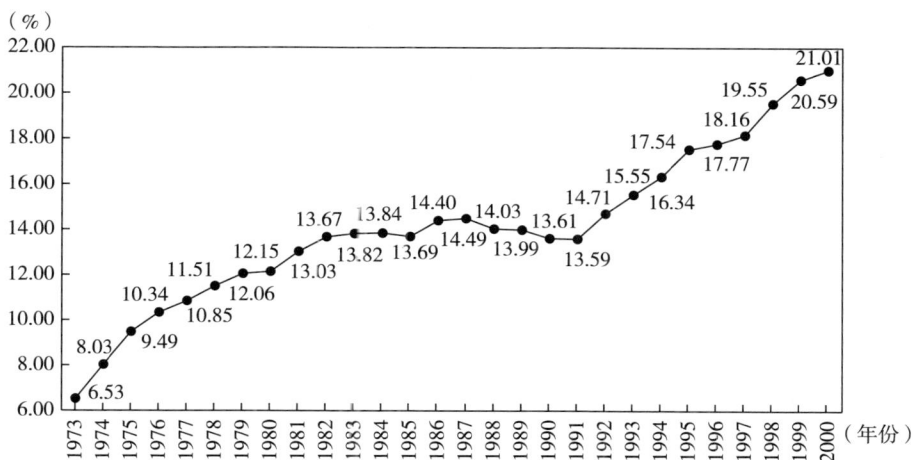

图 2-5　1973~2000 年日本社会保障给付费用占国民收入的比重

资料来源：日本《社会保障统计年报（2000，2001）》。

高龄者社会保障给付费用包括年金保险给付、老人保健（医疗部分）给付、老人福利给付费和高龄者雇用继续给付费。2000 年，高龄者社会保障给付费为478041 亿日元，比 1999 年增长 5.3%。其中年金给付费为 362379 亿日元，比1999 年增长 4.3%；老人保健（医疗部分）给付费为 101092 亿日元，比 1999 年增长 8.3%；老人福利给付费为 13797 亿日元，比 1999 年增长 9.4%；高龄者雇用继续给付费为 773 亿日元，比 1999 年增长 23.3%。[①] 从上面的增长浮动数据可以看出，在经济增长期，日本高龄者继续就业的人数增加，同时由于高龄老年人逐年增加，老龄者的福利、保健费及保险费用也在不断增加。

二、社会保障制度调整的内容

（一）社会保障组织机构

1987 年，日本派出 11 个社会保障管理机构及保险部门参加了国际社会保险大会，此次会议成立了"国际社会保险协会"，[②] 国际社会保险协会促进了日本社会保障机构的建立和完善。日本社会保障的经办机构及运营组织较复杂，中央

---

① 资料来源于日本国立社会保障人口问题研究所发布的《社会保障统计年报（2000，2001）》：http：//www.ipss.go.jp/s-toukei/j/t_ nenpo_ back/h12%EF%BD%A513.pdf。

② 杨巍巍：《日本社会保障制度的发展过程及基本框架》，《人口学刊》1994 年第 6 期，第 31-38 页。

官厅主要负责社会保障的监督工作，中央官厅的下属机关、公法人①负责社会保障的执行工作。② 另外，日本还设立了保健医疗福利工作者实力对策本部，致力于改善福利工作者的工作环境、待遇等。1991 年，该部门递交了关于改善护士、职员工作条件的对策报告。

（二）养老保险

20 世纪 80 年代中后期，日本对社会保障制度进行了较大幅度的改革，关于公共年金主要是设置了双重公共年金制和全国养老保险一体化。③ 1985 年，日本政府对公共年金进行了修改，建立了由基础年金（国民年金）、职域年金（厚生年金和共济年金）和补充年金（企业年金）组成的多层次的社会养老体系。这次养老保险改革消除了性别差异，规定从 1988 年开始男性和女性领取养老金的年龄统一为 60 周岁，并推迟年金起付年龄，要求 20~59 周岁公民必须参加保险，缩短了付给期。通过改革养老保险制度，国家和个人负担的比例趋于公平合理。1989 年 12 月，日本国会通过了《调整年金制度间费用负担比例的特别措施法案》，重点是要调整费用负担比例及方式，以及实现养老保险制度的一元化。④

20 世纪 80 年代中后期制定的"推进高龄者福利保健十年战略"和"新社会服务"计划，说明这一时期政府开始关注"超高龄社会"的保障和服务。⑤ 为了进一步推进高龄者福利保健十年战略的实行，1989 年 12 月的《关于老人保健制度重新评价的中间意见》提出了落实老人保健、医疗、福利的相关建议。⑥

（三）医疗保险

经济增长时期，政府对医疗保险的支出逐年增加，日本医疗保险支出占国民收入比重 1973 年为 3.59%，1980 年为 5.38%，1985 年为 5.49%，2000 年达到 7%，财政负担过重。面对这一问题，日本政府对医疗保险进行了改革，着重调整国家和个人负担的比例。1983 年，日本政府建立老人保健制度，取代了原有的老人医疗制度，把原来的政府全额负担调整为 60%，减轻了国家财政负担。1984 年，日本进一步修订医疗保险制度，规定个人承担的医疗费用比例为 10%，降低了国民健康保险的国库补贴率。⑦ 1988 年、1990 年日本政府

---

① 公法人是指各种互助会、健康保险组合等。
②⑥⑦ 侯星芳：《概述日本的社会保障制度》，《世界经济与政治论坛》1993 年第 3 期，第 36-38 页。
③ 吕学静：《立法：日本社会保障的基石》，《国际金融报》2001 年 1 月 5 日第 6 版。
④⑤ 杨巍巍：《日本社会保障制度的发展过程及基本框架》，《人口学刊》1994 年第 6 期，第 31-38 页。

先后两次修订《国民健康保险法》，进一步调整了政府及个人的负担比例。该时期，医疗保险可分为"被使用者保险"和"地区保险"，[①] 按照职业和地域实现了全覆盖。

（四）雇佣保险

1974 年，日本将《失业保险法》变更为《雇佣保险法》，之后又对其进行了多次修订，使其内容发生了重大变化。从 20 纪世 70 年代开始，日本出生率不断下降，面对这一情况，日本以雇佣保险代替原失业保险，扩大了保险的内容和范围，除了保障雇用者失业期间的基本生活，还增加了对育儿和介护难以维持雇佣时的"持续给付"制度及预防失业、开发能力等项目。1989 年，修订的《雇佣保险法》进一步扩大了保险范围，把临时工、派遣工作人员也纳入雇佣保险范围。1994 年，日本第二次修订雇佣保险法案，把 60 周岁以上继续工作的劳动者纳入保险体系，为其支付"继续雇佣给付金"，并对育儿休假的女性支付"育儿停职给付金"。1995 年，日本再次对其进行修订，针对育儿和介护难以维持雇佣等问题设立了"雇佣持续给付制度"。[②] 经济稳定增长期，日本的雇佣保险得到了不断的扩充。从雇佣保险措施来看，20 世纪 90 年代日本政府开始关注少子老龄化的问题，并从政策上鼓励老年人继续就业及女性就业。

在经济稳定增长期，日本社会保障进行了各方面的调整和改革。20 世纪 80 年代后，日本政府开始与国际合作，利用新科技来促进社会保障事业的发展。[③] 该阶段，日本改革的主要内容是资金筹集模式、筹资水平和给付水平的调整，进而实现给付和负担之间的均衡，最终为整个社会保障的一体化建设奠定基础。[④] 为了保证在高龄化高峰到来之时，日本经济仍然能健康发展，日本政府必须提前进行财政改革并转变社会保障筹资模式，通过提高个人负担比例、延迟退休、减少补助、协调好互助与自助的关系来减轻日本的财政负担。[⑤]

---

① 政府掌管的健康保险、组合掌管的健康保险、船员保险（疾病部分）、国家公务员助金（短期给付部分）统称为"被使用者保险"，个体经营者加入的国民健康保险称为"地区保险"。

② 吕学静：《立法：日本社会保障的基石》，《国际金融报》2001 年 1 月 5 日第 6 版。

③ 杨巍巍：《日本社会保障制度的发展过程及基本框架》，《人口学刊》1994 年第 6 期，第 31-38 页。

④ 崔岩：《战后日本社会保障制度的发展及其启示》，《日本研究》1997 年第 2 期，第 2-7 页

⑤ 熊必俊、韩孟：《日本的社会保障制度框架及其最新改革动向》，《经济学动态》1994 年第 6 期，第 73-78 页。

第四节　2001 年至今社会保障的改革

21 世纪，受经济全球化的影响，国际竞争加剧，社会保障制度因会影响一国企业的成本及劳动力供需问题而备受关注。进入 21 世纪，日本开始对国内社会保障项目及结构进行改革，涉及公共年金、社会救助、资金筹集模式、社会保障及税制一体化等，但这时日本经济持续低迷，再加上世界金融危机、欧洲债务危机以及日本大地震等事件的影响，使部分改革一拖再拖。[①]

一、年金制度改革

（一）改革背景

2001 年日本总人口为 12718.3 万人，0~14 岁少儿人口为 1830.7 万人，占总人口比重为 14.4%；15~64 岁人口为 8603.3 万人，占总人口比重为 67.6%；65 岁以上老年人口为 2284.3 万人，占总人口比重为 18%。2010 年，上述人口结构比例分别为 12.85%、64.47%、22.68%，少儿人口比例减少 1.55%，65 岁以上老年人口比例增加 4.68%。老龄化速度较快，到 2020 年少儿人口比例将降到 11.74%，老年人口比例将升到 29.11%（见表 2-2，详细数据见附录一中附表 1-1）；到 2050 年少儿人口所占比重将为 9.67%，而老年人口比重将达到 38.81%；到 21 世纪末，少儿人口比重将降为 9.11%，老年人口比重将上升到 41.29%。日本少子老龄化形势十分严峻，如果不进行相应的改革，恐怕很难应对人口老龄化及少子化的高峰期。

表 2-2　2020~2100 年日本人口结构及预测

年份	总人口（千人）	0~14 岁（千人）	15~64 岁（千人）	65 岁以上（千人）	0~14 岁人口占总人口比（%）	15~64 岁人口占总人口比（%）	65 岁以上人口占总人口比（%）
2020	124100	14568	73408	36124	11.74	59.15	29.11
2030	116618	12039	67730	36849	10.32	58.08	31.60

①　梅婧：《社会保障制度下的中日社会保险比较研究》，南昌大学硕士学位论文，2012 年，第 12-16 页。

续表

年份	总人口（千人）	0~14 岁（千人）	15~54 岁（千人）	65 岁以上（千人）	0~14 岁人口占总人口比（%）	15~64 岁人口占总人口比（%）	65 岁以上人口占总人口比（%）
2040	107276	10732	57866	38678	10.00	53.94	36.05
2050	97076	9387	51013	37676	9.67	51.52	38.81
2060	86737	7912	44183	34642	9.12	50.94	39.94
2070	75904	6911	38165	30829	9.10	50.28	40.62
2080	65875	6053	32670	27152	9.19	49.59	41.22
2090	57269	5161	28540	23568	9.01	49.83	41.15
2100	42860	3906	21257	17697	9.11	49.60	41.29

资料来源：根据日本国立社会保障人口问题研究所发布的《社会保障统计年报（2000）》计算所得。

就社会保障给付费用来看，2001 年日本社会保障给付费用为 814007 亿日元，占国民收入比重为 22.1%；[①] 2010 年社会保障给付费用为 1052276 亿日元，占国民收入比重为 29.8%。社会保障给付费用大幅度增加，十年增长近 8%。2015 年日本社会保障负担率为 17.8%。[②]

2001 年以后，日本经济处于低速增长期，甚至出现负增长。2001 年日本名义国内生产总值为 5055430 亿日元，比 2000 年减少 0.8%，2002 年国内生产总值为 4991470 亿日元，比 2001 年减少 1.3%，2009 年变动幅度最大，比 2008 年减少 6%，直到 2012 年才相比 2011 年增加了 0.5%。[③]

日本社会保障给付费用的增加和财源紧缩，加重了政府财政负担，社会保障制度必须进行配套的改革才能适应当前经济的发展。

（二）改革内容

2003 年 11 月厚生劳动省发布《年金制度改革方案》；2004 年 6 月实施《年金改革相关法案》，同年又通过了《年金基金管理和运用独立行政法人法》，这些法律主要涉及公共年金各方负担的比例、给付水平及基金的使用。

日本公共年金制度改革，主要涉及五个方面内容：第一，提高了被雇用者及

---

① 资料来源于日本国立社会保障人口问题研究所发布的《社会保障统计年报（2004）》：http://www.ipss.go.jp/s-toukei/j/t_renpo_back/h16.pdf。

② 社会保障负担率为社会保障支出占国民收入的比重：http://www.ipss.go.jp/s-toukei/j/t_nenpo_back/h28.pdf。

③ 资料来源于日本国立社会保障人口问题研究所发布的《社会保障统计年报（2016）》：http://www.ipss.go.jp/s-toukei/j/t_nenpo_back/h28.pdf。

企业的缴费水平，个人负担率为 13.5%；第二，对继续工作的 70 岁以上老年人征收厚生年金保险费；第三，增加国民年金的国库负担比例，自 2009 年以后，国库负担比例由 1/3 提高到 1/2；第四，扩大参保范围，临时工和短期工也可以加入厚生年金；第五，育儿休假期免缴费期限延长至三年。此次改革设置的保险缴费费率较高，影响企业的良性竞争和人才的合理供给，所以 2004 年日本又引入自动调整机制，控制缴费率上升。① 截至 2016 年 3 月，日本国民年金中，第一号被保险人有 1805 万人，月支付一般保险费 15590 日元，月附加保险费 400 日元；第二号被保险人有 3832 万人，第三号被保险人有 945 万人，第二号、第三号被保险人的保险费由第一号被保险人的保险费支付。②

2016 年 10 月 21 日，日本在第 17 届经济财政咨询会议上主要讨论了经济与财政一体化及社会保障改革等议题。2016 年，日本的医疗费用约为 40 万亿日元，长期护理成本约为 10 万亿日元。③

（三）改革成效

21 世纪的公共年金改革可以说有得有失：一方面，使企业对短期工、19 岁以下青年及 65 岁以上老年人的需求增加，提高了女性就业率；另一方面，却增加了企业的成本，降低了企业的国际竞争力，并没有解决老龄化高峰期养老保险基金短缺的问题。

二、医疗保险改革

2001 年，日本厚生劳动省公布了"医疗改革草案"，改革的重点同养老保险相似，主要是提高个人缴费比例。2002 年 7 月，日本政府修改了《健康保险法》，规定从 2002 年起，健康保险中个人负担比例上升到 30%，享受"老年医疗"的年龄推迟到 75 岁，并且个人需要负担 10% 的支出，收入较高的老年者或者 70~74 岁的老年患者均需负担 20% 的费用。2003 年，日本公布《关于医疗保险制度体系及诊疗报酬体系的基本方针》，拟定了日本医疗保险制度体系及诊疗报酬体系改革的基本方向。从中长期的效应看，这一时期的医疗改革在控制医疗

---

① 宋健敏：《日本社会保障制度》，上海人民出版社 2012 年版，第 143 页。
② 资料来源于日本国立社会保障人口问题研究所发布的《社会保障统计年报（2016）》：http://www.ipss.go.jp/s-toukei/j/t_nenpo_back/h28.pdf。
③ 资料来源于日本内阁府：http://www5.cao.go.jp/keizai-shimon/kaigi/minutes/2016/1021/gijiyoushi.pdf。

费增长方面可以起到一定的作用，有助于日本经济的发展。①

三、介护保险

2005 年 5 月，日本国会对《护理保险法》进行修改，② 修改的主要内容有：①调整护理服务项目单价及收费标准；②建立综合护理预防及地区性护理服务体系；③修订介护保险制度，针对轻度护理者加入了新预防给付的创设和地域支援事业的创设；④修正护理保险与年金给付的重复问题，并对设施的给付事项进行修订；⑤对服务质量标准的修订；⑥对负担方式、制度运营形式的修订。

为了应对人口老龄化出现的护理问题，2012 年日本又对介护保险制度进行了修订，主要是护理服务内容的增加和介护费用的调整，具体为：①为独自生活的高龄者和痴呆症老人提供新的服务内容，如痴呆症高龄者俱乐部疗养院、痴呆症高龄者专用服务、夜间对应型上门护理等；②从居家者与设施利用者负担的公平性角度，把高需求者③从高额设施转移到居家服务；③建立地域跟踪型护理服务，创建地域综合支援中心，创设居家服务体系。此次改革"建立了社会福利市场化的思想，为地区福利民间化、市场化创造了条件，也为竞争型地区福利社会的形成打下了基础"④。

2014 年，日本厚生劳动省向国会提出了涵盖医疗和介护服务提供体制的《医疗和介护综合推进法案》，指出政府要在老年人熟悉的环境中提供介护服务，通过基金组织增加资金的投入不断完善医疗提供体制及介护服务。《医疗和介护综合推进法案》自 2015 年起实施，实施修改后的《介护保险法》强调将轻症状人群的护理预防服务交由市町村等地方行政部门，但移交对象仅限一日性护理等护理服务内容，同时要有效利用志愿者等提高护理服务的效率。⑤

四、社会保障及税制一体化改革

2011 年 6 月 30 日，日本政府提出了《社会保障和税一揽子改革方案》，该方案主要是对经济、财政和社会保障进行一体化改革，希望通过改革走"三强"

---

① 王伟：《日本社会保障的改革与课题》，《中国社会科学院院报》2004 年 2 月 10 日。
② 宋金文：《日本护理保险改革及动向分析》，《日本学刊》2010 年第 4 期，第 107-120 页。
③ 高需求者是指中度、重度患者或高医疗需求患者。
④⑤ 吕学静：《日本长期护理保险制度最新改革的启示》，《中国人力资源社会保障》2016 年第 4 期，第 23-25 页。

路线。[①] 2012 年，日本出台《社会保障及税制一体化改革草案》，2012 年 3 月内阁又提交《为确保社会保障稳定财源而提高消费税等税制改革修正案法案》和《关于地方税法和地方交付税修正案法案》，明确进行社会保障及税制的改革，缩小代际间的差距。[②]

社会保障及税制一体化改革，从整体上提出要建立"中等规模·高职能"的社会保障体系，主要包括育儿支援政策、公共年金政策及相关福利事业。育儿支援方面，提倡导入市场机制，提高服务效率。年金政策方面，采取征缴社会保险费和税收两种方式，并通过年金给付来调节老年人就业、女性就业、残疾人就业的比例。社会救助方面，通过重新认识《生活保护法》中的贫困来构建多层社会保障安全网。以上有关低收入者的社会保障政策，在少部分领域得到充实，但在更多的领域却被缩减了。

日本社会保障结构复杂，缺乏统一性，同类保障项目的缴费水平、给付水平都与被保险者的职业有关，这种多样性的社会保障虽然能够满足不同的人群需要，但同时也给公平与效率带来了挑战。社会保障及税制一体化改革加快了日本社会保障制度一体化的改革进程。2015 年 10 月，日本政府进行年金一体制改革，对企业的厚生年金和公务员及私立学校教师的共济年金进行统一，消除了不同职业、不同群体之间的年金差距。

21 世纪，日本主要围绕着老龄化人口结构及经济增长的变化对社会保障支出进行改革。其进行的一系列年金制度、医疗保险、介护保险及社会保障和税制一体化改革都是为了保证人口老龄化高峰到来时，政府有足够的资金进行社会保障给付。

本章小结

为了研究日本经济制度变迁与社会保障发展历程之间的关系，笔者把社会保障制度的发展划分为四个时期：1868~1945 年日本明治维新到"二战"社会保障

① 刘江桥：《浅析日本施行的"社会保障和税一揽子改革方案"》，《劳动保障世界》2013 年第 24 期，第 16-17 页。
② 张玉棉、刘广献：《日本税制——社会保障"一体化改革"最新研究》，《日本问题研究》2013 年第 1 期，第 30-34 页。

制度萌芽时期；1946~1973 年经济高速增长背景下社会保障制度建立与发展时期；1974~2000 年经济稳定增长背景下社会保障制度调整时期；21 世纪以后社会保障制度改革时期。

工业革命兴起与对外经济发展是日本社会保障萌芽的经济背景，萌芽时期日本注重教育的发展和法律的建立。明治维新时期教育先行的政策，为社会保障制度的萌芽奠定了文化基础。日本早在 1874 年就制定《恤救规则》，为后续社会保障制度的建立奠定了法律基础。由此可见，社会保障的建立与经济、教育、法律密切相关。

高速经济增长时期，日本提出建立福利国家的口号，人民生活有了明显的提高，人口结构趋向老龄化、经济水平迅速提高和战后创伤的修复等成为社会保障制度建立的背景。这一时期，日本明确了社会保障的内涵，推进了社会救助、社会福利、社会保险制度的建立，设立了"国民皆保险"的医疗保险制度和"国民皆年金"的养老保险制度。

经济稳定增长时期，是日本社会保障制度的调整时期。这一时期日本的社会保障制度与世界经济形势及日本的人口结构和政治环境有密切的联系。该时期，日本建立了国民基础年金，对健康保险进行了修订，把失业保险进一步发展为雇佣保险，但在进一步完善社会保障的同时加重了国民和财政的负担。

21 世纪，经济全球化深入推进，社会保险费率直接影响企业成本和企业的竞争力。面对这一经济背景，日本进行了公共年金制度改革（采取延长领取养老金的年龄，提高个人负担费用的比例等措施），建立并修订了介护保险，通过提高国民保费，降低社会保障支出水平的方式来减轻国家财政负担。为了应对人口老龄化及社会保障资金不足的难题，日本政府于 2012 年提出"社会保障及税制一体化改革"。

第三章　日本社会保障水平对经济增长的影响

第一节　日本社会保障水平研究

社会保障水平是指一定时期内社会保障制度在一定区域或一国范围内能够让社会成员享受经济发展物质成果的高低程度。它是社会保障资金支出的直接表现，同时也间接体现社会保障资金筹集、支出等的运行状况。[①]

一国的社会保障水平直接影响该国社会经济的发展，社会保障水平过高，国家财政负担过重，企业的用人成本过高，进而影响经济的发展；如果社会保障水平低于经济的发展速度，则会使一部分人失去基本生活保障，引起社会的不稳定。社会保障水平具有刚性的特点，易升不易降。所以，我们研究和提倡的应该是适度的社会保障水平。[②]

我们应该着力研究，一国社会保障处于什么水平才能够具有以下功能：既促进经济的发展，又保证社会的稳定；既能坚持社会公平，又能兼顾提高效率；既能保障公民的基本生活，又能调动公民劳动的积极性；同时能提高公民素质，促进社会进步。

---

① 穆怀中：《中国社会保障水平研究（一）》，《中国社会保险》1997 年第 2 期，第 11-13 页。
② 穆怀中：《社会保障国际比较》，中国劳动社会保障出版社 2002 年版，第 110 页。

本章引用学者穆怀中①在《中国社会保障水平研究》一文中使用的理论和模型，对日本社会保障水平进行测量，并进一步求证日本社会保障水平的适度范围。②

一、社会保障水平理论研究

（一）社会保障适度性理论

1997年，穆怀中提出社会保障适度水平理论，指出：用社会保障支出与国民生产总值比重，以及社会保障支出与工资总额比重来衡量社会保障的适度水平。如果社会保障支出与国民经济发展水平及其他方面的承受能力相适应，则处于"适度"状态，否则为"不迁度"状态。社会保障水平不适度状态有两种情况，即高于经济发展水平或低于经济发展水平，这都将阻碍经济的发展。运用社会保障适度性理论能够测算出社会保障适度性的上限和下限，进而可以根据上下限来调整社会保障的供给和需求情况。③

（二）社会保障水平曲线理论

2003年，穆怀中提出"社会保障水平曲线发展理论"，指出社会保障水平在不同的经济发展阶段，会呈现出先上升后下降的曲线轨迹。经济发展水平决定了社会保障水平发展的轨迹，经济发展速度快会加速社会保障的发展，经济发展速度慢则会阻碍社会保障的发展，同时，社会保障的发展也能促进经济的发展。

二、日本社会保障水平模型构建

（一）社会保障水平指标

社会保障水平测量指标主要有三种：

（1）社会保障水平的工资系数，是社会保障支出总额占工资收入的比重，也叫作社会保障负担系数，该指标一般适用于小范围测定。

（2）社会保障水平的财政支出系数，是社会保障财政支出占国民生产总值

---

① 20世纪90年代末，穆怀中教授致力于研究社会保障水平，1997年《中国社会保障水平研究》是其最初的研究成果。国内其他学者关于社会保障水平的研究也是基于穆怀中教授使用的理论和模型进行的，这一模型在实践中得到了广泛应用。穆怀中教授1997年在《经济研究》刊物上发表的《社会保障适度水平研究》一文就用这一模型研究了日本1960年到1985年社会保障水平的适度状况。本书研究日本社会保障适度水平的理论模型也是基于穆怀中教授的模型构建的。

②③ 穆怀中：《中国社会保障水平研究》，《经济研究》1997年第2期，第56-63页。

的比重，该指标可以说明地方和中央财政在社会保障费用方面的支出状况及对应关系。

（3）社会保障水平的国内生产总值系数，即社会保障支出占国内生产总额的比值，可以称为"社会保障总水平"，是最高层次的测定指标。该指标直观地反映出，经济资源在一国或一地区的居民社会保障待遇中所占的比重。国际上测定社会保障水平多以此指标为准，所以本书也选用此种指标建立模型。

（二）构建模型

1. 社会保障水平模型

社会保障水平模型[1]主要通过柯布—道格拉斯生产函数和人口结构理论，归纳出了劳动生产要素投入分配系数与社会保障负担系数的关系，公式为：

$$S = \frac{S_Z}{G} \qquad (3-1)$$

其中，S 代表社会保障水平，G 代表国内生产总值，S_Z 代表社会保障支出总额。该模型可衡量社会保障支出的高低。

2. 社会保障负担系数模型

该模型的公式为：

$$R = \frac{S_Z}{W} \qquad (3-2)$$

其中，W 代表工资收入总额，R 代表社会保障负担系数（社会保障支出总额占工资收入总额的比重）。指标过低，说明社会保障支出不能保障公民的基本生活；指标过高，则不利于调动劳动者的积极性。

3. 劳动生产要素分配系数模型

该模型的公式为：

$$H = \frac{W}{G} \qquad (3-3)$$

其中，H 代表劳动生产要素分配系数（工资收入总额占国内生产总值的比重）。该值用于测评国民经济生产和扩大再生产能否正常进行。如果劳动生产要素分配系数过低，说明劳动者的劳动收入降低，资金积累减少，进而会对劳动者工作的积极性以及生产和扩大再生产产生重要影响。

---

[1] 张在萍：《社会保障适度水平的测定与分析》，山东大学硕士学位论文，2008年，第11页。

将公式（3-1）、公式（3-2）、公式（3-3）结合起来，就可以得到社会保障水平测定模型：

$$S=\frac{S_z}{W}\times\frac{W}{G}=R\times H \tag{3-4}$$

（三）测量模型系数的具体分析

1. 社会保障负担系数 R 分析

日本社会保障有狭义和广义之分，在这里主要研究狭义的社会保障，由社会保险、社会福利、社会救助、公共卫生和医疗构成。社会保障制度的重要组成部分是社会保险，而社会保险又包括养老保险（公共年金）、医疗保险、失业保险（雇佣保险）、工伤保险（劳动者灾害补偿保险）和护理保险（介护保险）。[1]

其中，公共卫生和医疗涉及医疗部分的费用由健康保险支出，其他方面支出的费用比例较小。所以，为了计算方便把公共卫生和医疗费用支出包含在医疗保险费用当中。2000 年日本护理保险正式实行以前，日本对高龄者护理问题的应对主要是通过老人福利和老人保健这两个制度进行的。[2]

2000 年之前的社会保障支出体现在以下几个方面：社会福利、社会保险（医疗保险、失业保险、养老保险、工伤事故保险）和社会救助。

总结社会保障的历史数据，发现养老保险和医疗保险费用的支出占国内生产总值的比重较大，所以本书为了分析方便，把日本社会保障费用支出分为：养老保险支出、医疗保险支出及其他支出（失业保险、工伤事故保险、护理保险、社会福利、社会救济），表示为：

$$R=Y+E+A+B+D+F \tag{3-5}$$

其中，Y 代表养老保险支出占工资收入总额的比重，E 代表医疗保险支出占工资收入总额的比重，A 代表失业保险支出占工资收入总额的比重，B 代表工伤事故保险支出占工资收入总额的比重，D 代表介护保险支出占工资收入总额的比重，F 代表社会福利、社会救济支出占工资收入总额的比重。

2. 劳动生产要素投入分配系数 H 分析

根据柯布—道格拉斯生产函数，可以把国内生产总值分为劳动要素分配所得

---

①　日本把医疗保险称为健康保险制度，养老保险称为公共年金制度，失业保险称为雇佣保险制度，工伤保险称为劳动者灾害补偿保险或工伤事故保险，护理保险称为介护保险（是针对老年人护理而建立的保险制度）。

②　宋健敏：《日本社会保障制度》，上海人民出版社 2012 年版，第 228 页。

和资本要素分配所得，同时，根据此函数的原理和实际研究成果，将75%这个值定为劳动生产要素分配系数比较合适，[①] 得到如下关系式：

$$H = \frac{W}{G} = 0.75 \qquad (3-6)$$

根据公式（3-1）至公式（3-6）整理得出：

$$S = \frac{S_Z}{W} \times \frac{W}{G} = R \times H = （Y+E+A+B+D+F）\times 0.75 \qquad (3-7)$$

（四）社会保障适度水平上限和下限模型

1. 模型研究的假设前提

（1）社会保障支出分为社会保险支出、社会福利支出、社会救济支出和社会优抚支出。其中，社会保险又分为失业保险、养老保险、医疗保险、工伤保险和护理保险。

（2）根据穆怀中教授的研究结果，老年保障支出在社会保障支出中所占比例最高，推断出老年人口占总人口的比例将直接影响社会保障支出占工资收入的比例。从多数施行社会保障的国家来看，在职职工由于要缴纳社会保障税及个人所得税等其他费用，所以税后收入也仅占工资收入总额的70%，个税及其他费用占30%。日本现行养老金替代率为50%，中国为60%，因此把日本老年养老金替代率确定为45%~55%是比较合适的。根据上文的分析，笔者把养老保险支出占工资收入总额的比重系数确定为老年人口比重与养老金替代率的乘积。[②]

（3）自然失业率是计算失业保障的依据，也是保证通货膨胀率不变的最低失业率。美国经济学家罗伯特·丁·戈登通过计量分析得出，自然失业率为2%~6%。[③] 如果高出6%，则会增加失业保险、抚养和救助的支出，减少其他保障的支出。按照国际惯例，失业者只能领取半年的工资，以体现公平与效率的统一。基于此，计算失业保险支出占工资收入总额的比重的公式为自然失业率×劳动力比重×半年工资所得。[④]

（4）根据各国保障法规和经验，工资收入总额的10%~12%用于医疗保障，0.016%~1.5%用于工伤保险，1%~1.5%用于社会救助和社会福利，以上值为适度保障水平的上限和下限。

---

① 张在萍：《社会保障适度水平的测定与分析》，山东大学硕士学位论文，2008年，第18页。
②④ 穆怀中：《中国社会保障水平研究》，《经济研究》1997年第2期，第56-63页。
③ 保罗·萨缪尔森、威廉·诺德豪斯：《经济学》，萧琛译，中国发展出版社1992年版，第355-357页。

（5）分析日本介护保险的历史数据，确定介护保险支出占工资收入总额的支出范围为 1.25% ~ 2.92%。①

（6）根据资本要素投入创造的总产值和劳动生产要素投入创造的总产值组成国内生产总值，工资收入总额应该分配给劳动力人口和抚养人口，进而设定社会保障支出总额占工资收入总额的比重不大于老年人口占总人口的比重，并以此来界定限度。

2. 基础模型

在上述研究假设下，可以得到如下两个公式：

$$Y = O_z \times C \tag{3-8}$$

其中，O_z 为 65 岁以上老年人口占总人口的比重，C 为养老金替代率。

$$A = 0.5 \times U \times K \tag{3-9}$$

其中，A 为失业金支出占工资收入总额的比重，U 为自然失业率或现实失业率，0.5 为失业金年获得系数，K 为劳动力人口占总人口的比重。

3. 社会保障适度水平模型

$$S^m = (Y^m + E^m + A^m + B^m + D^m + F^m) \times 0.75 \tag{3-10}$$

$$S^l = (Y^l + E^l + A^l + B^l + D^l + F^l) \times 0.75 \tag{3-11}$$

其中，m 表示最大上限，l 表示最小下限。

三、1971 ~ 2012 年日本社会保障水平测量与分析

（一）日本社会保障水平分析

本章以确定的社会保障支出统计方法来测定和分析日本社会保障的适度水平。日本和大多数国家一样，各项社会保障费用的给付金额均采用国际劳工组织提供的统计方法计算。社会保障分为三类："医疗""年金""福利与其他"。医疗支出包括医疗保险、75 岁以上老龄者的医疗补助、最低生活保障的医疗辅助、工伤保险中的医疗补贴、结核病和精神病医疗中的公费医疗负担以及保健所进行公共卫生服务所需要的费用。年金包括国民年金、厚生年金、共济组合等公共年金补贴、工伤年金补贴。社会福利与其他包括社会福利服务及护理的相关费用，最低生活保障医疗辅助以外的相关补贴（包括儿童津贴、医疗保险的伤病津贴、

---

① 根据自 2000 年以来日本医疗保险和介护保险费用支出的比例计算出平均的范围，介护保险费用占医疗保险费用的比值为 12.5% ~ 24.3%，日本每年确认介护的人数大概是医疗人数的四分之一，所以介护保险费用支出占工资收入总额的比重大概为医疗保险负担系数的四分之一。

因工伤而停工的补偿补贴、雇佣保险的失业补贴、再次提出的护理对策中的护理保险补贴、最低生活保障的看护补贴、原子弹爆炸受害者的护理保险的一部分负担金及看护停工补贴)。社会保障补贴费用的功能分类是对各种风险和需求补贴的合计。狭义的社会保障指除去上面所述的医疗和年金的部分。结合前述社会保障水平的计算公式、日本《社会保障统计年报》及《日本统计年鉴》的相关数据，得到表3-1。

表3-1　1971~2012年日本社会保障水平的总体状况

年份	国内生产总值（亿日元）G	社会保障总支出（亿日元）S	医疗保险总支出（亿日元）E	养老保险总支出（亿日元）Y	社会福利及其他总支出（亿日元）D	社会保障水平（%）S/G	医疗保险水平（%）E/G	养老保险水平（%）Y/G	社会福利及其他水平（%）D/G
1971	1965890	40258	22505	10192	7561	2.05	1.14	0.52	0.4
1972	2131290	49845	28111	12367	9367	2.34	1.32	0.58	0.4
1973	2302490	62587	34270	16758	11559	2.72	1.49	0.73	0.5
1974	2274280	90270	47208	26782	16280	3.97	2.08	1.18	0.7
1975	2344590	117693	57132	38831	21730	5.02	2.44	1.66	0.9
1976	2437790	145165	68098	53415	23652	5.95	2.79	2.19	1.0
1977	2544810	168868	76256	65880	26732	6.64	3.00	2.59	1.1
1978	2678980	197763	89167	78377	30219	7.38	3.33	2.93	1.1
1979	2825890	219832	97743	89817	32272	7.78	3.46	3.18	1.1
1980	2843750	247736	107329	104525	35882	8.71	3.77	3.68	1.3
1981	2962530	275638	115221	120420	39997	9.30	3.89	4.06	1.4
1982	3062560	300973	124118	133404	43451	9.83	4.05	4.36	1.4
1983	3156300	319733	130983	144108	44642	10.13	4.15	4.57	1.4
1984	3297190	336396	135654	154527	46215	10.20	4.11	4.69	1.4
1985	3506020	356798	142830	168923	45045	10.18	4.07	4.82	1.3
1986	3605270	385918	151489	187620	46809	10.70	4.20	5.20	1.3
1987	3753360	407337	160001	199874	47462	10.85	4.26	5.33	1.3
1988	4021600	424582	166726	210459	47397	10.56	4.15	5.23	1.2
1989	4237570	448822	175279	225407	48136	10.59	4.14	5.32	1.1
1990	4473700	472203	183795	240420	47988	10.56	4.11	5.37	1.1
1991	4622420	501346	195056	256145	50145	10.85	4.22	5.54	1.1

续表

年份	国内生产总值（亿日元）G	社会保障总支出（亿日元）S	医疗保险总支出（亿日元）E	养老保险总支出（亿日元）Y	社会福利及其他总支出（亿日元）D	社会保障水平（%）S/G	医疗保险水平（%）E/G	养老保险水平（%）Y/G	社会福利及其他水平（%）D/G
1992	4660280	538280	209395	274013	54872	11.55	4.49	5.88	1.2
1993	4668250	568039	218059	290376	59604	12.17	4.67	6.22	1.3
1994	4467800	604660	228656	310084	65920	13.53	5.12	6.94	1.5
1995	4554580	647243	240520	334986	71737	14.21	5.28	7.35	1.6
1996	4673460	675402	251711	349548	74143	14.45	5.39	7.48	1.6
1997	4748030	694087	252987	353996	77104	14.62	5.33	7.67	1.6
1999	4643640	750338	253863	399112	87363	16.16	5.68	8.59	1.9
2000	4748470	781191	259953	412012	109226	16.45	5.47	8.68	2.3
2001	4765350	813928	256309	425714	121905	17.08	5.59	8.93	2.6
2002	4779150	835584	252643	443781	129160	17.48	5.50	9.29	2.7
2003	4859680	842582	256048	447845	128689	17.34	5.46	9.15	2.6
2004	4974410	858660	271454	455188	132018	17.26	5.46	9.15	2.7
2005	5039210	877827	281094	462930	133803	17.42	5.58	9.19	2.7
2006	5124520	891098	281027	473253	136818	17.39	5.48	9.24	2.7
2007	5236860	914305	289462	482735	142108	17.46	5.53	9.22	2.7
2008	5182310	940848	296117	495443	149288	18.15	5.71	9.56	2.9
2009	4895880	998507	308447	517246	172814	20.39	6.30	10.56	3.5
2010	5123640	1046910	329190	529830	187890	20.43	6.42	10.34	3.7
2011	5100450	1075060	340620	530750	203690	21.08	6.68	10.41	4.0
2012	5174250	1085570	346230	539860	199480	20.98	6.69	10.43	3.9

注：①《日本统计年鉴》称 GDP 为国内总产值，这里的 GDP 是按支出法计算的实际值；②社会保障水平是指社会保障总支出与 GDP 的比值，即 S/GDP；③医疗保险水平是指医疗保险总支出与 GDP 的比值，即 E/GDP；④养老保险水平是指养老保险总支出与 GDP 的比值，即 Y/GDP；⑤社会福利及其他水平是指社会福利及其他总支出与 GDP 的比值，即 D/GDP；⑥以 2005 年为基期，即 2005＝100；⑦1998 年数据缺失。

资料来源：①1971 年到 2009 年社会保障相关数据来自日本国立社会保障人口问题研究所发布的《社会保障统计年报（2012）》，其他比例数据通过公式计算得出；②1971 年到 2012 年实际 GDP 数据来源于《日本统计年鉴 2015》；③2010 年到 2012 年社会保障相关数据出自日本统计局网站。

1. 国内生产总值与社会保障总支出

由表 3-1 可以看出，1971~2012 年日本国内生产总值和社会保障支出总额每年都在上升。国内生产总值从 1971 年的 1965890 亿日元增长到 2012 年的 5174250 亿日元，其增长约为 1.6 倍。社会保障支出总额从 1971 年的 40258 亿日元增长到 2012 年的 1085570 亿日元，总体涨幅约为 26 倍。由此可见，日本社会保障支出增长速度远远快于国内生产总值的增长速度。

2. 社会保障支出水平

日本社会保险支出占社会保障基金支出的绝大部分，而养老保险和医疗保险又是社会保险支出的重中之重。从表 3-1 中可以看出，20 世纪 70 年代初，日本医疗保险支出水平要高于养老保险支出水平。1971 年日本医疗保险支出水平为 1.14%，而养老保险支出水平仅为 0.52%，两者相差悬殊。直到 1981 年，日本养老保险支出水平才略高于医疗保险支出水平。此后，日本养老保险支出水平的增长快于医疗保险支出水平的增长，2012 年医疗保险支出水平为 6.69%，而养老保险支出水平为 10.43%。由此可见，1981 年以后，日本社会保障政策的导向由以医疗保险为主转变为以养老保险为主。

（二）日本社会保障适度水平分析

把公式（3-8）、公式（3-9）及根据国际数据和实践经验总结的上下限范围，代入公式（3-10）和公式（3-11）中，得出表 3-2。

表 3-2　1971~2012 年日本社会保障及养老保险适度水平　　　　单位:%

年份	老年人口占总人口的比重	劳动力人口占总人口的比重	社会保障水平下限	社会保障支出水平	社会保障水平上限	养老保险水平下限	养老保险支出水平	养老保险水平上限
1971	7.16	68.87	12.23	2.05	14.72	3.22	0.52	3.94
1972	7.34	68.46	12.28	2.34	14.79	3.30	0.58	4.04
1973	7.51	68.17	12.33	2.72	14.86	3.38	0.73	4.13
1974	7.68	67.92	12.38	3.97	14.93	3.46	1.18	4.22
1975	7.92	67.75	12.46	5.02	15.03	3.56	1.66	4.36
1976	8.14	67.55	12.53	5.95	15.11	3.66	2.19	4.48
1977	8.38	67.40	12.61	6.64	15.21	3.77	2.59	4.61
1978	8.61	67.33	12.68	7.38	15.31	3.87	2.93	4.74

续表

年份	老年人口占总人口的比重	劳动力人口占总人口的比重	社会保障水平下限	社会保障支出水平	社会保障水平上限	养老保险水平下限	养老保险支出水平	养老保险水平上限
1979	8.88	67.30	12.77	7.78	15.42	4.00	3.18	4.88
1980	9.10	67.39	12.85	8.71	15.51	4.10	3.68	5.01
1981	9.34	67.25	12.93	9.30	15.61	4.20	4.06	5.14
1982	9.56	67.48	13.01	9.83	15.70	4.30	4.36	5.26
1983	9.77	67.71	13.08	10.13	15.79	4.40	4.57	5.37
1984	9.94	68.01	13.15	10.20	15.86	4.47	4.69	5.47
1985	10.30	68.18	13.27	10.18	16.01	4.64	4.82	5.67
1986	10.58	68.52	13.37	10.70	16.13	4.76	5.20	5.82
1987	10.90	68.86	13.49	10.85	16.26	4.91	5.33	6.00
1988	11.23	69.24	13.61	10.56	16.40	5.05	5.23	6.18
1989	11.61	69.57	13.75	10.59	16.56	5.22	5.32	6.39
1990	12.08	69.69	13.91	10.56	16.76	5.44	5.37	6.64
1991	12.56	69.78	14.07	10.85	16.95	5.65	5.54	6.91
1992	13.05	69.78	14.24	11.55	17.16	5.87	5.88	7.18
1993	13.55	69.75	14.40	12.17	17.36	6.10	6.22	7.45
1994	14.06	69.61	14.57	13.53	17.57	6.33	6.94	7.73
1995	14.56	69.49	14.74	14.21	17.78	6.55	7.35	8.01
1996	15.11	69.25	14.92	14.45	18.00	6.80	7.48	8.31
1997	15.66	68.99	15.10	14.62	18.23	7.05	7.67	8.61
1998	16.21	68.72	15.28	15.50	18.45	7.29	8.26	8.92
1999	16.72	68.48	15.45	16.16	18.66	7.52	8.59	9.20
2000	17.36	68.06	16.59	16.45	21.11	7.81	8.68	9.55
2001	17.97	67.67	16.79	17.08	21.36	8.09	8.93	9.88
2002	18.54	67.25	16.97	17.48	21.59	8.34	9.29	10.20
2003	19.05	66.92	17.13	17.34	21.80	8.57	9.22	10.48
2004	19.48	66.63	17.27	17.26	21.98	8.77	9.15	10.71
2005	20.16	66.07	17.49	17.42	22.25	9.07	9.19	11.09
2006	20.82	65.53	17.70	17.39	22.52	9.37	9.24	11.45
2007	21.49	64.97	17.91	17.46	22.79	9.67	9.22	11.82
2008	22.10	64.45	18.11	18.15	23.04	9.95	9.56	12.16

年份	老年人口占总人口的比重	劳动力人口占总人口的比重	社会保障水平下限	社会保障支出水平	社会保障水平上限	养老保险水平下限	养老保险支出水平	养老保险水平上限
2009	22.75	63.91	18.32	20.39	23.30	10.24	10.56	12.51
2010	23.02	63.83	18.40	20.43	23.41	10.36	10.34	12.66
2011	23.30	63.70	18.50	21.08	23.53	10.49	10.41	12.82
2012	24.20	62.90	18.78	20.98	23.89	10.89	10.43	13.31

资料来源：①1971~2011年老年人口比与劳动力人口比来自日本总务省统计局网站；②2011年、2012年老年人口比与劳动力人口比来自日本国立社会保障人口问题研究所发布的《社会保障统计年报（2014）》；③其他数据通过公式计算得出。

1. 日本社会保障适度水平范围

表3-2反映了1971~2012年日本的社会保障及养老保险适度水平的上下限范围。从表3-2中可以看出，1971~2000年日本社会保障支出水平由2.05%迅速上升为16.45%。1982年之前，社会保障支出水平增长较快，12年内增长了7.78%，1983~2012年的30年才增长了约11%，这与当时的经济背景有密切的关系。20世纪70年代日本经济高速增长，带动社会保障支出水平迅速提高，20世纪90年代初日本经济进入低速增长阶段，社会保障支出水平的增长也随之放缓。1971~2012年，日本社会保障适度水平的下限为12.23%~18.78%，社会保障适度水平的上限为14.72%~23.89%。1971年日本社会保障支出水平为2.05%，远未达到适度水平的下限，直到1998年日本社会保障支出水平为15.50%，社会保障支出水平下限为15.28%，社会保障支出水平才超出适度水平的下限。这主要是因为社会保障支出与老年人口结构密切相关，21世纪少子老龄化现象日益严重，所以社会保障支出水平不断增长。

1998~2012年，日本社会保障支出水平控制在适度范围之内，主要是因为日本进行了医疗保险和公共年金改革。1985年，公共年金改革消除了男女之间的退休年龄差异，逐步把女性退休年龄提高到60周岁。① 1994年，修改后的厚生年金法案把领取厚生基础年金的年龄延迟到65周岁。② 日本通过延长养老金领取

① 1988~2000年日本逐步把女性退休年龄提高到60周岁。

② 宋健敏：《日本社会保障制度》，上海人民出版社2010年第1版，第126页。领取厚生年金基础年金的年龄从2001年到2013年，逐步把男性年龄提高到65周岁，女性提高则在5年后进行。

时间、降低养老金领取金额、提高医疗保险个人负担比例等措施减少了社会保障的部分支出。

2. 日本养老保险适度水平范围

表3-2 显示，1971~2012 年日本养老保险支出水平由 0.52%增长到 10.43%，养老保险适度水平下限范围为 3.22%~10.89%，上限范围为 3.94%~13.31%。1982 年之前，日本养老保险支出水平低于适度水平下限。1983~1994 年，养老保险支出水平接近适度范围的下限。1995~2012 年，日本养老保险水平处于适度范围内。

3. 日本社会保障适度水平与人均 GDP 增长率分析

如图3-1 所示，1998 年日本社会保障支出水平首次超过其适度水平下限，而此时实际人均 GDP 增长率为-2.0%，2009 年日本社会保障支出水平远远超出了适度水平下限，而此时实际人均 GDP 增长率为-5.5%。1992 年以前日本社会保障水平低于适度水平下限，而实际人均 GDP 增长率处于较高的水平，此后，社会保障支出水平持续上升，而实际人均 GDP 增长率则处于较低的水平。这说明，社会保障制度建立初期，还不完善，高速的经济增长水平能够促进社会保障制度的建设和完善，两者呈正相关关系。社会保障进入成熟期以后，经济处于衰退期，社会保障通过转移支付的功能来增加居民的消费，进而促进经济的增长。当下，日本老年人口不断增加，社会保障刚性特点逐渐显现，社会保障支出费用会持续增加。

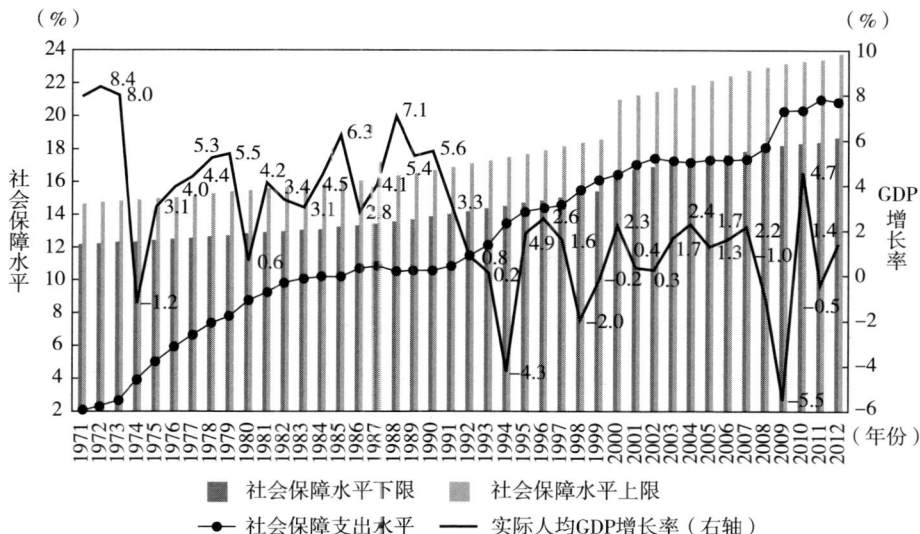

图3-1　1971~2012 年日本社会保障适度水平与 GDP 增长率

资料来源：笔者根据《日本统计年鉴 2015》中的数据计算得出。

四、小结

通过定量分析可以看出，日本国内生产总值和社会保障支出总额都呈上升趋势，社会保障支出上升幅度要远远大于国内生产总值的增长速度。

日本社会保险支出占社会保障支出的比例较大，养老保险和医疗保险占的比重最大。1971~1980 年日本医疗保险支出比重高于养老保险支出的比重，1981~2012 年养老保险支出水平高于医疗保险支出水平。随着老龄化的常态化，今后医疗保险支出及养老保险支出的比重将会继续增加。

笔者分析了 1971~2012 年日本的社会保障水平及社会保障适度水平的上下限范围，得出 1971~2000 年日本社会保障水平处于较快增长的阶段，证实社会保障水平和经济发展水平相关，即经济发展是社会保障水平提高的物质保证。20世纪 70 年代初，日本社会保障支出水平远远低于适度水平的下限，1998~2012年社会保障支出水平超出社会保障支出水平下限处于适度范围内，这说明人口结构与社会保障支出有密切的联系。日本的少子老龄化增加了养老保险的支出水平，目前日本社会保障支出水平仍在适度范围之内，但随着少子老龄化态势的不断发展，如果再不采取改革性措施，这一水平将超出合理范围，势必影响日本经济结构的调整及经济的增长。

第二节　日本社会保障水平与经济增长的相关性分析

一、社会保障水平与经济增长的相关理论

新古典经济增长理论（Solow，1965）认为，储蓄水平直接影响经济的增长速度，因此研究储蓄率与社会保障制度成为储蓄水平与经济增长速度两者关系的关键点。经济学家弗里德曼（1957）提出，职工退休后的收入预期可以通过社会保障制度增加，因此社会保障制度的增加可以减少人们在就业时期的储蓄。1974年 Barro 提出，社会保障制度不会影响人们的消费和储蓄行为。Lainter 在 1987 年进一步证明，假如子女对父母的赡养费用高于父母给予子女的费用（包含财产），社会保障制度对私人储蓄和物质资本的积累更加有利。1996 年，Osker

Gans 以发展中国家为例，细致地研究了社会保障与经济增长的关系，充分证明了社会保障能促进经济增长。2005 年，Issac Ehrlich 和 JinyoungKim 从理论和实践两个方面，结合国际社会保障的经验，讨论了社会保障与经济增长的关系，阐述了民主进程对经济增长的影响。

（一）经济增长理论

目前，大多数学者认为资本要素、技术要素及人力资本要素是影响经济增长的关键。

1. 资本决定论

物质资本在经济增长过程中起到了关键性的作用，是资本决定论的主体，哈罗德—多马经济增长模型就是建立在该理论之上。该模型假设经济增长要素中不存在技术进步，社会只生产一种产品，储蓄率已定，动力供给受到外部因素影响，且增长速度不变。这一模型中，资本的积累是经济增长的主要依靠，而储蓄则是资本积累的主要途径，假如资本产出率不变，那么经济的增长最为直接地体现在储蓄率的高低上，所以经济持续增长直接受到资本的影响。

2. 技术决定论

索洛用柯布—道格拉斯生产函数证明了技术进步与经济增长的关系，认为经济增长主要受资本、劳动力及技术三个因素影响。该模型的基本假设是社会只生产一种商品，资本—产出比是可变的，当经济处于充分就业状态时，储蓄率、人口增长率、资本折旧率与技术进步率受外部因素影响且比率保持不变，储蓄可以全部转化为投资。经济增长受技术进步的影响，也同样促进技术进步。

3. 人力资本决定论

人力资本注重劳动力教育的投资，舒尔茨认为人力资本的作用大于物质资本，它是企业发展、经济长期增长的唯一主要源泉。人力资本积累模型主要强调经济增长是一种物质资本存量和人力资本存量共同作用的结果，人力资本可以通过智力投资间接促进经济增长。1986 年，罗默利用收益递增经济增长模型论证了人力资本可以直接影响劳动力要素，间接影响资本存量，产生收益递增效应，影响经济的长期增长。1988 年，卢卡斯引用数据说明了不同国家经济发展水平的差异，认为发展中国家收入增长速度最快。长期看，发达国家的经济增速能够保持平稳，但是发展中国家与欠发达国家的经济增速却会因为经济周期而出现大幅度波动的情况。

假如先利用社会保障基金的筹集模式及支出水平来分析物质资本对经济增长

的影响，再利用社会保障对人力资本再生产及劳动力进行保护的功能来分析人力资本对经济增长的作用，可以间接地分析出社会保障机制对经济增长的传导作用。

（二）生命周期理论

生命周期理论提出，每个家庭或个体都会根据三十年或一生的全部预期收入来安排消费支出，进而实现一生消费效应最大化。

这种生命周期既指个人的生命周期，也包含家庭和整个社会的人口结构。就个人来说，年轻时期收入<消费，没有储蓄；中年时期收入>消费，储蓄增多；老年时期收入<消费，储蓄逐渐减少。就整个社会来说，人口结构可以分为年轻型、成年型、老年型，如果是成年型人口结构，则储蓄>消费，如果年轻人口与老年人口的比例较高，则储蓄<消费。

人在年老之前，会通过劳动收入所得进行消费，并将其收入的一部分进行存储，当他发生意外、疾病或者年老时，可以消费年轻时的储蓄，进而维持整个生命过程。所以，一个社会保障制度的设计与人的生命周期有着天然的联系。通过这一理论可以得出：储蓄和消费的关系受到社会人口结构的影响，社会保障水平会改变消费与储蓄的关系，健全的社会保障体系会减少储蓄，增加消费。同样，人口结构也会影响社会保障的支出水平，即成年型人口结构的社会保障支出减少，老年型人口结构的社会保障支出水平将会提高。

中嶋邦夫、上村敏之对 1973～2004 年的日本公共年金改革进行了分析，利用生命周期理论得出，日本公共年金改革影响居民的消费和储蓄行为，进而影响经济的增长。[1]

（三）持久收入理论

1956 年，弗里德曼提出持久收入假说，指出消费者的支出受消费者的永久收入影响。消费者不能根据他的当期收入或最高收入决定消费支出，应根据长期的平均收入或预期收入来决定。理性的消费者为了实现效用的最大化，会根据持久的收入水平来作出消费决策。

虽然，持久收入理论与社会保障理论没有直接的联系，但利用持久收入理论可以对养老保险的消费与储蓄效应进行论证，所以持久收入理论是社会保障经济

---

[1] 中嶋邦夫、上村敏之：「1973 年から2004 年までの年金改革が家計の消費貯蓄計画に与えた影響」『生活経済学研究』，2006-09-30，第 15-24 页。

分析的理论基础。

二、日本社会保障水平与经济增长的实证分析

（一）数据和变量说明

本书共选取观测样本 42 个，1971～2012 年日本社会保障水平（S/G）用 X 表示，1971～1990 年社会保障水平用 X_1 表示，1991～2012 年社会保障水平用 X_2 表示，养老保险水平用 S_1 表示，医疗保险水平用 S_2 表示，日本人均国内生产总值用 Y 表示，作为分析变量。样本区间从 1971 年到 2012 年，实际 GDP 数据来源于《日本统计年鉴 2015》。变量单位采用亿日元，社会保障相关数据来源于《日本社会保障统计年报》。

（二）实证研究

1. 社会保障支出水平与人均 GDP 回归分析（1971～2012 年）

（1）描述统计分析。本章利用 SPSS19.0，对 1971～2012 年日本社会保障支出水平与人均 GDP 做描述统计分析，如表 3-3 所示。从极小值看，42 年间日本社会保障支出的最低水平为 2.05，养老保险支出的极小值低于医疗保险支出的最低值，说明 20 世纪 70 年代养老保险支出明显不足。从极大值看，社会保障支出变化幅度较大，极大值是最小值的 10 倍左右，其中养老保险支出的增长速度高于医疗保险支出的增长速度，说明 1971～2012 年日本对养老保险的需求多于医疗保险的需求。从标准差分析，日本人均 GDP 水平变动最大，印证了日本经济从 20 世纪 70 年代高速增长到 21 世纪低速增长的变动。医疗保险支出水平相对比较稳定，说明人均 GDP 变动对医疗保险支出的影响较小。

表 3-3　1971～2012 年日本社会保障支出水平与人均 GDP 描述统计分析

变量	N	极小值	极大值	均值	标准差
社会保障支出水平	42	2.05	21.08	12.3193	5.29033
人均 GDP	42	18.53	40.90	32.2730	7.29708
医疗保险支出水平	42	1.14	6.69	4.4636	1.40785
养老保险支出水平	42	0.52	10.56	6.1033	3.04810

（2）相关性检验。从表 3-4 可以看出，参与相关分析的两个变量的样本都是 42，社会保障支出水平与人均 GDP 相关系数为 0.922，显著性检验为 0，小于 0.01，说明两者呈正相关，且相关性很强。

表3-4　社会保障支出水平与人均 GDP 相关分析

变量		社保支出水平	人均 GDP
社会保障支出水平	Pearson 相关性	1	0.922**
	显著性（双侧）	—	0
	N	42	42
人均 GDP	Pearson 相关性	0.922**	1
	显著性（双侧）	0.000	—
	N	42	42

注："**"表示在5%的水平上显著。

（3）回归分析。做回归分析需要对变量进行 R^2、F、t 值检验。R^2 越接近1效果越好，绝对值大于或等于0.8则表示高度相关；0.5~0.8表示中度相关；0.3~0.5则为低度相关；在0.3以下则表示不相关。t 值的绝对值要大于2，并且值越大效果越好。F 值也是越大越好。

通过 SPSS 进行线性回归检验，运行结果如表3-5所示。其中，$R^2 = 0.850$、$t = 15.047$、$F = 226.412$，说明通过检验，模型拟合优度很好。$P = 0$，说明1971~2012年日本社会保障支出水平与人均 GDP 相关性显著。

表3-5　1971~2012 年日本社会保障支出水平与人均 GDP 拟合优度及回归系数

	B	R	R^2	t	F	P
常量	16.608	—	—	14.686	—	0
社会保障支出水平	1.272	0.922	0.850	15.047	226.412	0

根据表3-5建立回归方程：

$$Y = 16.608 + 1.272X \qquad (3-12)$$

2. 社会保障支出水平与人均 GDP 回归分析（1971~1990 年）

（1）描述统计分析。如表3-6所示，1971~1990年日本社会保障支出的极大值约是极小值的5倍，人均 GDP 20年内长了约一倍。从均值情况来看，这一时期，日本养老保险的支出水平与医疗保险的支出水平比较接近。

表 3-6　1971~1990 年日本社会保障支出水平与人均 GDP 描述统计分析

变量	N	极小值	极大值	均值	标准差
社会保障支出水平	20	2.05	10.85	7.7730	3.08470
人均 GDP	20	18.53	36.19	25.7032	5.05410
医疗保险支出水平	20	1.14	4.26	3.2975	1.06092
养老保险支出水平	20	0.52	5.37	3.4095	1.74847

（2）检验及回归分析。通过 SPSS 进行线性回归检验，运行结果如表 3-7 所示。其中，$R^2 = 0.731$、$t = 6.992$、$F = 48.895$，说明通过检验，模型拟合优度很好。$P = 0$，说明 1971~1990 年日本社会保障支出水平与人均 GDP 相关性显著。

表 3-7　1971~1990 年日本社会保障支出水平与人均 GDP 拟合优度及回归系数

	B	E	R^2	t	F	P
常量	14.158	—	—	8.874	—	0
社会保障支出水平	1.401	0.855	0.731	6.992	48.895	0

根据表 3-7 建立回归方程：

$$Y = 14.158 + 1.401X_1 \qquad (3-13)$$

3. 社会保障支出水平与人均 GDP 回归分析（1991~2012 年）

（1）描述统计分析。对比分析表 3-6 和表 3-8 可知，日本 1971~1990 年社会保障支出水平均值为 7.7730，其中养老保险支出水平均值为 3.4095，1991~2012 年社会保障支出水平均值为 16.4523，其中养老保险支出水平均值为 8.5523，这与人口老龄化结构的日益加剧相吻合。从两个时期的人均 GDP 值来看，1971~1990 年日本人均 GDP 均值为 25.7032，标准差为 5.05410，1991~2012 年日本人均 GDP 均值为 38.2455，标准差为 1.54013，说明后 20 年日本人均 GDP 增长缓慢。

表 3-8　1991~2012 年日本社会保障支出水平与人均 GDP 描述统计分析

	N	极小值	极大值	均值	标准差
社会保障支出水平	22	10.85	21.08	16.4523	2.90755
人均 GDP	22	35.67	40.90	38.2455	1.54013
医疗保险支出水平	22	4.22	6.69	5.5236	0.61571
养老保险支出水平	22	5.54	10.56	8.5523	1.47625

（2）检验及回归分析。通过 SPSS 进行线性回归检验，运行结果如表 3-9 所示。其中，$R^2 = 0.889$、$t = 6.992$、$F = 160.595$，说明通过检验，模型拟合优度很好。$P = 0$，说明 1991~2012 年日本社会保障支出水平与人均 GDP 相关性显著。

表 3-9 1991~2012 年日本社会保障支出水平与人均 GDP 拟合优度及回归系数

	B	R	R^2	t	F	P
常量	-4.724	—	—	8.874	—	0
社会保障支出水平	1.914	0.943	0.889	6.992	160.595	0

根据表 3-9 建立回归方程：

$$Y = -4.724 + 1.914X_2 \qquad (3-14)$$

4. 养老保险支出水平与人均 GDP 回归分析（1971~2012 年）

通过相关性和回归分析得出表 3-10：R^2 值为 0.891，t 值为 18.053，F 值为 325.9，显著性检验为 0，说明模型拟合优度较好，两者相关性很强。

表 3-10 1971~2012 年日本养老保险支出水平与人均 GDP 拟合优度及回归系数

	B	R	R^2	t	F	P
常量	18.484	—	—	21.700	—	0
养老保险支出水平	2.259	0.944	0.891	18.053	325.9	0

通过回归方程检验，得出回归方程为：

$$Y = 18.484 + 2.259S_1 \qquad (3-15)$$

5. 医疗保险支出水平与人均 GDP 回归分析（1971~2012 年）

通过 SPSS 进行线性回归检验，运行结果如表 3-11 所示。其中，$R^2 = 0.841$，$t = 14.551$，$F = 211.725$，说明通过检验，模型拟合优度很好。$P = 0$，说明 1991~2012 年日本医疗保险支出水平与人均 GDP 相关性显著。

表 3-11　1971~2012 年日本医疗保险支出水平与人均 GDP 拟合优度及回归系数

	B	R	R^2	t	F	P
常量	11.055	—		7.238	—	0
医疗保险支出水平	4.754	0.917	0.841	14.551	211.725	0

根据表 3-11 建立方程：

$$Y = 11.055 + 4.754 S_2 \qquad (3-16)$$

（三）研究结论

第一，社会保障水平的增长与人均国内生产总值的增长高度正相关，1971~2012 年社会保障水平每增加 1 个百分点，人均 GDP 增加 1.272 个百分点。分阶段看，1971~1990 年，社会保障水平每增加 1 个百分点，人均 GDP 增加 1.401 个百分点；1991~2012 年，社会保障水平每增加 1 个百分点，人均 GDP 增加 1.914 个百分点。1971~1990 年日本经济处于低速增长时期，而这一时期的社会保障制度处于调整和重组时期。1990 年以后日本经济进入长期停滞期（1990~2000 年）和缓慢增长期（2001 年以后），而这一时期的社会保障处于转型时期，转型时期的社会保障制度对经济的贡献之大不是调整时期的社会保障制度能比的，这说明日本处于经济衰退期时社会保障的经济功能要大于经济增长期时社会保障的经济功能。这三组数据表明，社会保障对不同阶段经济的调节作用差异很大，但总的来说具有调节经济、稳定社会的重要作用，这一功能的体现与日本政府的社会保障改革方向密切相关。

第二，随着日本人均 GDP 总值的增长，社会保障水平也在增长。人均国内生产总值的增长速度超过了社会保障水平的增长速度，这说明社会保障的完善离不开经济的发展，经济增长能够推动社会保障制度的完善，同时，完善的社会保障制度能够进一步促进经济的发展，两者相互影响。

第三，1971~2012 年日本社会保障支出水平整体上能够促进经济增长。从式（3-13）和式（3-14）可以看出，1971~1990 年的社会保障支出水平与人均 GDP 之间的截距为正数，而 1991~2012 年的截距为负数，这说明随着社会保障的发展，经济的发展已经和社会保障制度密不可分。假设 1971~1990 年没有社会保障支出，将意味着日本人均 GDP 为正，而 1991~2012 年以后如果没有社会保障支出，则人均 GDP 为负值。这说明社会保障对经济增长的影响日益加深，所以现在必须构建一个适应国家经济发展的社会保障制度。

第四，日本养老保险支出对人均 GDP 的正向影响，要低于医疗保险支出对人均 GDP 的作用。养老保险支出变动 1 个百分点，能够带动人均 GDP 增加 2.259 个百分点，医疗保险支出增加 1 个百分点，能够带动人均 GDP 增加 4.754 个百分点。医疗保险拉动经济增长的效应约是养老保险拉动经济增长效应的 2 倍。这主要是因为日本的医疗体系覆盖面全，医疗产业能够带动日本经济的发展，尤其是护理保险的购买方式及护理业的发展经验，值得学者们深入研究，为我国即将增加的护理保险提供成功经验，同时表明经济增长会根据社会保障产业的调整和发展产生不同的影响。

20 世纪 90 年代初，日本经济处于萧条期，日本经济从增长到萧条的各种经济体制的组合，即经济体制不断从合理到不合理，从有效率到无效率周期性转变的结果。[①] 本节通过实证研究得出，社会保障水平与经济增长呈相互正向影响的关系，所以经济体制改革必然要求社会保障等其他体制随之改革。

本章小结

本章在理论研究的基础上构建了社会保障适度水平模型。通过定量分析得出：日本社会保障在 1971～1981 年增长速度较快，这与日本经济发展阶段相对应。经济高速增长时期，虽然社会保障支出水平大幅度提高，但仍处于适度水平。2012 年，养老保险的支出水平虽在合理范围内，但其仍有增加的趋势，如果不进行养老保险支出水平及资金筹集方式的改革，即使在合理范围内，将来也无法应对人口才少子老龄化现象的出现。这一结论启示中国，社会保障支出水平要略低于社会保障适度水平的下限，才有可能满足人口老龄化高峰时期的老年保障需求。

另外，笔者对社会保障支出水平与经济增长的相关关系进行了实证分析，得出：1971～2012 年日本社会保障支出水平与人均 GDP 的相关系数为 0.922，两者为正相关关系。从不同经济发展阶段分析，1971～1990 年社会保障支出水平每增加 1 个百分点，人均 GDP 增加 1.401 个百分点；1991～2012 年社会保障支出水

---

① 金仁淑：《日本经济制度变迁及绩效研究》，中国经济出版社 2012 年版，第 26 页。

平每增加 1 个百分点，人均 GDP 增加 1.914 个百分点。这说明，社会保障对经济衰退期的经济增长效应更大。日本社会保障支出水平与经济增长相互影响，相互促进。医疗保险的经济效应约是养老保险的经济效应的 2 倍，根本原因是日本鼓励企业和社会组织参与护理保险，将护理保险项目与市场经济相结合，促进了护理行业的发展，进而带动了日本医疗保险对经济增长的影响。

第四章　日本社会保障制度与收入分配：
机理分析与实证检验

"二战"以后，日本逐渐形成了较为完善的社会保障制度，建立了以健康保险、年金、护理保险、生活保险等保险类别为主的社会保障体系。进入 21 世纪，经历了重创的日本经济缓慢复苏，国民生活水平稳步提升。就日本国民人均收入水平来看，呈现明显的"梭形"分布，中产阶级占国民人口总数的 75% 左右，贫富差距较小。诚然，日本经济制度中收入分配公平机制的作用巨大，而完善的社会保障制度同样功不可没。本章将分析日本社会保障制度对收入分配的影响机制，并对其进行实证检验。

第一节　日本国民收入分配现状

一、国民收入概况

20 世纪 90 年代，日本经济的繁荣以股市崩盘和房地产泡沫破裂而告终。此后十年，日本经济在衰退中不断寻找新的增长点，期望能够通过改革实现复苏，然而未能如愿以偿。据世界银行统计，2015 年日本名义 GDP 为 41200.83 亿美元，同比下降 10.5%，人均名义 GDP 折合为 3.2452 万美元，同比下降 10.4%。表 4-1 显示了 1991~2015 年日本国民的收入情况。

表 4-1　1991~2015 年日本国民收入情况

年份	名义 GDP		人均 GDP		
	总额（亿美元）	同比（%）	名义 GDP（美元）	实际 GDP（万美元）	同比（%）
1991	34877.91	14.2	28144	780.09	2.9
1992	37922.61	8.7	30492	783.70	0.5
1993	43546.25	14.8	34901	782.50	-0.2
1994	48516.68	11.4	38777	787.08	0.6
1995	53395.80	10.1	42568	800.32	1.7
1996	47061.48	-11.9	37436	819.41	2.4
1997	43218.10	-8.2	34297	830.50	1.4
1998	39120.44	-9.5	30962	811.69	-2.3
1999	44394.90	13.5	35071	808.55	-0.4
2000	47296.85	6.5	37291	825.21	2.1
2001	41584.54	-12.1	32710	826.18	0.1
2002	39861.60	-4.1	31289	826.83	0.1
2003	43026.98	7.9	33711	839.23	1.5
2004	46576.54	8.2	36464	858.36	2.3
2005	45763.60	-1.7	35822	869.42	1.3
2006	43563.49	-4.8	34102	884.18	1.7
2007	43561.07	0	34097	903.49	2.2
2008	48476.37	11.3	37960	894.45	-1.0
2009	50330.91	3.8	39457	845.98	-5.4
2010	54969.64	9.2	43130	886.09	4.7
2011	59087.49	7.5	46228	879.54	-0.7
2012	59381.94	0.5	46552	894.06	1.7
2013	48973.00	-17.5	38459	909.41	1.7
2014	46055.00	-5.96	36230	853.69	-6.1
2015	41200.83	-10.5	32452	764.67	-10.4

注：实际 GDP 以 1952 年为基期，1952=100。

资料来源：名义 GDP 的数据来自 http：//data.worldbank.org.cn/indicator/NY.GDP.MKTP.CD? locations＝JP；人均 GDP 的数据来自 http：//data.worldbank.org.cn/indicator/NY.GDP.PCAP.CD? locations＝JP。

1991~2015 年，日本名义 GDP 平均增速仅为 0.27%，经济几乎处于停滞状态，1996 年、2001 年、2013 年至 2015 年更是出现大幅下滑，日本经济重陷滞后负增长的泥潭，世界 GDP 总值第 3 位的排名岌岌可危。另外，日本实际人均 GDP 的表现更是不尽如人意，年均增幅不足 0.1%，世界排名跌落至第 25 位。国民收入与人均收入是体现一国经济发展水平的重要宏观指标，从总体上反映了一国在一定时期内收入初次分配的最终结果。通过上述数据可以看出，日本收入初次分配效果在全国范围内的表现欠佳，并且在日本内部各阶层之间，贫富差距也较明显，收入分配不公的现象仍然存在。

二、国民收入分配差距

目前，国际上用于衡量收入分配差距的指标有很多，比如经常使用的基尼系数、贫困率、广义熵、泰尔熵、恩格尔系数和消费支出统计数据，不常使用导致官方数据缺乏的阿鲁瓦利亚指数、库茨涅兹指数、欧希玛指数、财富集中度指数、极化指数与多维贫困指数[①]。考虑研究的目的，结合日本社会保障体制结构的多元层次化，本章选用基尼系数、贫困率和财富集中度指数来度量日本收入分配差距。

（一）基尼系数

基尼系数是国际上综合考察居民内部收入分配差异状况的重要指标，以不公平分配部分收入占总收入的比重来度量收入分配的不平等性。目前，国际认定的基尼系数警戒值为 0.4，介于 0.2～0.4 时，认为国民收入介于高度平均与相对合理区间，介于 0.4～1 时，表明国民收入差距较大甚至达到悬殊，将导致社会阶层对立进而造成社会动荡。Runciman[②]、Yitzhaki[③] 提出了相对剥夺度指数的定理，用平均收入所得和基尼系数的乘积来衡量国民收入分配的差距。

近年来，世界银行、联合国开发计划署（UNDP）、经合组织（OECD）、日本内阁府与厚生劳动省分别公布了基于不同统计口径的日本基尼系数，如表 4-2 所示。

① 邓雅丁：《国内外收入分配差距指标体系对比浅析》，《辽宁工业大学学报》2011 年第 2 期，第 18-20 页。

② Runciman Walter G., "Problems of Research on Relative Deprivation", *European Journal of Sociology*, 1961, 315-323.

③ Yitzhaki Shlomo, "Relative Deprivation and the GiniCoefficient", *Quarterly Journal of Economics*, 1979, 321-324.

表 4-2　UNDP、OECD、日本内阁府与厚生劳动省发布的日本基尼系数统计数据

年份	UNDP	OECD		日本内阁府与厚生劳动省	
		初次分配 Gini	再分配 Gini	初次分配 Gini	再分配 Gini
20 世纪 90 年代中期	—	0.403	0.323	0.390	0.344
2000	—	0.432	0.337	0.472	0.381
2001	0.249	—	—	0.498	0.381
2005	—	0.443	0.321	0.526	0.387
2009	0.249	—	—	0.532	0.376
2010	0.249	0.462	0.329	—	—
2011	—	—	—	0.554	—

注：—代表数据缺失。

资料来源：《联合国年度报告》、OECD 统计局、日本总务省统计局。

从表 4-2 可知，三大机构对日本基尼系数的统计结果各不相同。其中，UN-DP 与 OECD 的统计结论大相径庭，而日本内阁府与厚生劳动省的统计则基本支持 OECD 的结论。按照 UNDP 的统计结果，日本基尼系数平均仅为 0.249，处于比较平均的区间范围，收入分配平均性十分理想。但与 OECD 和日本内阁府与厚生劳动省相对一致的结论相对照，就会发现 UNDP 的统计体系存在巨大漏洞。OECD 和日本厚生劳动省的统计结果基本能真实反映日本收入分配的现实。自 20 世纪 90 年代中期，日本基尼系数逐年上升，收入不平等现象日趋明显。到 2000 年，日本初次分配基尼系数已超过 0.4 的警戒值，可知日本收入分配公平的"神话"并不属实。[1] 学者普遍认为，老龄化、工资分配差距、劳动市场两极分化、税制和社会保障制度都是收入分配差距产生的诱因，[2] 而基尼系数的扩大最终将导致日本走向"格差社会"[3]，加剧贫困化程度。[4]

然而，必须认识到，经过国民收入再分配后，日本基尼系数有所改善，再分配基尼系数低于警戒值，这说明日本包括社会保障制度在内的再分配政策的效果

---

[1]　前市冈樂正：経済格差—橘木・大竹両教授の論点，http：//www3. keizaireport. com/report. php/RID/50214/。

[2]　渡辺雅南、韩冬雪：《现代日本社会结构的阶级分析》，《政治学研究》2008 年第 1 期，第 26-34 页。

[3]　格差社会指的是社会民众之间有严密的阶层之分，不同阶层之间在经济、教育、社会地位差距甚大。且阶层区域固定不流动，改变自己的社会地位极难。

[4]　阿布彩：子供の貧困　日本の現状，http：//www. nhk. or. jp/kaisetsu-blog/400/122784. html。

是比较显著的。但与 OECD 成员均值（0.314）比较，日本再分配基尼系数仍处于高位。

（二）贫困率

国家贫困率是指处于国家贫困线以下的人口占全国人口总数的比例。由于各国经济发展水平不同，国家贫困线的规定也不尽相同。贫困可划分为绝对贫困与相对贫困。绝对贫困的标准界定随全球经济形势变化逐步改进。1997 年，世界银行在综合考虑物价水准、汇率等价换算等因素后，提出了日均生活费低于 1.25 美元的绝对贫困基准。2010 年，联合国"牛津贫困与人类发展项目"小组发布"多维贫困指数"界定绝对贫困人口数量。相对贫困指标由 OECD 提出，即人均所得低于中间值（收入高低排列取中间值）一半以下的群体。日本的"贫困线"则为日本家庭等价可处分收入中间值的一半，按照该标准，表 4-3 列出了 1985~2012 年日本的相对贫困率、中位数及贫困线。

表 4-3　1985~2012 年日本相对贫困率、中位数及贫困线

年份	1985	1988	1991	1994	1997	2000	2003	2006	2009	2012
贫困率（%）	12.0	13.2	13.5	13.7	14.6	15.3	14.9	15.7	16.0	16.1
中位数（万日元）	216	227	270	289	297	274	260	254	250	244
贫困线（万日元）	108	114	135	144	149	137	130	127	125	122

资料来源：日本厚生劳动省网站。

由表 4-3 可知，日本相对贫困率逐年上升，1985 年仅为 12.0%，到 2012 年上涨为 16.1%，意味着平均每六人中有一人属于相对贫困者。根据日本厚生劳动省 2015 年 7 月公布的数据，全日本相对贫困人群达到 2000 万人，其中儿童与单身女性的相对贫困率较高，平均已达 44.7%。如果扣除社会保障等再分配制度的调整，日本初次分配贫困率高达 27.0%。这些数据表明，日本相对贫困率已居发达国家之首，贫困的浪潮正在席卷年均收入为 500 万日元的中产阶层，日本面临十分严峻的贫困问题。

（三）财富集中度指数

财富集中度指数是指从人口与财产比例匹配程度方面来衡量收入分配差距。一国国民收入分配越不公平，人口比例与财产比例越不匹配。世界银行数据库所设立的衡量贫困程度的指标，就包括"最低 10% 占有的收入份额"。由于官方数

据缺乏，该数据库目前仅列出 2008 年的数据。当年，日本最富有的 10% 的人群的财产比例为 24.8%，最贫困的 10% 的人群的财产比例为 2.7%，R/P[①]10% 指数约为 9.18。同年，美国该指数为 23.62。相对而言，日本的财富集中度指数较低，国民收入分配较为公平。

第二节　日本社会保障制度与收入分配：影响机理

一、社会保障与收入分配的理论回顾

研究社会保障与收入分配关系的核心思想，是社会效用最大化并兼顾分配公平。从经济学视角看，福利经济学是该领域研究的重要理论体系。目前，国际上将福利经济学分为以庇古为代表的旧福利经济学与以罗宾斯等为代表的新福利经济学。前者运用基数效用论和边际递减规律，认为社会总福利提升的途径应是均等化分配一国的国民收入。后者的核心理论基础则是帕累托最优理论。具体而言，在实践上，旧福利经济学倡导如果短期内无法提升国民总收入，则应在既有收入水平下，将富人的部分财富转移给穷人，利用穷人效用增加大于富人效用损失的原理，提升整个社会的总福利水平。在政策上，旧福利经济学主张政府应通过直接或间接手段干预财富分配，如设立社会保险、对生活必需品生产部门提供生产补贴等。新福利经济学提出虚拟补偿原则理论，在保持一个群体的利益不变时，另一群体效用提升才视为社会总福利增加，如果在现实中出现某群体利益受损，则由受益人对受损人进行补偿，但这种补偿并不是实际和直接的，而是通过社会进步和发展产生的福利效应实现的。

在实证研究上，学者对社会保障与收入分配关系的探讨产生了两种观点。多数人认为社会保障有助于提升收入分配公平度。小椋正立、山本克也提出降低年金给付额度，可以促进代际间收入分配公平性。[②] Gottaschalk 和 Smeeding 对 20 世纪 80 年代初多个国家的工资水平进行了研究，发现凭借市场机制调节的工资率

---

① R/P 是指最富有和最贫困人群的比例。

② 小椋正立、山本克也：《公共年金保险的成本与负担的模拟分析》，《日本经济研究》1993 年，第 7－32 页。

存在较大的不平等现象，而国家通过社保税及各种补贴形式干预后，收入差距明显缩小，各国 7% ~ 25% 不等的社会财富通过社会保障实现了再次分配。[①] Takashi Oshio 认为，社会保障福利有助于减少代际和代内的收入不平等。[②] 朱火云通过分析欧盟内部不同福利类型国家的社会保障与收入分配的差距指标，发现社会保障水平的提高有助于熨平收入差距[③]。高霖宇对部分发达国家的社会保障体系和收入分配差距进行研究后，也得到了对上述研究成果的经验支持[④]。另有少数人认为，社会保障对收入分配的影响具有局限性。Alvin L. Schorr 指出，美国具有比较完善的社会保障制度，导致国内贫富差距持续拉大。贫困者依赖于国家的基本生存保障金，工作积极性极大降低，逐步陷入"福利陷阱"。[⑤] Madonan Harrington Meyer 则讨论了现有社会保障制度对女性的歧视与忽视，认为其导致女性贫困率上升。[⑥] 刘强发现，北欧社会福利中社会保障再分配产生优良的效果需要严格的前提条件，即初次分配的均等化达到一定程度时，社会保障才起作用。[⑦]

由已有的研究成果可知，社会保障影响收入分配的方向性是不确定的。目前，对日本业已形成的社会保障体系是否适应经济发展要求，对收入分配的影响的研究寥寥无几。在此背景下，本书从理论上探讨社会保障对收入分配的影响机理。

二、社会保障对初次收入分配的影响

社会保障制度对收入分配的影响主要体现在再分配环节上，而在初次收入分配中，其作用是间接的或相对微弱的。在日本社会保障体系中，年金保险、医疗保险以及各种职业福利共同改变初次分配格局。在社会保障体系改革中，为实现初次分配的福利改进，提高劳动者可支配收入是最直接的方式，而工资、福利和

---

① Peter Gottschalk, Timothy M. Smeeding, "Cross-national Comparisons of Earnings and Income Inequality", *Journal of Economic Literature*, 1997, 35 (2): 633-678.

② Takashi Oshio, Social security and intra-generational income redistribution in Japan, Kobe: Kobe University, 2006, p. 158.

③ 朱火云：《社会保障对收入分配的影响——基于欧盟的实证分析》，《当代经济管理》2015 年第 4 期，第 54-61 页。

④ 高霖宇：《发达国家社会保障水平与收入分配差距关系及对中国的启示》，《地方财政研究》2011 年第 7 期，第 75-81 页。

⑤ Alvin L. Schorr, "Still Waiting for Welfare Reform", *New York Times*, 1974.

⑥ Madonna Harrington Meyer, "Making Claims as Workers or Wives: The Distribution of Social Security Benefits", *American Sociological Review*, 1996, 61 (3), 449-465.

⑦ 刘强：《瑞典、芬兰居民收入分配状况及调节政策考察报告》，《经济参考研究》2006 年第 32 期，第 12-20 页。

各种社会保险是组成劳动者报酬的主要成分，只有保障制度合理，改革目标才能实现。间接提高劳动者可支配收入的方式，就是提高劳动者的生产能力和获得工作的机会。这就需要社会保障体系为低收入人群、各类失业者提供免费或优惠的培训机会，最终增加个人和家庭收入。总的来说，由于初次分配是生产要素按贡献分配的过程，是由市场竞争行为决定的，而社会保障难免带有政府干预性质，因此即使有影响，也是极其微弱的。

三、社会保障对二次收入分配的影响

社会保障对收入再分配的调节作用通过以下因素实现，比如覆盖范围、筹资机制、补偿机制、管理制度等，具体影响机制如图4-1所示。

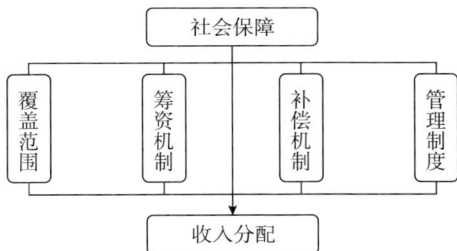

图4-1　社会保障对收入再分配的影响机制

资料来源：张小瑛：《我国社会保障收入再分配调节中存在的问题及对策研究》，《现代管理科学》2016年第3期。

首先，社会保障覆盖范围越大，对收入再分配的影响就越强。就整个国家而言，收入分配差距是客观存在的。社会保障只覆盖纳入该体系的人群，也只对此类人群的收入再分配产生影响，而体系外的人群是无关联的，享受不到社会保障的收入调节福利。因此，社会保障覆盖范围与收入差距具有负相关的关系。

其次，社会保障的筹资机制不同，对收入再分配的影响效果也不同。社会保障改进福利的实质，就是社会保障支出产生的福利效果。社会保障资金越多，收入分配调节作用就越强。社会保障资金筹集对象包括政府、企业和个人，其中，向政府筹集社会保障资金的模式称为现收现付制，对收入分配调节作用最大，因此一国财政中社会保障支出数额越大，收入分配差距就越小；向企业和个人筹集社会保障资金的模式是基金累计制，如日本的厚生年金、企业年金等，统筹入个人账户，用于个人青年与老年时期的收入调节，但其同代共济功能不足，因此社

会保障基金若多来自个人，则收入分配差距将被拉大。

再次，社会保障补偿机制的合理性，对收入分配也产生较大影响。待遇补偿机制的设计，主要包括待遇资格审查、确定模式、替代率等。待遇资格审查越合理收入分配就越公平，社会保障制度的收入分配效应也就越强。如救济抚恤支出等给定比例的待遇支付模式，对缴费较少的人更为有利，有助于缩小贫富差距，而像年金保险等依据个人缴费比例给付待遇的模式，则有可能拉大不同群体的收入差距。此外，医疗保险等社会保障类型，替代率越高，越容易将补偿从健康人群转移至患病人群，缩小收入分配差距。

最后，社会保障的管理制度对收入分配也起一定作用。就日本而言，年金保险依据被保险对象分为国民年金、厚生年金、共济年金、企业年金四种，几乎全员参保，但每种年金的保费支付主体不同、支付标准不同、支付比例也不同，在一定程度上导致了分割性和独立性的不同阶层利益差别，扩大了收入分配差距，它也是日本贫困率特别是女性贫困率显著升高的罪魁祸首。因此，社会保障管理制度越完善，收入分配差距越小。

四、社会保障对三次收入分配的影响

社会保障对三次收入分配的影响，主要体现在慈善捐赠方面，是由社会慈善机构或企业家、慈善家依据个人能力进行的向弱势群体转移收入的过程。在此过程中，政府除宣传提倡并进行少量投入外，其干预所起的作用相对有限。三次收入分配是更高层次的分配，以一国经济健康稳定发展为大前提，以慈善法治环境的建立和完善为基础。慈善捐赠等社会保障行为，可更好地实现社会保障的收入分配作用。

第三节　日本社会保障制度与收入分配：实证检验

一、变量选择与数据来源

（一）被解释变量

对日本社会保障与收入分配的关系进行检验，被解释变量为收入分配差距，

选择最具代表性的基尼系数来表示。由于目前公布的统计数据包括初次分配基尼系数和再分配基尼系数，而社会保障对收入分配的影响主要存在于再分配中，是事后变量，因此为准确起见，选取日本收入再分配的基尼系数为因变量。数据来源于日本总务省统计局和《厚生劳动省白皮书》。

（二）解释变量

第一解释变量为社会保障水平。所谓社会保障水平，就是一国一定时期内的国民收入中用于社会保障支出的份额大小。欧盟采用社会保障支出占一国 GDP 的比重这一指标来指代，本书也采用此种通用形式。数据来源于欧盟统计局和日本《社会保障统计年报》。

除社会保障水平外，其他宏观经济指标也对一国收入分配产生影响。在此，选择经济发展水平与税收水平作为模型的控制变量。库茨涅兹曲线表明，经济增长与收入分配差距存在"U"形关系。经济增长到某一临界值时，对收入分配平等性产生正向影响，而到达此临界值之前，两者存在负向相关关系。通常情况下，国内生产总值是用来衡量经济发展水平的合理指标。由于收入分配差距是体现在个体层面上的，因此本书选用人均 GDP 的对数作为经济发展水平的度量指标，以消除异方差。税收是调整收入分配的重要手段，在再分配阶段，可通过所得税和财产税调节个人收入。世界银行数据库提供了 1972～2013 年日本税收收入占 GDP 比重的翔实数据，因此本书选取该比值（见表4-4）。

表4-4　变量选取与数据来源

变量	变量名称	缩写	时间范围	数据来源
因变量	再分配基尼系数	Gini	2005～2013 年	日本总务省统计局和《厚生劳动省白皮书》
自变量	社会保障支出水平	sstGDP	2005～2013 年	欧盟统计局和日本《社会保障统计年报》
控制变量	人均 GDP	logpGDP	2005～2013 年	欧盟统计局和日本《社会保障统计年报》
	税收水平	ttGDP	2005～2013 年	世界银行数据库

注：鉴于数据来源的渠道与提供限制，本章选择数据的样本时间为 2005～2013 年。

二、回归模型

本章选择的观测样本共有 44 个，构成面板数据模型。由于个体数小于时点数，此面板数据模型属于时点效应模型。除自变量和控制变量对一国基尼系数可能有影响外，有些不可观测的个体潜在变量也会产生作用。Hausman 检验可帮助选择最终的模型。本书经 Hausman 检验，发现解释变量与随机扰动项同期无关，因此选择时点随机效应模型，回归方程如下：

$$Gini_t = \beta_0 + \beta_1 sstGDP_t + \beta_2 logpGDP_t + \beta_3 ttGDP_t + \varepsilon_t \tag{4-1}$$

（一）单位根检验与协整检验

首先对各变量数据做平稳性检验。鉴于回归方程中变量较少，选用 ADF-Fisher 法对因变量与自变量分别进行单位根检验。ADF 检验方程为：

$$\nabla y_t = \gamma y_{t-1} + \sum_{i=1}^{p} y_{t-i} + \varepsilon_t \tag{4-2}$$

各变量 ADF 检验结果如表 4-5 所示，可知 $Gini$、$sstGDP$、$logpGDP$、$ttGDP$ 的原值和一阶差分所得结果在 5% 显著性水平上支持原假设，而二阶差分结果支持备择假设，即 $Gini$、$sstGDP$、$logpGDP$、$ttGDP$ 二阶差分序列为平稳序列，各变量序列符合二阶单整特征，可以继续进行协整检验以分析因变量与自变量之间是否存在长期均衡关系。

表 4-5　ADF 检验结果

变量		t 统计值	5% 临界值	平稳性
$Gini$	$Gini$	−2.5579	−2.9390	不平稳
	$D1Gini$	−1.5438	−2.9390	不平稳
	$D2Gini$	−4.4334	−1.9504	平稳
$sstGDP$	$sstGDP$	19.06773	−3.029970	不平稳
	$D1sstGDP$	−0.237767	−3.690814	不平稳
	$D2sstGDP$	−2.120839	−1.962813	平稳
$logpGDP$	$logpGDP$	−0.7336	−1.9501	不平稳
	$D1logpGDP$	−0.3096	−2.9434	不平稳
	$D2logpGDP$	−7.0135	−1.9501	平稳
$ttGDP$	$ttGDP$	0.32691	−3.759743	不平稳
	$D1ttGDP$	−3.783397	−3.342253	不平稳
	$D2ttGDP$	−3.006021	−3.690814	平稳

Pedroni 提出了基于残差的协整检验法。基于此方法，由表 4-5 可知残差序列 ADF 统计量的绝对值小于 5% 显著性水平临界值，表明日本社会保障支出占

GDP 的比重与基尼系数之间存在协整关系。根据单位根检验与协整检验结果，可知公式（4-1）回归方程的构建是比较合理的。根据理论分析，可预测各变量系数符号分别为：β_1（-）、β_2（+）、β_3（-）。

（二）回归结果分析

前文已经确定，采用时点随机效应模型，利用广义最小二乘法（GLS）对各变量系数进行一次性估计并最终进行边际分析。由表 4-6 所示的检验结果可知，时点随机效应中三个解释变量系数的符号与预期基本一致，并且社会保障支出占 GDP 的比重与人均 GDP 估计系数的 t 统计值在 5% 显著性水平上通过检验，说明 β_1 和 β_2 是无偏的，也证明较高的社会保障支出水平，对熨平收入分配差距具有统计上的显著作用。社会保障支出比例每增加 1 个百分点，收入分配差距将缩小 0.099 个百分点，而人均 GDP 每增加 1%，将拉大收入分配差距 1.5 个百分点。此外，由表 4-6 可知，税收收入占 GDP 比重的估计系数 β_3 虽然与预期相同，但 t 统计值在 95% 置信区间未达到统计上的显著水平，不能拒绝原假设。出现这样的结果，可能是由于各种税收特别是间接税是按照收入比例征收的，等比例的变化对收入分配差距的影响不甚明显。另外，税收对收入分配的调节作用也与税赋基尼系数有关，税前基尼系数愈大，税收的调节作用越弱。

表 4-6　回归结果

变量	系数	标准误差	t 统计量	概率
C	0.342601	0.057469 **	5.961505	0.0000
β_1	-0.099411	0.042589 ***	-0.009643	0.0209
β_2	0.015701	0.002802 ***	2.977875	0.0041
β_3	-0.17207	0.055151 **	-0.384531	0.7018
$R^2 = 0.986457$				

注："＊＊"和"＊＊＊"分别表示在 5% 和 10% 的水平上显著。

本章小结

本章从理论角度考察分析了日本社会保障与收入分配的关系，进一步利用日本厚生劳动省、总务省以及世界银行等统计的数据，分析了日本国民收入状况及衡量日本国民收入分配差距的三个重要指标，对日本社会保障与收入分配差距的影响机理进行了实证检验，得到以下结论：

第一，通过计算基尼系数、贫困率与财富集中度指数，发现日本收入公平分配仅仅只是"神话"。日本基尼系数自 20 世纪 90 年代开始逐年上升，到 2010 年已超过国际 0.4 的警戒值。但再分配基尼系数肯定了日本包括社会保障制度在内的再分配政策的效果。相对贫困率指数的变化趋势与基尼系数类似，儿童与单身女性的相对贫困率更高，日本已经出现"格差社会"的雏形。政府应该建立一个模型来确定收入转移的策略，缩小收入分配的差距。①

第二，从理论视角，社会保障对收入分配差距的影响主要体现在收入的再分配中，而对于初次分配的影响是间接的或相对微弱的。社会保障的覆盖范围、筹资机制、补偿机制和管理制度是影响收入再分配的四个主要因素。社会保障覆盖范围越大，保障资金越多，政府支出占社保比例越大，对收入再分配的影响和调节作用就越强。社会保障补偿机制越合理，管理制度越开放越公平，收入分配差距就越容易被缩小。

第三，实证检验证明，社会保障水平对基尼系数的影响是正向的，社会保障支出比例增加 1 个百分点，收入分配差距将缩小 0.099 个百分点。此外，人均 GDP 和税收收入占 GDP 的比重对基尼系数也有一定影响，其中人均 GDP 的影响是消极的，并且影响力相对较大，而税收收入占 GDP 的比重与收入分配差距的关系在统计上不显著。

---

① 久保和華：公的年金改革の問題点：遺産に関する一考察（続），宮崎公立大学人文学部紀要，2007-03-20，第 101-106 页。

第五章 日本公共年金制度改革对劳动力市场的影响[*]

随着日本少子老龄化形势的加重以及日本公共年金信用危机的出现，公共年金制度改革变得尤为重要。本章用定量与定性相结合的方法，研究 1985 年和 2004 年日本公共年金改革对劳动力市场的影响。通过研究发现，日本公共年金不仅影响 19 岁以下的劳动力参与率，还影响中高年龄劳动者的劳动力参与率。同时，日本公共年金还会降低男性的劳动力参与率，提高女性的劳动力参与率。日本现行模式下的公共年金影响了企业对劳动力的需求，减少了对正式职工的需求，增加了对临时职工的需求。

第一节 公共年金制度理论及相关文献综述

养老保险与劳动力市场的互动关系不仅是劳动经济学研究的重要领域，也是社会保障研究的主要内容。20 世纪 70 年代，众多国外学者开始研究社会保险与劳动力市场的关系，主要探讨养老保险与劳动力供给的关系。

一、养老保险与生育率的关系

生育率直接影响将来劳动力市场的供给情况，目前关于养老保险对生育率影

---

* 部分内容已发表，参见万美君：《日本公共年金制度改革及对劳动力市场的影响》，《日本研究》2014 年第 2 期，第 19-25 页。部分内容进行了修改。

响的研究比较复杂，没有统一的定论。有的学者认为生育数量对社会养老保险制度产生积极的影响，主要表现在其"代际转移效应"。因为随着生育率的提高，将来的劳动力将增加，意味着缴费人数增加，有利于养老保障计划的可持续。也有学者认为生育数量对社会保障制度产生消极的影响。Friedlander 和 Silver（1967）最早对养老保险与生育率的关系进行研究。之后，该类研究进一步增多，有些学者认为在发展中国家，养老保险与生育率之间的关系不大，如 Kelly，Outright 和 Hittle（1976）。但 Hohm 等（1984）学者认为养老保险与生育率之间的相互影响较大，两者呈负相关关系。

二、养老保险与退休决策的关系

有关养老保险对退休者决策影响的研究的结论也不同。很多学者认为公共养老金对劳动者退休行为的影响明显。Matin Feldstein（1974）、Tetsuo Fukawa 和 Katsuya Yamamoto（2003）等学者认为公共养老金计划对退休计划存在显著影响，能引起提前退休。但也有学者认为公共养老金计划并不会影响劳动者退休计划，如 Boskin 和 Kotlikoff（1987）认为养老保险计划并不会影响劳动者的退休计划。

徐绮珠（2010）提出养老保险会影响劳动力供给的数量，认为由于我国养老保险的目标替代率普遍偏高，所以"引致退休"效应比较明显。汪泽英、曾湘泉（2004）调查的数据显示，养老保险不仅会减少老年劳动力参与市场，而且会引起提前退休。蔡亮（2009）通过存在流动性约束的模型进行实证分析，认为这种养老保险会引起提前退休。卢元（1999）认为养老保险费的征收不会导致提前退休。

三、养老保险与劳动力参与率的关系

Diamond 和 Mirrlees 早在 1986 年就对养老金支付模式与劳动力决策的关系进行了深入的研究，认为养老保险金支付的模式对女性的影响较大。卡梅罗·梅萨-拉戈也认为养老保险覆盖率影响女性参与劳动力市场。Quinn（1977）对男性劳动者收入与工作时间选择的关系进行了研究，认为公共养老金减少了劳动者的工作时间供给。Richard Blunden 等（2001）的研究认为养老保险体制的建立会提高年轻女性的劳动力参与率。卡梅罗（2008）主要研究了拉美国家养老保险的覆盖率及其对劳动力市场的影响，认为拉美国家私营市场中养老保险的覆盖率会超过公共市场养老保险的覆盖率，主要原因是劳动力市场流动使劳动者都被公共市

场养老保险排除在外。同时，他认为对于拉美国家来说，无论是私营市场还是公共市场，养老保险制度实行时间的长短会影响正规就业的规模，制度实行的时间越久，正规就业部分就越大。除此之外，他还研究了养老保险对身份强势的参保人如公务员、军人、教师、石油工作者的影响，认为部分人往往通过吸取公共资源来获得更多的资金，所以会影响劳动力资源的有效配置。池本美香认为，日本面临着由人口少子老龄化带来的劳动力短缺的困境，政府应该通过公共年金改革来提高妇女在劳动力市场的参与率。除此之外，加大对儿童的早期教育和护理力度也是人力资源投资的一种重要形式，政府应该讨论儿童支援相关政策。Diamond. Jess（2011）认为应该提高正规雇员人力资本投资的回报率，养老保险正是影响这一回报率的因素之一。

张庆洪、岳远斌（1998）认为，企业负担的养老保险费最终要由劳动者来负担，所以养老保险的基金筹集会对劳动者正式参加劳动力市场有一定的影响。柳清瑞、穆怀中（2006）认为，社会养老保险对企业雇工能力有负面影响。金仁淑（2007）认为，社会保障事业的发展会影响劳动力流动的速度，失业保险制度的不完善会提高劳动力流动的成本。田伟（2022）认为，养老保险缴费率的提高会导致企业减少雇工，两者呈负相关关系。文太林（2007）认为，我国养老保险制度会降低老年劳动力参与率，降低企业对劳动力的吸纳，阻碍劳动力的区域流动。

第二节　日本公共年金制度演变及改革

日本的公共年金制度是在"二战"以后确立起来的，随着经济的发展和人口结构的变化，尤其是日本少子老龄化的出现，为了适应社会经济的发展，日本进行了公共年金的改革。

一、日本公共年金改革目标

日本社会保障制度从广义上看包括社会救济、社会保险、社会福利、公共卫生和医疗、老人保健、抚恤金、战争受害者援助。日本整个社会保障体系及相关制度以社会保险为核心。随着日本人口老龄化和少子化的日趋严重，日本养老保险制度成为社会保险中的重要研究对象。日本的养老保险称为年金制度，由公共年金、企业年金和个人年金构成。日本的公共年金起源于以军人、官吏为对象的优抚制度，1939 年的《船员保险制度》标志着公共年金制度的建立。1941 年，日本通过了《劳动者年金保险法》，主要保障对象是工厂的男性工人。1944 年，其更名为《厚生年金保险法》并将被保险人范围扩大到白领工人和女性。1948 年，日本进一步修改法律，降低了保险的费率。1954 年，日本对《厚生年金保险法》进行了修改，修改后的养老金由定额养老金和与收入相关的养老金构成，给付年龄也有所提高，此次修改标志着厚生年金框架的初步建立。与此同时，各地建立了公务员、教师、农林渔业团体职工的共济组合，形成了与厚生年金制度并存的国家公务员共济组合、地方公务员共济组合和私立学校职员共济组合这三大共济组合年金制度。① 1961 年以后，日本建立了全民皆保险制度，使养老保险覆盖了厚生年金和共济年金无法覆盖的所有 20 周岁到 59 周岁的日本国民。20 世纪 70 年代，日本人口老龄化迅速加剧，经济缓慢增长，这给日本的公共年金制度带来了巨大的压力。在此背景下，日本在 20 世纪 80 年代以后开始对公共年金进行改革。1985 年、1994 年、2000 年、2004 年，日本对国民年金进行了不同程度的改革。其中，1985 年和 2004 年改革的幅度较大，2004 年改革的主要目标是：①规范公共年金制度，减少不同制度间的差异；②明确 100 年内年金待遇与缴费的状况，实现年金财务的收支均衡；③极力控制保险费率的上升，每年只提高 0.354%，将来固定不变；④改变年金的调整机制，国民年金给付增加的幅度相对要小一些，每年增加 280 日元；⑤提高基础年金中的财政负担比例，由 1/3 提高到 1/2。

二、日本公共年金制度改革措施

（一）建立基础年金

1985 年，日本修订了《国民年金法》，将"国民年金"定位为以全民为参保对象的基础年金制度。《国民年金法》规定：凡是居住在日本国内的 20～59 周岁的人员必须参加，60 周岁以后可以领取基础年金，企业职员退休后在领取基础年金的基础上，还可以领取一定比例的厚生年金。同样，公务员和私立学校教职工在领取基础年金之外还可以领取共济组合年金，当然还可以领取企业年金。日

---

① 宋健敏：《日本社会保障制度》，上海人民出版社 2012 年版，第 121 页。

本由此建立了由"基础性年金""被用者年金""企业年金"构成的三层年金制度，其中"基础性年金"和"被用者年金"构成了公共年金。"基础性年金"是指国民年金，是一种所有日本国民都必须加入的国民年金制度，目的是保障老年人最基本的生活水平，其保障对象为 20～59 周岁的第一号被保险人、第二号被保险人和第三号被保险人①。"被用者年金"包括厚生年金和共济年金，其目的是使老年人能够享受高质量的生活。被用者年金是附加在国民年金之上的，根据被保险人收入的一定比例进行发放。企业年金、个人年金等非公共年金制度是对公共年金制度的补充，具有非强制性。

这次改革还对没有劳动收入的家庭主妇领取养老金的条件进行了修改，赋予了家庭主妇以自己的名义领取基础年金的权利，之后，家庭主妇将不会因离婚而领不到基础年金。

（二）提高领取年金的年龄

公共年金改革前，领取年金的年龄为男女年满 55 周岁，1954 年男性领取养老金的年龄提高到 60 周岁，2000 年以后男女领取年金的年龄都提高到 60 周岁，1994 年日本通过法律修改了厚生年金中的基础年金部分领取养老金的年龄，从2001 年开始逐步提高到 65 周岁。②

（三）调整给付水平和缴费率

日本经济的长期低迷、少子老龄化的日益显著及合计特殊出生率的下降，使小泉内阁在 2004 年改革时，对《公共年金法》进行了大幅度的修订，主要调整了年金收益水平和国民缴费水平。首先，引入了对年金金额进行自动调整的机制，全力抑制缴费率的提高，并设定将来缴费率的上限，然后在上限所允许的范围内调整给付金额。在这种方式下，自 2005 年 4 月的新财政政策开始，国民年金保险费的月额从 13300 日元起每年上调 280 日元，2017 年以后，厚生年金缴费率的固定上限为 18.3%，国民年金将被固定在 16900 日元这一水平上。③ 其次，提高了基础年金的国库负担比例，2009 年以后，国库负担比例由原来的 1/3 提高

---

① 第一号被保险人是指在日本国内拥有地址的 20 周岁以上但不满 60 周岁的人员中，不属于第二号和第三号被保险人的个体经营者、农林渔业从业人员以及无业人员。第二号被保险人是指有关被用者的各种年金法令所规定的被保险人。第三号被保险人是指第二号被保险人所抚养的配偶及 20 周岁以上但未满60 周岁的人员。

② Jonathan Gruber, David A., *Social Security Programs and Retirement around the World*: *The Relationship to Youth Employment*, Chicago: University of Chicago Press, 2010: 217.

③ 小平裕：公的年金の現行制度と評価，公的年金の現行制度と評価，第 199 号，2013-01，第 6 页。

到 1/2。最后，采用均衡的方式来使用积累基金，以 100 年为目标实现年金财政的均衡，使积累的基金在 100 年后保持在足以支付 1 年年金的数量上。[①]

日本公共年金制度改革，是社会保障制度发展的必然结果，虽然没有解决年金体系面临的所有问题，但在一定程度上影响了劳动力市场的供求结构，缓和了传统年金制度中的矛盾。[②]

第三节　日本公共年金制度改革冲击劳动力市场

公共养老金制度不仅是一项重要的社会保障制度，也是一项至关重要的经济制度。[③] 公共养老金制度对经济运行的各个环节都有直接或间接的影响。"现代增长经济学的研究成果揭示出人力资本对经济增长进程的特殊贡献，劳动力市场状况显然是影响经济发展的重要因素。"[④] 本书主要从公共年金对劳动力参与率和劳动力需求的影响等角度进行分析。

一、公共年金对劳动力参与率的影响

公共年金制度是针对年老、残疾或者由抚养人的死亡等原因引起的长期的、永久性的劳动能力的下降或者丧失所进行的长期的、终身性的救济或收入保障。这种制度在一定程度上会影响人们就业行为的选择，"但在社会保障实施过程中，不同条件会产生不同效应。就社会保障对劳动力市场的影响而言，也随着各种条件的变化而不同"[⑤]。本书主要分析日本公共年金对不同年龄段、不同性别人群的劳动力参与率的影响。

表 5-1 为 1985 年到 2015 年日本各年龄段的有效求人倍率，[⑥] 对总的劳动力

---

① 宋健敏：《日本社会保障制度》，上海人民出版社 2012 年版，第 143 页。

② 边恕、孙雅娜：《日本年金制度的改革模式及其效果分析》，《现代日本经济》2009 年第 4 期，第 41-45 页。

③ 张伊丽：《人口老龄化背景下日本公共养老金制度的经济学分析》，华东师范大学博士学位论文，2013 年。

④ 梁君林：《论社会保障的经济功能》，《山西财经大学学报》2001 年第 2 期，第 41-43 页。

⑤ 李珍：《社会保障理论》，中国劳动社会保障出版社 2001 年版，第 134 页。

⑥ 有效求人倍率是指劳动力市场中招聘人数和供给人数的比例。

供求数据进行研究发现，除了 1990 年、2006 年、2014 年和 2015 年，日本基本表现为劳动力供给大于需求。1995 年后有效求人倍率总体来看不断上升，2007 年增加为 0.97。2008 年世界金融危机爆发，这一比例开始下降，到 2009 年下降为 0.42，随后缓慢上升，2010 年升到 0.52，2011 年升到 0.65。这是因为世界金融危机爆发之前，经济较为平稳，劳动力就业情况受公共年金的影响较大，世界金融危机爆发后，就业供给人数增加，岗位减少，这一时期的就业结构及人数受经济的影响较大。2010~2015 年，有效求职率从 0.52 上升到 1.1，主要是由于安倍政府对公共年金进行了进一步改革。从各年龄段分析，1985 年公共年金改革主要对 19 岁以下的劳动力和中高年龄的劳动力的影响较大。1985 年，20~44 岁劳动力的有效求人倍率为 0.902，供需基本平衡，45~64 岁劳动力的有效求人倍率为 0.31，65 岁以上为 0.15，这说明 1985 年公共年金改革的效应还没有显现出来。1995~2003 年总体的有效求人倍率变化不大，但 19 岁以下及 60 岁以上劳动力的有效求人倍率从 2001 年开始逐渐发生变化。19 岁以下劳动力的有效求人倍率由 2001 年的 1.83 增加到 2003 年的 2.38，2004 年以后不断提高，世界金融危机爆发后开始下降。60~64 岁劳动力的有效求人倍率由 2001 年的 0.11 上升到 2008 年的 0.61，2009 年又降至 0.32。公共年金改革以后，企业对 65 岁以上老年劳动力的需求增加，有效求人倍率由 2004 年 1.05 增长到 2008 年的 1.78，2009 年以后又降至 0.97，但基本达到供给与需求的均衡点。

表 5-1　1985~2015 年各年龄段招聘人数和供给人数比例

财政年度	总计	19 岁以下	20~24 岁	25~29 岁	30~34 岁	35~39 岁	40~44 岁	45~49 岁	50~54 岁	55~59 岁	60~64 岁	65 岁以上
1985	0.67	1.64	0.73	0.89	1.09	0.92	0.88	0.60	0.38	0.16	0.10	0.15
1990	1.51	4.32	1.58	1.55	2.59	2.56	2.01	1.71	1.27	0.55	0.25	0.67
1995	0.63	2.14	0.68	0.74	1.09	1.29	0.98	0.58	0.46	0.22	0.08	0.19
1998	0.49	1.63	0.59	0.54	0.80	0.96	0.83	0.42	0.31	0.17	0.06	0.20
1999	0.49	1.62	0.63	0.56	0.79	0.95	0.81	0.42	0.27	0.14	0.06	0.20
2000	0.60	2.03	0.80	0.69	0.94	1.12	0.99	0.53	0.30	0.18	0.08	0.20
2001	0.54	1.83	0.71	0.58	0.74	0.92	0.84	0.50	0.28	0.20	0.11	0.41
2002	0.54	1.93	0.71	0.56	0.70	0.85	0.77	0.48	0.25	0.19	0.15	0.54
2003	0.66	2.38	0.88	0.70	0.82	0.99	0.90	0.61	0.32	0.22	0.18	0.63

续表

财政年度	总计	19 岁以下	20~24 岁	25~29 岁	30~34 岁	35~39 岁	40~44 岁	45~49 岁	50~54 岁	55~59 岁	60~64 岁	65 岁以上
2004	0.83	3.24	1.05	0.83	0.94	1.14	1.08	0.80	0.47	0.32	0.30	1.05
2005	0.94	3.86	1.09	0.85	0.95	1.16	1.15	0.96	0.64	0.44	0.48	1.59
2006	1.02	4.39	1.16	0.90	0.96	1.13	1.20	1.05	0.77	0.49	0.65	1.77
2007	0.97	4.67	1.03	0.76	0.81	0.93	1.07	1.04	0.91	0.62	0.74	2.13
2008	0.73	4.08	0.74	0.51	0.54	0.59	0.71	0.77	0.80	0.61	0.61	1.78
2009	0.42	2.48	0.47	0.32	0.33	0.33	0.37	0.40	0.42	0.34	0.32	0.97
2010	0.52	3.05	0.62	0.42	0.43	0.41	0.45	0.48	0.52	0.44	0.36	1.29
2011	0.65	4.15	0.82	0.55	0.55	0.50	0.49	0.59	0.65	0.60	0.41	1.21
2012	0.79	5.52	1.03	0.68	0.69	0.63	0.61	0.69	0.77	0.76	0.53	1.16
2013	0.94	6.00	1.20	0.80	0.83	0.76	0.71	0.80	0.92	0.94	0.68	1.19
2014	1.00	6.51	1.29	0.86	0.89	0.84	0.75	0.85	0.98	1.02	0.72	1.12
2015	1.1	7.66	1.45	0.95	0.98	0.93	0.84	0.94	1.06	1.12	0.81	1.17

资料来源：①1985~2009 年的数据来源于日本厚生劳动省职业安定局雇佣政策课 2009 年发布的《劳动市场年报》；②2010~2015 年的数据来源于《平成 27 年の求人倍率の概要》。

由表 5-2 可知，1985~2002 年中高年龄劳动者（45 岁以上）的求职人数增加了，主要是由于公共年金中导入了基础年金，并且提高了年金发放的年龄。中高年龄求职者人数从 2003 年开始下降，2007 年降到 54.9 万人。综合分析表 5-1 和表 5-2 可知，2004~2015 年中老年尤其是 64 岁以上老年劳动力的供给小于需求。一方面企业需求增加，另一方面劳动力供给减少，这主要是因为公共年金制度改革增加了企业和求职者的负担，企业对 19 岁以下及 65 岁以上的临时工的需求增加，但继续工作会降低老年劳动者的工资水平，所以年老劳动者会选择提前退休。

表 5-2　1985~2009 年 45 岁以上劳动者月有效求职者数　　单位：千人

财政年度	1985	1990	1995	1998	1999	2000	2001	2002	2003	2004	2005	2006	2007	2008	2009
求职人数	685	532	818	1015	1043	1002	1020	1010	877	711	619	569	549	584	794

资料来源：日本厚生劳动省职业安定局 2009 年发布的《劳动市场年报》。

现行的公共年金制度提高了在职妇女产假期间享有的国民年金待遇，延长了在职女性享受产假、哺乳假期间免除缴纳养老保险费率的期限，即由原来的一年延长至三年。这一改革会使妇女生育后由打算退出劳动力市场转为继续工作，提高了妇女在劳动就业中的比重。如图 5-1 所示：1975 年男性就业率为 62.61%，女性就业率为 37.39%；1985 年男性就业率下降到 60.32%，而女性就业率却上升到 39.68%。2000 年男性就业率持续下降到 59.22%，女性就业率持续上升为 40.78%。2013 年男性就业率下降到 57.20%，女性就业率上升到 42.80%。① Marcus Rebick 的研究也认为社会保障会增加妇女在企业中的就业率。② 其主要原因是日本政府通过公共年金政策和育儿支援政策对女性就业的支持，使女性就业率略微提高。但公共年金政策会降低男性的就业率。

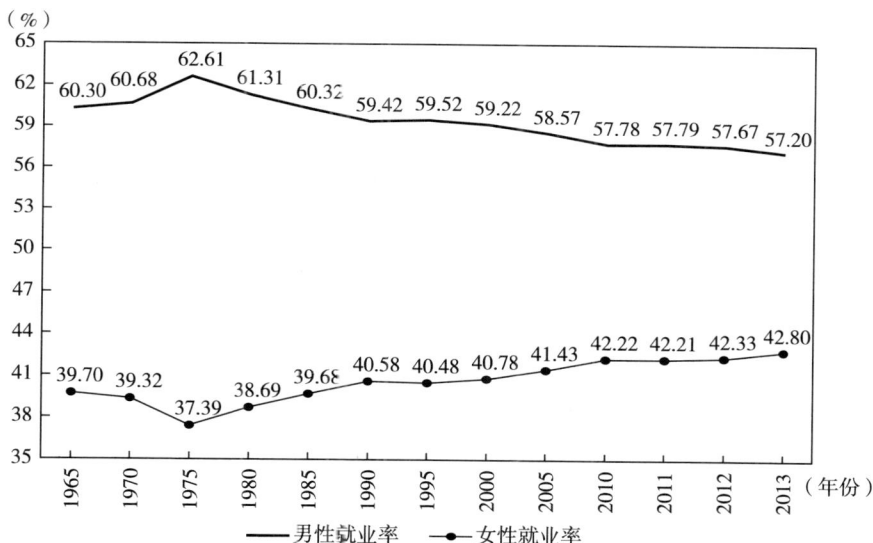

图 5-1　1965~2013 年日本男、女劳动力就业率变化

注：男性就业率为 15 岁以上男性就业人口占总劳动人口的比重；女性就业率为 15 岁以上女性就业人口占总劳动人口的比重。

资料来源：笔者根据《日本统计年鉴 2015》计算得出。

1985 年日本公共年金改革以后，临时工就业人数不断增加。从图 5-2 可以

---

① 资料来源于《日本统计年鉴 2015》第 492-493 页。

② Marcus Rebick，Japanses Labour Markets：Can we expect significant change? *Oxford University Discussion Paper Series*，2001：2.

看出，日本临时工就业人数 1999~2007 年逐年增高，2008 年开始下降，2009 年人数下降到 740 万人。孝桥静子的研究认为，日本短期内一部分固定工人被临时工人取代将是一个必然的过程。[①]

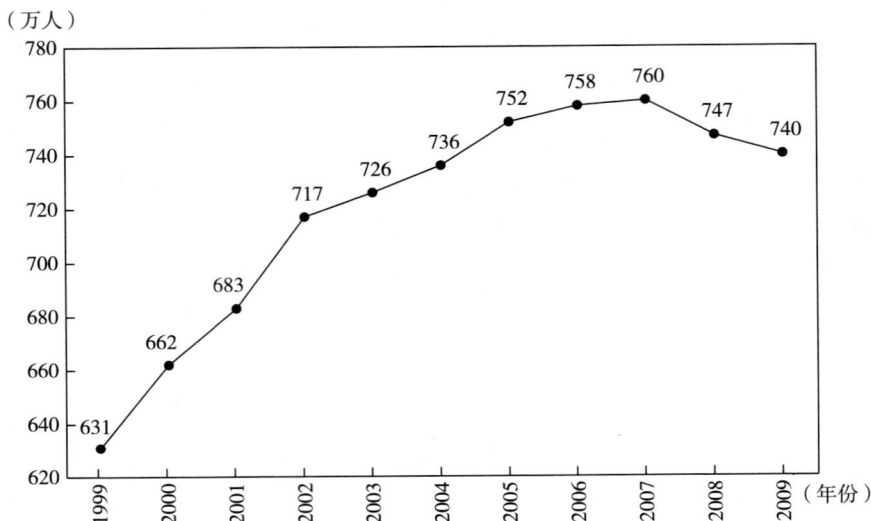

图 5-2　1999~2009 年日本临时工就业人数变化

资料来源：厚生劳动省《劳动力调查》。

从总体上看，日本 2004 年以前的公共年金制度不仅没有抑制老年人口的就业，反而增加了老年人口的就业人数。现行的公共年金制度虽然会吸引一定数量的育龄女性和临时工参加劳动力市场，却抑制了老年人口的再就业意愿。目前，日本最大的劳动力供给基地已经丧失，劳动力不足成为制约日本经济发展的主要因素之一。[②]

二、公共年金对劳动力需求的影响

公共年金政策变化影响劳动力需求的结构，使企业对劳动力总体需求下降，增加对临时人员的需求。由于厚生年金的参保对象是企业正式雇员，厚生年金改革前增加了企业的用工成本，导致失业率增加。如图 5-3 所示，1970 年前后日本

---

① 孝桥静子：「高度経済成長期以降の女性労働者の状態：家族制度と女性労働・社会保障との関係に関する研究」『華頂短期大学』，2000-12-20，第 1-29 页。

② 张季风：《日本劳动力市场的新变化与走势探析》，《世界经济与政治》1993 年第 6 期，第 24-25 页。

经济高速增长，完全失业率处于较低水平，但从 20 世纪 90 年代末开始日本的完全失业率急速上升，1990 年失业率为 2.1%，1995 年上升到 3.2%，1996 年上升到 3.4%，2000 年上升为 4.7%，2003 年上升至 5.3%。2004 年年金制度改革后，企业为了降低生产成本，纷纷减少对正式员工的录用，增加非正式员工的比例，日本的失业率开始下降，完全失业率由 2004 年的 4.7% 下降至 2007 年的 3.9%。但 2007 年以后，受美国金融危机的影响，完全失业率再次上升，从 2008 年的 4.0% 提高到 2010 年的 5.1%。安倍晋三上台后，实施了促进女性的就业政策，使 2012 年完全失业率回落到 4.3%，2013 年下降为 4.0%，2014 年继续下降到 3.6%，2015 年维持在 3.4% 左右，2016 年 5~8 月平均完全失业率为 3.1% 左右。

从长远分析看，企业年金负担加重会影响日本的投资环境，降低日本对本国企业和外资企业的吸引力，从而使日本国内对劳动力的需求进一步萎缩。

三、结论及对中国的启示

日本公共年金制度对劳动力市场有很多消极和不利的影响。首先，日本的少子化严重，在未来的几十年中，日本就业人口将会不断减少，但日本的公共年金制度还会使老年人口就业率下降；其次，日本的公共年金提高了企业的劳工成本，降低了国内企业与国外企业的竞争力；最后，虽然日本的女性就业率有所提高，但提高的幅度不大，只有在制度上保证女性的就业权益和老年人口的就业权益，才会促进女性及老年人口参与劳动力市场，从而更好地促进社会经济的发展。

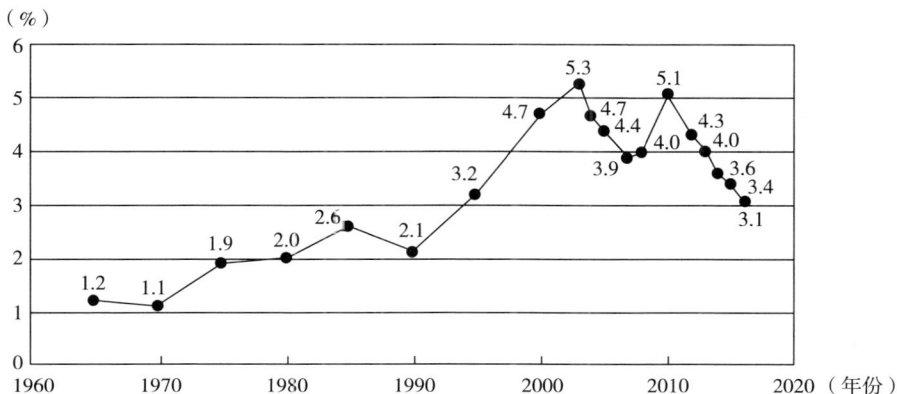

图 5-3　1965~2016 年日本完全失业率

资料来源：①1965~2002 年数据来源于《日本统计年鉴 2002》。②2003~2012 年数据来源于 2003~2012 年的《日本统计年鉴》。③2013~2016 年数据来源于日本总务省统计局。

日本的公共年金制度在改革后仍然面临诸多问题，但是日本公共年金制度改革中的一些经验还是值得我们借鉴的。

（一）养老保险缴费要适度

日本公共年金制度实行的是全民保险，但是日本老年人口的增加和少儿人口的减少，使日本的养老保险支出困难。年金制度的改革，提高了个人的缴费比例，致使很多年轻就业者不愿缴纳保险费，2010 年末缴费比率只有 40.3%。年龄结构越年轻，未缴纳率越高，相反，年龄结构越趋于退休年龄，未纳率越低。2006 年，20~29 岁、30~39 岁、40~49 岁和 50~59 岁人群缴纳养老保险费的比率分别为 45.8%、40.1%、33.6% 和 24.1%，到 2010 年分别增长为 52.1%、46.4%、40.7% 和 30.7%①。养老保险缴费比率过高影响了民众的参保意愿，会造成养老金资金缺口的扩大，增加财政负担，使公共年金进入恶性循环。

吸取日本的经验教训，中国的养老保险要坚持适度水平原则，使养老保险缴费率与缴费主体的经济水平相适应，养老保险金支出与当前经济发展水平相适应。养老保险水平过低不能满足社会成员的需要，养老保险水平过高则会加重个人及企业的缴费负担，降低缴费的积极性，只有适度水平的养老保险才能促进劳动力市场的健康有序发展，提高劳动者的参保意愿，调动劳动者的积极性，提升企业在国际上的竞争力。考虑中国人口老龄化的加剧及养老保险刚性需求的特点，笔者建议养老保险水平略低于适度水平的下限。

（二）加快养老保险统一化步伐

目前我国社会养老保险存在参保对象在城乡间、职业上、地区间的参保机会、缴费标准、待遇水准等诸多方面的不公平问题，个别地区、职业参保人的参保积极性受到抑制，削弱了社会保障运营的效率。因此，结合日本公共年金制度改革经验，我国需加快公共年金制度层面上的优化设计。日本在历次公共养老制度改革中都在力图消除养老制度内的不公平现象。1985 年，日本女性的"年金权"确立，妇女的养老保险权益得到保障。2007 年，日本国会通过《养老金一体化法案》，将国家共济养老金、地方养老金和私立学校共济养老金并入厚生养老金，逐渐实现公务员共济养老金与厚生养老金的保险费率的统一，并预期在2027 年实现私立学校养老金与厚生养老金的保险费率的统一。结合我国实际情

---

① 睢党臣、吴雪：《老龄化背景下日本公共养老金信用危机及对中国的启示》，《经济问题探索》2012 年第 6 期，第 179-184 页。

况，中国的基本养老制度改革一定要消除行业歧视，取消机关单位和企业之间不公正的养老金制度，尽快统一公共养老金的缴费制度和受益水平。

（三）延长退休年龄，实施弹性退休制度

日本是世界上人口平均预期寿命最长的国家，"20世纪90年代以来，日本不仅逐步提高退休年龄，而且还通过公共养老金制度改革逐渐延迟领取公共养老金的起始年龄"[1]，有效降低了公共年金的总负担。随着人均预期寿命的延长，我国也可以通过提高退休年龄来缓解基本养老金支付的压力。据测算，"如果退休年龄延长一年，中国的基本养老统筹基金可增收40亿元，并减少支出160亿元，从而减缓基金缺口200亿元，因此，提高退休年龄对于缓解基本养老金的支付危机具有非常重要的作用"[2]。但延长退休年龄必须建立在弹性退休制度的基础上，也就是说劳动者可以自愿选择退休年龄，这样更有利于解决将来的劳动力短缺问题。

本章小结

1985年，日本建立了由"基础性年金""被用者年金""企业年金"构成的三层年金制度。2004年，日本进行了公共年金改革，改革的主要目标是：缩小公务员、私立学校职员及企业职员公共年金制度之间的差距；明确100年内年金待遇与缴费的状况，实现年金账务的收支均衡；控制保险费率的上升，每年只提高0.354%，将来固定不变；改变年金的调整机制，国民年金给付增加的幅度减小，每年增加280日元；将基础年金中的财政负担比例提高到1/2。几轮公共年金改革，对日本劳动力参与率、劳动力供给结构等产生了不同程度的影响。数据显示，日本公共年金增加了19岁以下劳动力的参与率，2004~2015年中老年，尤其是64岁以上老年劳动力的供给小于需求，女性的就业率略微提高，男性的就业率有所下降。

---

① 张伊丽：《人口老龄化背景下日本公共养老金制度的经济学分析》，华东师范大学博士学位论文，2013年，第317页。

② 张伊丽：《人口老龄化背景下日本公共养老金制度的经济学分析》，华东师范大学博士学位论文，2013年，第316页。

出现这种情况的主要原因是公共年金制度改革，增加了企业和求职者的负担，企业对 19 岁以下及 65 岁以上临时工的需求增加，对正式职工的需求减少；继续工作会减少退职者的工资水平，所以年老劳动者会选择提前退休；育儿勉保期限由一年提高到三年，从法律层面保障了女性的再就业权利。

公共年金制度对企业用人需求、劳动力供给结构等产生了影响。具体来看，2004 年以前，日本公共年金制度增加了老年人口的就业人数；2004~2013 年，公共年金制度抑制了老年人口的再就业意愿，但吸引了一定数量的育龄女性和临时工进入劳动力市场。

第六章 日本社会保障基金资本市场运作效应分析

社会保障基金（以下简称社保基金）是一种长期性的后备基金，具有保值增值能力，可确保社会保障制度正常运转。日本现有的社保基金项目繁多，包括养老保障基金、失业保障基金、工伤保障基金、医疗保障基金等社会保险项目基金。并非所有类型的社保基金都能进入资本市场进行运作，不同归属权的社保基金资本市场的运作要求也不尽相同。公共品性质的基金要求市场运作风险小，收益稳定，而私人品性质的基金则向市场索要高收益。日本参与资本市场运作的主要社保基金为公共社会养老基金，即年金投资基金（GPIF），其资产分布和投资组合、参与资本市场的深度和广度，对资本市场的规模、结构、效率会产生重大的影响。本章主要研究日本社保基金资本市场运作的情况。

第一节 日本资本市场概述

一、日本资本市场简介

资本市场，顾名思义，是筹措长期资金的市场，其主体为政府、个人或企业。在广义上，可用于长期借贷与买卖证券；而在狭义上，资本市场等同于证券市场。根据资本市场基本作用的不同，可将其分为一级市场和二级市场。前者指新发行的证券首次向投资者公开销售的市场，即有价证券的发行市场；后者则是有价证券的买卖市场，将已发行的证券从持有人转卖给其他投资者。

日本一级资本市场的股本融资非常活跃，通过公募出售等大型全球出售方式，海外机构投资者的庞大联络网造就了外资证券公司的强大影响力。而海外投资关系管理（IR）的普及化，以及日本资本市场和经济发展战略的不断演进与转变，与其相关的投资者之间的交流日益改善，也扩充了日本一级资本市场的股本融资结构和能力。在日本二级资本市场上，近年来外国投资者与本国个人投资者的成交额明显增多，外国投资者的持有比率也已超两成，金融机构及企业法人的互持逐步解除，日本资本市场基本全面开放。

二、日本证券市场构成与特点

日本证券市场的资本体系表现出多层次特征。第一层次是位于东京、大阪、名古屋等八大城市的主板市场，第二层次是东交所的中小板，第三层次是世界顶级的新兴企业创业板市场"MOTHERS"，第四层次为OTC店头市场。

日本证券市场由债券市场和股票市场构成。日本债券市场的债权种类大致可分为公共债权、企业债权和外债三大类。日本社保基金在债券市场的投资对此三大类均有不同比例的涉猎。日本股票市场的特征十分明显与特别，较突出的一点是股票价格几乎由外国投资机构操控。在东京证券交易所上市的股票，有30%以上的份额掌控在外国投资机构手中，成交量也超过日交易量的60%。日本的股价指数主要有日经股价平均数（包括日经225指数和日经500指数）和东证股价指数（Topix指数）两个。前者以东京证券交易所第一部上市股票为基础编制，后者以东京证券交易所第一部所有股票和第二部的300种股票为基础编制。以2013年为例，外国投资机构卖超超过13.7万亿日元，而日本本土个人投资者卖超为7万亿日元，年金等基金和银行仅有4万亿的卖超，足见外国投资机构的控盘能力。日本股票市场的另一大特点为受美国资本市场波动的影响巨大。以2013年日经225指数的涨幅比例与K线缺口为例，在"安倍经济学"的支持下，2013年日经225指数年底收盘价为16291点，在一年时间内涨幅超过55%，同期日元兑美元汇率大跌，跌幅超过35%，这就很容易地证明了日元对美元的外汇走势与日经225指数的走势几乎是同步的。

第二节　日本公共年金基金的资本运作

一、公共年金积立金投融资管理阶段：1961~2001 年 3 月

（一）年金积立金的收入来源

日本的年金积立金，又称为公共养老储备基金，主要由逐年累计每财年在公共养老金收缴总额基础上扣除养老费用支出后的剩余资金而成，是用以平衡代际间的养老负担，并通过资本市场运营获得收益，保证公共年金资产保值增值，从而平稳对抗快速老龄化的社会养老费用。

年金积立金的收入来源比较复杂，首先取决于年度公共养老金收支差额。在日本的公共养老金制度中，公共年金处于主导性的保障地位，主要由国民年金和厚生年金两个层次构成。截至 2001 年 3 月改革前，公共年金制度在日本已普及，并于 20 世纪 60 年代初形成了"国民皆年金"局面。在此阶段，政府对公共年金制度的推行贡献巨大，不仅承担公共年金的管理费用，还对国民年金进行 1/3 的财政补贴。公共年金的支付采取待遇确定型的现收现付制，此制度决定了年金积立金的积累速度与收支差额相关。20 世纪 80 年代之前，日本经济快速发展，人口结构中年轻人的比例较高，年度公共养老金收支呈现顺差状态，年金积立金的积累速度较快。到 20 世纪 90 年代后期，年金收入与支出基本相近，年金收支差额对年金积立金累计的影响几乎可以忽略不计。此时，与年金积立金紧密联系的"财投计画"投资管理体制的运作效果逐步显现。如表 6-1 所示，1995~2000 年，日本厚生年金余额储备年均约为 125.5 万亿日元，国民年金余额储备年均约为 8.8 万亿日元，已形成巨额的年金积立金储备。

表 6-1　1961~2000 年日本年金积立金累计情况　　单位：万亿日元

年份	厚生年金余额储备	国民年金余额储备	年金积立金累计余额
1961	0.6	0	0.6
1965	1.4	0.2	1.6
1970	4.4	0.7	5.1

续表

年份	厚生年金余额储备	国民年金余额储备	年金积立金累计余额
1975	12.3	1.9	14.2
1980	28.0	2.6	30.6
1985	50.8	2.6	53.4
1990	76.9	3.6	80.5
1995	111.8	7.0	118.8
1996	118.5	7.8	126.3
1997	125.8	8.5	134.3
1998	130.8	9.0	139.8
1999	134.4	9.5	143.9
2000	131.5	11.0	142.5

资料来源：郑秉文：《日本社保基金"东亚化"投资的惨痛教训》，《国际经济评论》2005年第5期，第26-32页。

截至2001年3月，随着"财投计画"战略重点的不断变化，年金积立金投融资目标由基础设施建设领域逐步转向社会福利、生活、中小企业发展等领域，通过有偿使用和定期偿还机制，不仅弥补了日本社会公共建设资金的缺口，还极大丰富了年金积立金的资金运用对象和投资模式，以借款、融资、储蓄、金融市场投资、购买政府债券与短期贷款等模式参与资本市场运作。到2000年末，日本年金积立金累计达到142.5万亿日元，占当年GDP的28%。

（二）年金积立金的投资运用效果及市场化运营状况分析

2001年3月以前，年金积立金全部由原大藏省资金运用部（TFB）掌管，其中约4/5的资金由其直接分派租借给日本各大财投机构，或购买各类政府债券，其余1/5的资金投入资本市场运作，年金福祉事业团负责年金积立金的资产运营。为方便与改革后的运营效果比较，这里统一将4/5的年金积立金投资称为财政债券与财政投融资，将1/5的年金积立金投资称为市场化运营投资。

首先分析财政债券与财政投融资情况。如表6-2所示，在年金积立金运营阶段，资金运用部对于这4/5的资金的分配比例基本固定，即每年用大约1/4的资金购买政府债券，其余3/4的资金直接借贷给财投机构。

表 6-2　年金积立金财政债券与财政投融资情况　　　　单位：亿日元

资产	1995 年	1997 年	1998 年	1999 年	2000 年
现金/存款	2	4	3	52274	76566
各类债券	964061	1078948	1111983	921352	859358
直接贷款	2956241	3102856	3247424	3456916	3459849
债券利息收入	823	1061	957	116	853
资产总计	3921127	4182869	4360367	4430658	4396626

资料来源：日本财务省网站。

　　在财政债券与财政投融资运行过程中，由于政府对资金分配比例干预过多，社保基金运营严重偏离目标，缺乏运营管理的监管机制，投资运作体系运转失灵，到 2000 年底财投机构呆坏账非常严重，不良贷款率高达 75%以上。森宏一郎指出，2000 年末年金积立金借贷的 27 家主要财投机构中，有 24 家信用等级为 CC 级以下（CC 级以下意味着该机构缺乏盈利能力，不能以利润偿还贷款利息和相关费用，只能以贷还息），年金积立金总额约为 142 万亿元，而此 24 家机构的总借款额高达 184 万亿元，扣除来自其他渠道的不良贷款，这意味着投给这 24 家机构的所有年金积立金都形成了呆坏账[①]。土居丈郎、星岳雄则具体计算了 2000 年末日本年金积立金的坏账总额。当年，58 家财投机构从资金运用部获得直接贷款 271 万亿日元，其中 32.4%来自年金积立金账户。以不良贷款率 75%核算，此 58 家财投机构的不良贷款约为 65.8 万亿日元，占当年年金积立金总额的 46.3%，占 GDP 总额的 12.9%，规模与数量都十分惊人。[②]

　　接下来分析年金积立金的市场化运营状况。在"财投计画"中，占年金积立金总额 20%左右的资金由年金福祉事业团操作运营。同财政债券与财政投融资类似，厚生劳动省也主导了资本市场投资长期的资产构成比例。如图 6-1 所示，年金积立金的资本市场投资采取风险分散化方式，其中 51%~63%购买国内债券，0~15%投入可转换债券，25%~57%用以购入本国与外国股票，0~10%购买外国债券，其余作为现金保有。1986 年到 2000 年末，年金积立金共投向资本市场 27 万亿日元，严格按照上述比例委托给民间金融机构进行投资运作。表 6-3

---

　　① 森宏一郎：《年金积立金的过去和未来：年金积立金的意义和将来的模拟》，《日医综研工作论文》49 号，2001 年 7 月。

　　② 土居丈郎、星岳雄：《为"财政投资计画"买单》，《比较》2003 年第 7 期。

反映了 2001 年 3 月改革前夕年金福祉事业团的投资情况。

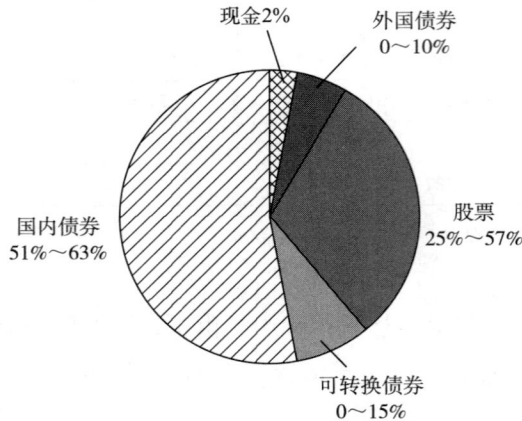

图 6-1　年金积立金资产投资组合比例

资料来源：日本厚生劳动省网站。

表 6-3　2001 年 3 月年金积立金投资状况

类型	数额（万亿美元）	比例（%）
国内债券	14.4	55.3
可转换债券	0.3	1.3
本国股票	6.3	24.2
外国股票	3.3	12.8
外国债券	1.1	4.1
现金	0.6	2.3
总计	26.0	100.0

资料来源：日本厚生劳动省网站。

转观年金积立金的投资收益情况，总体而言，由于年金积立金全部由资金运用部保存，所以其名义收益来自寄存利息，利率约等于 10 年长期国债的名义利率。2000 年末，年金积立金总额为 142.5 万亿日元，其中 36.1% 来自养老保险费的收支结余，其余为年金积立金的运营收入，约为 95.3 万亿日元。回顾年金积立金的运用结构可知，在 95.3 万亿日元中，有很大一部分（80% 左右）是年金积立金本金借出的自体回流，剩余部分由政府和地方公共团体的特别出资或补助金构成。直接借贷给财投机构的资金所形成的呆坏账，无法为年金积立金带来任何投资收益。也就是说，截至 2000 年末，财政债券与财政投融部分是全面亏损的。再分析市场化运营部分的资金收益，约占年金积立金 20% 的资金在 1986 年进入股票市场，而此时正是日本股市非正常膨胀阶段。1989 年开始，日本股价暴跌，相应地，日本年金积立金的股市投资收益由正转负，最高亏损高达 2.3 万亿日元。同期，各类资产组合收益的年均资本回报率也仅为 4.12%，扣除从资金运用部借款的平均利率 4.87%，年金积立金的市场化投资收益也为负值，期末累计亏损额高达 2.3 万亿日元。

年金积立金运营的失败，不仅加重了日本社会保障负担，也给日本财政收入带来巨大损失，严重阻碍了日本经济复苏。随着财政制度改革的推进，2001 年 4 月日本公共养老金的"财投计画"体系土崩瓦解，进入"年金投资基金"（GPIF）市场化运营阶段。

二、公共年金投资基金（GPIF）运营阶段：2001 年 4 月至 2015 年

2001 年 4 月，日本厚生劳动省接管公共年金的市场投资管辖权，设立"年金投资基金"（GPIF），并出台相应投资监管政策。改革以后，日本年金投资基金的资金来源渠道和运用方式发生重大改变。原大藏省资金运用部保管的年金积立金经由财务省财政贷款基金特别账户偿还给厚生劳动省，历时 8 年，总计 147 万亿日元，最终在 2008 年全部委托交由"年金投资基金"运营管理，这是 GPIF 原始资金的主要来源。GPIF 的另一部分原始资金来自原"年金福祉事业团"，也就是拥有 1/5 年金积立金市场化运营权的相关机构总计约 26 万亿日元的资产。与资金运用部的原始资金不同，年金福祉事业团的资金是需要定期向财务省财政贷款基金特备账户偿还本金和利息的，于 2010 年全部偿还完毕。

GPIF 全部可投资资金中的一部分自留，其余大部分分别用于民间市场化投资与购买财投债券。2001 年 4 月的财投制度改革方案对公共年金投资基金运营收入产生较好预期，并有效分散了投资风险，保障了公共年金投资基金的保值增值。

三、GPIF 总体运营状况

总体而言，2001 年 3 月底到 2015 年 3 月底的 15 个财年，年金投资基金多数时间是盈利的，但受世界经济环境和日本国内经济等因素的影响，盈利情况随时

间变化的特征较为明显。图 6-2 和图 6-3 分别列出了 2001~2015 年公共年金基金的累计收益额和运用资产额。表 6-4 总结并计算了 2001~2015 年公共年金基金的收益情况。

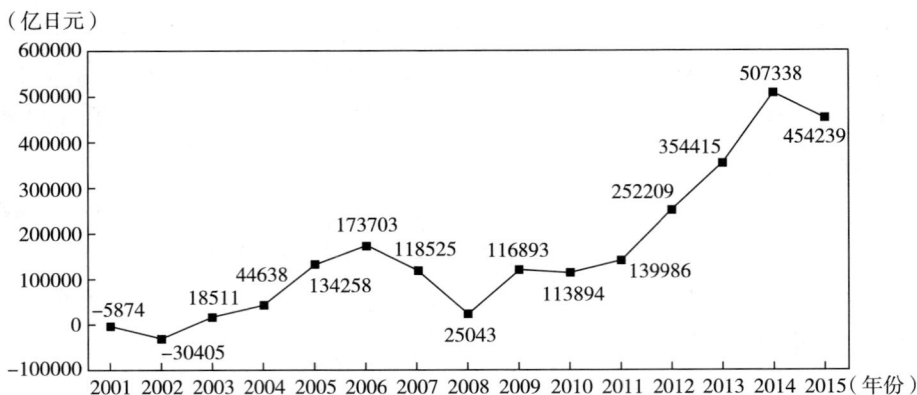

图 6-2　2001~2015 年公共年金基金的累计收益额

资料来源：日本厚生劳动省网站。

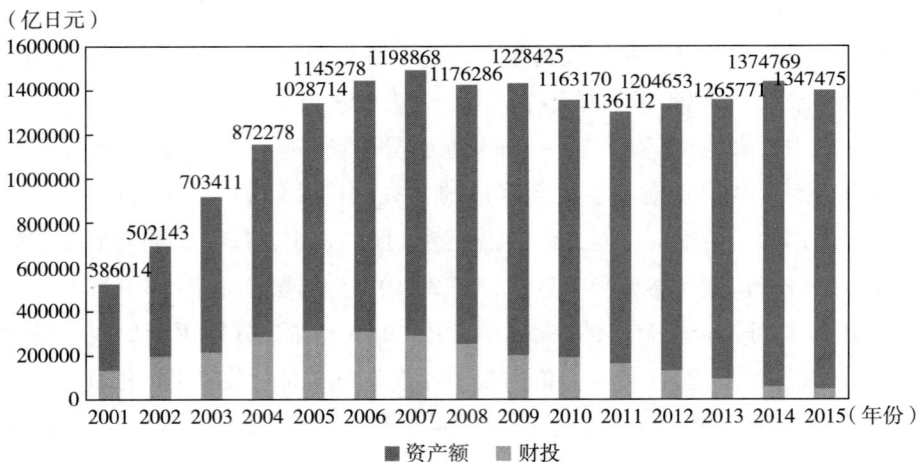

图 6-3　2001~2015 年公共年金基金的运用资产额

资料来源：日本厚生劳动省网站。

　　由表 6-4 可知，GPIF 在 2001~2015 年 15 个财年内的平均收益率为 2.60%，基本处于盈利状态。从时间上考虑，2001 年 4 月 GPIF 成立，但 1989 年至 2003 年日经指数一路下跌，至 2003 年第二季度为止损失近 75%，直接造成 GPIF 在 2001~2003 年 2 个财年的累计亏损总额高达 6.07 万亿日元，导致国民公共养老年金参保人数与金额大幅下降。2008 年次贷危机发生后，当年公共年金再度亏损 5.84 万亿日元，投资收益率为-6.41%。此低迷状态一直延续四年左右，直到 2012 年日本股市逐渐复苏，公共年金收益才出现逆转，并在 2012 年创下 12 个财年以来的最佳表现，收益额高达 11.22 万亿日元，回报率 9.98%。高收益率的利好局面到 2015 财年戛然而止，日本 GPIF 2015 年财报显示，该财年 GPIF 基金共亏损 5.3 万亿日元，亏损率达 3.84%，是自 2008 年世界金融危机以来，GPIF 面临的最大幅度亏损。

表 6-4　2001~2015 年公共年金基金的运营收益情况

年份	资产额（亿日元）	收益额（亿日元）	收益率（%）
2001	386014	-24531	-3.75
2002	502143	48916	-5.61
2003	703411	26127	7.90
2004	872278	38480	3.11
2005	1028714	90310	9.76
2006	1145278	44571	3.51
2007	1198868	-58400	-6.41
2008	1176286	-93482	-7.37
2009	1228425	91850	12.44
2010	1163170	-2999	-0.95
2011	1136112	26092	2.51
2012	1204653	112223	9.98
2013	1265771	102206	8.48
2014	1374769	152923	11.14
2015	1347475	-53098	-3.84
通期	—	—	2.60
2006~2015	—	—	2.85

资料来源：《2015 财年 GPIF 业务概览书》。

四、年金投资基金的市场化投资构成运营状况

GPIF 2001 年设立，主要基于以下两点：日元大幅升值与全球股市动荡。这意味着 GPIF 的资本市场运作效果与其投资的多元化构成是息息相关的。接下来将分析 2015 财年 GPIF 市场化投资的构成及其运营效果。

图 6-4 显示了 2015 年 GPIF 市场化投资的资产构成比例。显然，GPIF 仍然实施多元化投资战略，分散投资于国内债券、外国债券、国内股票、外国股票和短期资产五个板块。图 6-4 内侧表示日本基本政策对多元化投资比例的要求，外侧代表 2015 年 GPIF 实际的投资资产构成情况。非常明显，GPIF 主要以购买国内债券为主，比例约为 37.55%；其次为购买国内股票，占比为 21.75%；再次是购买外国股票和外国债券，比例分别为 22.09% 和 13.47%；最后是持有 5.14% 的短期资产。

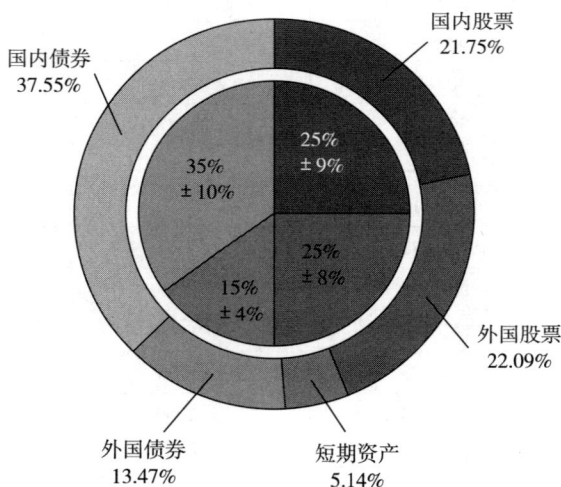

图 6-4 2015 年年金投资基金资产构成比例

资料来源：日本厚生劳动省网站。

GPIF 自 2001 年 4 月成立以来，一直秉持"投资保守，预期收益不高"的投资理念和投资路线。从 2003 财年资本构成比例看，国内债券占比高达 52.44%，其次是国内股票占 24.97%，而外国债券和外国股票占比较少。由于投资保守，业绩乏善可陈。而国内外股票市场的大量亏损，使 2003 财年 GPIF 的投资收益率

持续下滑，长时间的股票投资亏损诱发日本国民信任危机。2008 年次贷危机爆发后，养老金投资收益率为 -6.41%。

为使 GPIF 投资率有所增加，流转国内经济颓势，GPIF 持续提高对股份市场的投资比例，倾向于"多元化投资"的政策调整。GPIF 之所以青睐股市市场，不仅是看中了股票市场的高收益率，更与安培政府推行的金融资产高风险刺激机制息息相关，如前所述，随着日本 GPIF 对国内外股市的依赖日益加大，国内外股市的恶劣现状成为 2015 年巨幅亏损的诱因。从具体数值看，国内股市的亏损高达 10.8%，Topix 指数下跌 12.7%，国外股市收益下跌幅度与前者相当。而"多元化"投资即将投资重点领域转向国内外股票市场，GPIF 投资评估报告显示，2014 年日本 GPIF 股票投资的海外市场份额上升约 14%。如表 6-5 所示，与 2003 财年相比，2015 财年基本组合目标中提高了国内股票与外国债券、股票的投资比例，降低了国内债券的持有比例，这与 2014 年的"多元化"投资战略息息相关。

尽管 GPIF 逐步调整了投资战略，将投资触角更多投向股市和海外，但总体上仍是"投资保守，收益保守"的消极投资。在 2015 财年的巨大亏损中，国内股市投资收益缩水尤为严重，幅度高达 0.8%，高于海外投资，亏损约 1 个百分点。同期，相对安全的国内债券也遭遇黑天鹅，其收益率仅为 3.92%。国债资产的微薄收益也难敌股票投资的巨亏额度。

表 6-5　2003 财年与 2015 财年的资产构成比例

	2003（财政年度）				2015（财政年度）			
	资产价值（亿日元）	资产构成（%）	基本组合目标（%）	离差（%）	资产价值（亿日元）	资产构成（%）	基本组合目标（%）	离差（%）
国内债券	252012	52.44	55.00	-2.56	528010	37.55	35	2.55
国内股票	120019	24.97	21.00	3.97	305809	21.75	25	-3.25
外国债券	39520	8.22	9.00	-0.78	189388	13.47	15	-1.5
外国股票	59255	12.33	13.00	-0.67	310714	22.09	25	-2.91
短期资产	9804	2.04	2.00	0.04	72351	5.14	—	—
合计	480610	100	100	—	1406271	100	100	—

资料来源：《GPIF 业务概况书》。

第三节　日本社会保障基金与资本市场互动的实证检验

一、研究方法及参数处理

本节主要通过对相关数据的整理与处理，探讨日本社保基金与资本市场的互动关系。

当前，社保基金与资本市场互动已成国际惯例。Davis（1995）提出，资本市场需要创新，而创新与参与的深度和广度有关，其中资本市场的规模、结构受其影响巨大。作为国际资本市场最大的机构投资方，社保基金通过改变其投资组合，作用于资本市场的结构与运行效率。日本拥有巨额的养老金储备，其资本市场运作也经历了半个多世纪的发展，采用统计学方法对社保基金与资本市场的互动关系进行论证是具有积极意义的。

克莱夫·格兰杰开创的"格兰杰因果关系检验"法为分析经济变量间的格兰杰因果关系提供了检验工具。本节将运用此检验法验证日本社保基金与资本市场是否存在因果关系，如若存在，是单向的还是双向的？

设定 PF 代表日本养老基金发展指标，以日本公共养老基金占 GDP 的比重替代；MC 代表日本资本市场发展指标，以资本市场规模占 GDP 的比重表示。为检验两者是否存在互动关系，建立如下两个回归方程：

$$MC_t = \sum_{i=1}^{q} \alpha_i PF_{t-1} + \sum_{j=1}^{q} \beta_j MC_{t-j} + \mu_{1t} \tag{6-1}$$

$$PF_t = \sum_{i=1}^{s} \lambda_i PF_{t-1} + \sum_{j=1}^{s} \delta_j MC_{t-j} + \mu_{2t} \tag{6-2}$$

若 MC 是 PF 的原因，同时 MC 不为 PF 的结果，公式（6-1）中 PF（滞后）的估计值则显著不为零，公式（6-2）中 MC（滞后）的系数为零，在统计上也不可能，即存在由 MC 到 PF 的单向因果关系，同时也存在由 PF 到 MC 的单向因果关系，公式（6-1）中滞后的 PF 系数的估计值在统计上显著不为零，同时公式（6-2）中滞后的 MC 系数的估计值在统计上显著不为零，也就是 $\alpha_i \neq 0$ 且 $\delta_j \neq 0$。

本书选取的样本时间为 1961～2015 年（均为财年），共 108 个样本数据。对于样本数量超过 30 个的回归模型，不必进行残差的 J—B 分析证明其正态分布性，只需要直接进行 F 检验判断两者间的因果关系即可。本检验的数据来源主要为 WB Institutional Investors Database、日本"年金资金运用基金"网站、历年《GPIF 投资报告》等。

二、检验结果及分析

日本公共养老基金、国内收入 GDP 与资本市场规模均为时间序列变量，一般是不平稳的。因此，在考察日本养老基金发展指标与日本资本市场规模指标格兰杰因果关系之前，应对两变量时间序列的平稳性进行检验。采用 ADF 法进行单位根检验，检验方程为：

$$y_t = \sum_j^p A_j y_{t-j} + BX_t + \xi_t \tag{6-3}$$

其中，y_t 为内生变量向量，X_t 为外生变量向量，p 为滞后期数，ξ_t 为随机扰动向量。变量 PF 和变量 MC 的单位根检验结果如表 6-6 所示。

表 6-6　变量 PF 和 MC 的单位根检验结果

变量	ADF 检验统计量	5%临界值	结论
PF	-2.5579	-2.9390	不平稳
D1PF	-1.5438	-2.9390	不平稳
D2PF	-4.4334	-1.9504	平稳
MC	-0.7336	-1.9501	不平稳
D1MC	-0.3096	-2.9434	不平稳
D2MC	-7.0135	-1.9501	平稳

显然，变量 PF 和变量 MC 本身为非平稳时间序列，但经过二阶差分之后变为平稳序列，并且两个变量均为二阶单整 I（2），可以继续进行协整检验。如果协整检验表明两变量间存在协整关系，结合相同的单整阶数，就可认定两变量存在长期稳定关系。在此，采用 EG 两步法进行基于残差的协整检验，可得协整回归基本方程为：

$$MC = -7.23 + 1.42PF$$
$$(-29.2103) \qquad (68.3377) \tag{6-4}$$

其中，$R^2 = 0.9917$，$DW = 0.1482$。接下来对残差 e 做单位根检验，所得 AEG 值为 -4.82。根据 N = 2、T = 51、a = 5%，可知临界值为 -4.5，大于 AEG 值，因此可证明日本资本市场规模发展指标 MC 与养老金发展指标 PF 之间存在长期协整关系。

本书将置信区间设为 0.95，对回归方程式（6-1）与公式（6-2）进行格兰杰因果检验结果如表 6-7 所示。

表 6-7　PF 与 MC 格兰杰因果检验结果

	Obs	F-Statistic	Probability
$PF \to MC$	54	5.02	0.052
$MC \to PF$	54	24.34	0.001

结果显示，在置信度为 0.05，零假设为社保基金不是资本市场发展的格兰杰原因的条件下，F 检验结果为 5.02，P 值为 0.052，表示支持零假设，推翻备择假设，即日本养老基金并没有对资本市场发展产生显著影响；反之，在资本市场对社保基金产生影响的格兰杰因果检验中，P 值支持备择假设。结合检验结果，日本社保基金与资本市场之间存在单向的因果关系，日本资本市场规模与深度的不断变动，造成了社保基金的收益变化，而社保基金积累的增加却并非日本资本市场发展的主要原因。

为何两者之间存在单向因果关系呢？笔者认为根源在日本社保基金管理与资本市场操控本身。社保基金虽然已经脱离了"财投计画"的高度统筹管理，但日本政府对该项基金的控制仍然十分严格和集中。资本市场是以市场化运营为基础的，而政府主导的社保基金投资无法遵循利润最大化原则，其盈亏与自由市场化的资本市场运营的对接相对不良，导致对资本市场的影响非常微弱。日本的资本市场主要操控在外国投资机构手中，每年的买超量与年金卖超量相比差距较大，势力悬殊的持有比例使日本社保基金投资对资本市场的影响不够显著。反过来，日本社保基金投资资产构成比例中，债券投资虽一直处于主导地位，但比例逐渐下降，股票投资的比例逐年增加。社保基金投资资产组合的变化必然决定其受到资本市场调整与动荡的影响。根据 2015 年日本财政年度养老基金管理报告，由于日元升值，股市低迷，基金出现严重赤字。其中，投资日本国内股市部分亏损大约 3.5 万亿日元（340 亿美元），海外股市投资亏损约 3.2 万亿日元（310 亿美元），外国债券投资亏损6600亿日元（65亿美元），仅日本国内债券盈利2.9万亿日元（284亿美元）。以上数据足可见证日本社保基金收益受资本市场冲击之巨大。

本章小结

社会保障基金中参与资本市场运作的主要是社会养老基金，日本称为"年金投资基金"，狭义的资本市场即所谓的证券市场。日本证券市场由债券市场和股票市场构成。日本公共年金积立金经历了投融资管理阶段和运营阶段。2001年以后，日本年金积立金投融资目标由基础设施建设领域逐步转向社会福利、生活、中小企业发展等领域。2001年以前，1/5的年金积立金用于投入资本市场运作，4/5的资金用于财政债券与投融资。由于政府对资金分配比例干预过多，缺乏运营管理的监管机制，投资运作体系运转失灵。

2000年末，财政债券与财政投融部分是全面亏损的。年金积立金运营的失效，不仅加重了日本社会保障负担，也给日本财政收入带来巨大损失，严重阻碍了日本经济复苏。2001年，日本政府开始推行财投制度改革，日本公共养老基金进入GPIF市场化运营阶段。

2001年，日本进行了公共年金资金运营的改革，并出台了《年金积立金运用基金法》和一系列相应的投资监管政策。2001年3月底到2015年3月底的15个财政年度，年金投资基金多数时间是盈利的，但2015财政年度大规模亏损，原因是日本国内和海外市场的股市不稳定。本章在介绍社会保障基金和资本市场相关理论的基础上，选取1961~2015年日本养老基金发展指标、日本公共养老基金占GDP的比重，资本市场发展指标以及资本市场规模占GDP的比重对社保基金与资本市场的关系进行分析和检验。通过分析得出：日本社保基金并没有对资本市场的发展产生显著影响。日本社保基金与资本市场之间存在单向的因果关系，日本资本市场规模与深度的不断变动，造成了社保基金的收益变化，而社保基金积累的增加却并非日本资本市场发展的主要原因。

第七章　日本社会保障制度面临的挑战与改革趋势

第一节　安倍政府时期社会保障制度面临的挑战

一、安倍经济学"新旧三支箭"内容

安倍晋三是战后以来日本历史上第一位时隔几年再次担任日本首相的政治家。安倍上台后提出了一系列经济政策，统称为"安倍经济学"，可以概括为"三支箭"。2012 年 12 月，安倍在重新登上日本首相宝座时，提出了"旧三支箭"；2015 年 9 月，安倍再次当选自民党总裁时颁布了"新三支箭"。"旧三支箭"是指金融政策，实行量化宽松的货币政策，通胀率控制在 2% 的目标；灵活的财政政策，[1] 进行大规模的公共投资，计划 2013 年通过 2000 多亿美元的公共投资，带动 GDP 增长；结构性改革政策，通过放松管制、投资和贸易自由等刺激民间投资。"新三支箭"包括发展经济、改善社会保障、支持儿童培育这三个方面的内容，目的是通过加快发展日本经济及制定社会政策措施使日本经济重新振兴，GDP 能够在 2020 年前后达到 600 万亿日元的目标，能够完全杜绝因为需要护理家庭中的老年人而离职等现象，使平均合计特殊出生率[2]达到 1.8%，从

---

[1]　张季风：《"安倍经济学"给日本带来什么》，《领导科学论坛》2016 年第 8 期，第 36—50 页。

[2]　合计特殊出生率是指一位女性一生中所生的孩子数量总和。

而解决持续多年的结构性问题，如人口结构问题，日益加剧的少子化、老龄化、高龄化问题，就业结构性问题，妇女重新就业问题，社会劳动力短缺问题等。但到目前为止，还没有出台具体实施"新三支箭"的方案。

二、安倍"新旧三支箭"效果评价

一是促进日元稳定，繁荣股票市场。2008 年全球性金融危机爆发，2011 年债务危机以及东日震灾巨额保险赔付等使日元过度升值。在安倍政府大规模宽松金融政策下，2013 年日元开始有所贬值，到 2020 年 9 月，安倍卸职时，日均股价为 23476 日元，为 2012 年 12 月的 2.26 倍，日元的稳定带动了股市繁荣。二是一定程度上缓解了通货困境。泡沫经济后，日本分别在 1999 年和 2009 年陷入通货紧缩困境，安倍政府的"旧三支箭"规定将通货率控制在 2% 的目标，在一系列政策支持下，核心消费价格指数、GDP 缺口等物价指标由负变正。三是提升企业效益，降低失业率。2020 年 3 月末，上市企业净收益为 23 万亿日元，是 2012 年同期的 2.1 倍。日本就业状况好转，有效求人倍率从 2012 年的 0.82 升至 2019 年末的 1.55，同时失业率从 4.3% 降至 2.2%。四是促进结构性改革。安倍经济政策分阶段降低法人实际税率，旨在减少企业负担，激发企业活力。在 2012 年 4 月和 2019 年 10 月，消费税两次上调，由 5% 上调至 10%，第二次上调的税收将完全用来完善社会保障制度，应对老龄化，减少代际负担等。此外，鼓励女性、老年人，外国人参加劳动，加快劳动方式的改革。五是加强区域经济合作。2018 年以来，日本先后主导签订了一系列贸易协定。安倍经济学中涉及社会保障方面的措施较多。2013 年 12 月，日本通过《关于确立可持续社会保障制度的相关法律》（社会保障制度改革"一揽子"法）。在年金制度改革方面，2012 年 8 月，制定了《年金功能强化法》和《参保人年金一体化法》，前者规定将厚生年金使用范围扩大到短时间劳动者，缩短基础年金的领取资格期限。2015 年 10 月，根据《参保人年金一体化法》，供给年金合并到厚生年金，并将原先低于厚生年金的共济比率提高到厚生年金水平。从日本公共年金运营状况看，截至 2018 年底，参保人数为 6745 万人，约占总人口的一半。2019 财年，公共年金报费率为 18.3%，国民年金保险费为 16410 日元。在育儿支持方面，2012 年 3 月 30 日国会提出《育儿支持法》，2015 年制定《育儿支持法》《认定儿童园法修订案》等三部儿童照顾相关法律，标志着"育儿支持新制度"时期的开始。2016 年，根据《少子化社会对策基本法》撰写的白皮书，进一步改进了《育儿支持法》，提出要进一步提高幼儿教育、儿童保健援助的质量和数量，增加各种育儿措施，满足社会需求。2019 年 10 月开始实施的"幼保无偿化"政策，对各类儿童照顾机构及相关服务费用进行免除，进一步减轻家庭在儿童照顾费用方面的负担。在护理保险制度改革上，2014 年 6 月 25 日颁布《医疗护理综合确认法》，对护理保险制度进行改革等。

三、"新三支箭"面临的挑战与困境

安倍晋三提出"新三支箭"的主要目标为调整经济结构，提高经济水平，改善国民的社会保障福利待遇，增加对育儿及育儿妇女的支持，通过经济结构调整和社会保障改革来实现经济与社会保障的良性互动。具体来说，推行"新三支箭"的目的，是通过社会保障政策的实施及经济政策的调节来进行收入的再分配，进而缩小日本的贫富差距；通过政策提高妇女就业率及老年人就业率，从而改进经济发展的长期结构性问题。但由于日本经济面临结构性改革，处于瓶颈期，很难在短时间内看到改革的效果，所以"新三支箭"政策目标的实现遇到了现实困难。加之"新三支箭"政策缺乏具体的计划与实施措施，导致日本面临经济结构不合理、少子高龄化严重、财政负担加重等难题。笔者主要对"新三支箭"社会保障政策面临的挑战和困境进行分析。

（一）政策空洞化

"新三支箭"只提出了构想和希望，但并没有针对经济、育儿支援和社会保障提出具体的计划或者实施的举措，使政策落实难度进一步加大，阻碍了预期目标的达成。除此之外，"新三支箭"的政策目标也存在三个方面的问题：一是预期的经济增长率过高，超过了现实经济发展水平；二是出生率很难在短时间内达到 1.8 的水平；三是使护理离职率为零，不切合实际，难以达到。"新三支箭"的预期目标过高，使目标的实现难上加难。

（二）缩源增支，政策难落实

2020 年 8 月 17 日，内阁发布的第二季度实际 GDP 统计数据显示，日本第二季度实际 GDP 环比萎缩 7.8%，跌幅超过 2008 年金融危机后创下的 17.8%，日本经济出现 1955 年以来最严重的萎缩。这是自 2019 年第四季度开始日本经济连续出现的第三个季度的经济负增长。其中，2019 年第四季度和 2020 年第一季度经济主要受中美贸易摩擦和国内消费增税等因素的影响，第二季度经济下滑则主要是新冠肺炎疫情使个人消费减少。2020 年第二季度，恰逢日本疫情开始进入

为期 5 周的"软性抗疫"。在为期 5 周的紧急状态期间，民众减少出行，使日本当季 GDP 再度下降。其次，受企业停工停产影响，资本支出也下滑 1.5%。另外，外需疲软使日本货物出口下滑 17.8%，并导致 GDP 下降 3.1 个百分点。进入 2020 年，日本开始同时面临全球经济衰退、消费增税和疫情三个负面因素，这极大地增加了政府宏观调控的难度。日本政府因疫情支出援助资金占到 GDP 的 40%，其中包括保留工作的补贴、贷款担保和现金补助，以防止企业破产和官方的失业率激增。从财政政策的角度来讲，其专项支出也从 2019 年底的经济刺激计划进一步扩大到 2020 年的紧急应对计划。从 2020 年 4～5 月应对计划的失业规模来看，已经达到 234 万亿日元，其中涉及财政补充预算的规模也达 57 万亿日元，而 2020 年整个国家预算支出规模也不过 63 万亿日元。在税收减少的背景下，为了救济灾难背景下贫困的家庭和营收急剧下降的企业，国家财政资金缺口越来越大。这意味社会财政减少的背景下，社会保障支出增加，使"新三支箭"的目标难落实。

（三）日本经济深陷长期结构型困境

"新三支箭"中提高儿童福利和加强社会保障的目的在于调整人口结构与就业结构。日本出生率低，青年人口逐渐减少，老龄化和高龄化的现象同时出现，加剧了日本劳动力的短缺。由于人口的结构性问题，政府大大增加了对老年人、新生儿及育儿的支出，导致出现国债不断增加的结构性问题。同时，社会保障费也增加了日本企业的负担，使企业成本上升，对推动日本产业转型产生了阻碍作用。日本经济结构困境是"新三支箭"实施的主要障碍。

（四）保障需求刚性，社会保障水平超出适度水平

社会保障具有刚性的特点，其保障水平易上不易下，1993 年日本养老保险实际水平和适度水平下限分别为 6.22% 和 6.10%，2008 年两者的值分别为 18.15% 和 18.11%，2012 年两者的值分别为 20.98% 和 18.78%。从数据上看，这三年养老保险水平均超过适度水平下限，说明日本社会保障水平，尤其是养老保险水平过高，导致养老支出增长过快，国库亏空，出现了养老金空洞，进行了年金制度改革。日本这种高于适度水平的社会保障水平给财政带来了过重的负担，加之社会保障支出的刚性特点，其保障水平随着时间的推移只能上升，很难下调，而老龄化的加剧又使养老保险支出基数在不断增加，所以社会保障支出总和将会严重超出财政预算。

第二节　安倍政府时期社会保障制度改革

"二战"后，日本着力于构建和建设社会保障制度。虽然在战前日本对建立社会保障制度已经有所涉及，但尚未形成系统的社会保障制度，并没有将其贯彻落实。20世纪60年代，日本社会保障制度初步完善，社会保障的政治、经济、社会功能开始显现，不仅解决了一系列的社会矛盾，提高了农民的社会福利水平，缩小了城乡差距，还在促进经济协调发展及结构调整中发挥了至关重要的作用。但随着社会经济的进一步发展，产业结构的不断调整，社会保障制度的隐患开始逐渐显露，并且越发突出，社会保障制度的实施面临着严峻的挑战，在这种形势下，对社会保障制度进行改革就成为日本社会发展的必然趋势。

一、养老制度的改革措施

目前，人口老龄化问题愈演愈烈，解决人口老龄化带来的社会问题，对稳定社会秩序具有十分重要的意义。面对日益严重的人口老龄化、高龄化的挑战，日本政府开始考虑让城市中的老人搬到农村去养老，同时从国外引进护理人员，从而使家庭成员不会因护理老人而被迫离职。2015年，安倍政府把应对人口老龄化作为日本政府的首要任务来抓，并结合国情提出了相应的养老制度的改革措施。

第一，增加财政对国民养老金的投入。提高国民养老金比例，实现财政全额承担养老金，不仅可以减轻因养老金保险经费不断增加给在职人员造成的经济压力，也可以有效地消除日本国民的不公平感，避免国民养老金出现"空心化"。第二，加强对养老金支付方式的调控。政府控制国民养老金的支付额度，统一规定支付养老金的年龄，随着物价的上涨提高养老金支付额，从而解决老年人的养老问题。第三，开拓新型养老金业务，建设有保障的养老制度。

二、医疗及护理保险制度的改革

医疗保险服务是社会建设的重要内容，直接决定能否建立稳定、正常运行的社会。纵观日本医疗保险制度可以发现，人口老龄化加重了财政负担，进一步加大了财政的压力，同时医疗结算方式存在问题、医疗服务质量不高以及护理离职率过高等，对日本社会的稳定运行带来了不利影响。丸尾直美认为，目前日本老年人长期占用医院病床的问题虽然有所改善，但仍然十分严重，需要通过改革促进医疗资源的合理利用，同时日本医疗保险还存在医疗负担与给付对象不一致的问题。① 针对这些问题，安倍政府对医疗保险制度进行了改革。在解决人口老龄化带来的财政压力问题时，提出将老人的医疗费用支付方法由原来的免费改为自我负担一部分费用，且日本政府养老金投资基金要在两年内削减国债持仓至40%以内，把一半资产投资于股市，考虑投资更多的海外资产、私募股权、商品、基建及房地产信托。

　　安倍政府时期重视社区医疗服务改革和促进医疗保险制度改革。医疗服务改革方面主要内容包括：一是制定社区医疗构想，促进病床功能分化与联系。提供从发病到住院、康复、出院一条龙服务，使患者早日回归家庭及社会。二是建立病床功能报告制度。掌握社区医疗需求，灵活运用病床数据，对病床功能进行调整；创建社区医疗协同推进法人制度，促进各医疗机构之间的功能分担和业务联系，实现社区医疗构想。三是确保医疗人力资源，提高医务人员水平。改革工作方式，减轻医务人员负担；提高效率及实现适度化，壮大医务人员队伍。四是确立公平稳定的制度，保障疑难病及特殊疾病的治疗。对低收入老人及残疾人提供适当福利给付。医疗保险制度改革内容是夯实医疗保险制度的资金基础，对国民健康保险及协会健康保险给予财政补贴；实现国民健康保险缴费公平，减轻低收入者的国民健康保险缴费负担；确保医疗保险制度的可持续性；改革药价制度；同步进行护理保障制度改革。

三、高龄者雇佣政策改革

　　积极推动高龄人的雇佣和就业是在日本社会人口不断减少、老龄化问题日趋严重的大环境下，维持国内经济社会活动的必要手段，为此日本政府采取了一系列措施促进高龄劳动者就业。2013 年，开始实施《高龄者雇用安定法修正案》。2015 年 6 月 30 日，安倍内阁确定《日本再兴战略》，促进高龄者雇佣，明确政府责任。2016 年 1 月，日本国会通过了《雇佣保险法》的修正案，内容包

---

① 丸尾直美:「日本の医療保障制度（問題と持続可能な制度への改革）」『尚美学園大学総合政策論集』第 18 号，2014-06，第 8 页。

括：①新设定 65 岁以上的高龄者为雇用保险的被保险对象。②地方公共团体、银色人才中心、企业组织等与高龄者就业相关联的组织联合起来组成有地域组织性质的协会。③银色人才中心提供的工作，以往是有"临时的、短期的（每月 10 天左右）或者简单的（不超过每周 20 小时）"，现在放宽限制，可以派遣和介绍每周 40 小时的就业机会。同年 6 月提出了日本"一亿总活跃计划"，一方面实施继续雇用的延长和退休年龄的提高等手段，另一方面也要重视高龄者的就职环境。2018 年 2 月 16 日，日本内阁会议决定《新高龄社会对策大纲》，鼓励民众终身学习，推动劳动者实现终身就业。《改正高年龄者雇佣安定法》（2020 年）将企业员工的退休年龄提高到了 70 岁。

四、社会福利相关改革

为解决日本国内少子化问题，政府出台了一系列政策文件来保障儿童享有高福利待遇，全面解决幼儿从出生到入园等问题。2013 年，日本政府实施发挥女性活力振兴日本经济计划，该计划涉及改善女性就业环境、支持女性产后重返职场、充实保育设施等诸多内容。2015 年，日本政府出台"儿童及育儿援助新制度"，综合推进的方式为社区育儿、保育、学前教育提供支持。日本厚生劳动省、内阁于 2016 年出台《企业主导型保育事业费补助金实施纲要》及《关于企业主导型保育事业的实施》等规定。上述文件对企业补助、师生比例及办园标准等内容进行了详细规定。与此同时，日本内阁会议于同年批准日本"一亿总活跃计划"。该计划包括普及认定儿童园、进行资助企业办园、新增工作和育儿等内容。

日本政府也在养老福利方面做出许多努力。2015 年 10 月起，共济年金一元化，归为厚生年金。2015 年，政府规定，把年收入在 280 万日元以上的 65 岁以上老人支付的介护服务费用中，个人承担的比例提高至 20%。接着又在 2017 年立法，把年收入在 344 万日元以上的单身老人和夫妻收入在 468 万日元以上的老人的介护服务费用中，个人承担的比例提高至 30%。对 65 岁以上仍希望继续工作的老年人，予以相应的就职援助，延长退休年龄等。2018 年，日本国家财政预算总额的 1/3，用于国民的养老和医保等民生领域。

五、社会救助措施

2008 年经济萧条使日本失业率剧增，非正规就业、老年人的就业环境严峻，在"安倍经济学"的指引下，日本的经济虽然有所回升，但 2013 年度高达 30 万亿日元的社保开支预算，已占据日本全部财政支出的 1/3，日本公共财政不堪重负。因此，日本政府对社会救助制度进行了一系列的改革：为了抑制不正当领取生活保护费行为，内阁于 2013 年 5 月 17 日通过了《生活保护法》修正案，规定在领取政府生活保护金期间，如果领取者参加工作，将减少领取的保护金，当领取者摆脱生活困境时，这些保护金将作为政府的发放金发给领取人，以此激励生活保护对象积极寻找工作。为综合推进儿童贫困应对政策，日本于 2014 年 1 月颁布了《儿童贫困对策法》，提出消除儿童贫困、实现教育机会均等、防止新一代陷入贫困等举措。2015 年 4 月开始实施《生活穷困者自立支援法》。这项法案旨在促进领取生活保护费的生活贫困者自立，如法案规定，永久对失业、没有住所的人，在一定时期内发放房租补助金。

本章小结

前几章主要讨论了日本社会保障制度与经济增长、收入分配、劳动力市场及资本市场之间的内部规律。本章主要是在前文实证分析的基础上，进一步探讨日本政府社会保障制度的实施效果及改革趋势。

本章对"新旧三支箭"的效果进行了客观评价。"旧三支箭"实施以后，日本国内经济形势有所好转，但离设定的目标还有很大距离。"新三支箭"提出以后，日本推出《育儿支援法》及其修正案，召开老龄社会对策会议，由于各项政策实施的时间短，目前还看不出"新三支箭"的长期效果。目前，安倍政府面临着重重困境。"新三支箭"政策内容空洞，预期目标过高，难以实现；日本财政收入增长缓慢，甚至出现了负增长的情况，很难支持"新三支箭"政策的实施；社会保障具有刚性的特点，起点过高，导致其运行一段时间后会超出适度水平；日本经济深陷长期结构性困境；少子高龄化的人口结构，使劳动力减少，很难解决经济的结构性问题，也影响了"新三支箭"政策的实现。对于日本社会保障面临的挑战，日本政府从五个方面进行应对：一是进行养老制度的改革。通过增加财政对国民养老金的投入、加强对养老金支付方式的控制及开拓新型养老金业务等措施进行养老保险制度的改革。二是进行医疗保险制度的改革。提出将对老人的医疗费用支付方法由原来的免费改为自我负担一部分费用，并且重视社区医疗服务建设。三是雇佣保险。注重失业者职业技能的培训及失业的防范，促进女性、高龄者和残疾人就业。四是进行社会救助和社会福利相关改革。五是进行社会保障与财政的改革。提出促进税制改革，创立经济特区，增加资金投入，完善提高财政收入的方案。

自此，在社会保障服务功能从提供现金向提供社会服务转移的过程中，中央政府对社会保障财政事必躬亲的体制逐步向地方政府、特别是基层政府放权，减轻了中央政府在事务上的负担，也简化了行政环节，节俭了运行成本。但是，关于社会保障财政是中央集权还是地方放权，学界意见不一。有学者提出应该进一步扩大地方政府的社会保障财务支出和事务管理的权限，有学者提出异议，认为对地方放权过度会进一步加剧区域间的社会保障差距，究竟是哪种形式比较好，尚待今后的实证结果验证。

第八章　日本社会保障制度对中国的启示及建议

本章的目的在于探索日本社会保障与经济协调发展的内在规律，完善中国社会保障制度。一方面，中国要在马克思主义思想的指导下，借鉴国外的成功经验；另一方面，要从中国国情出发，把其他国家的成功经验和模式中国化，建立适应中国当前及未来经济发展的社会保障制度。本章总结了日本社会保障的成功经验，介绍了中国社会保障制度发展的历程及其存在的问题，结合现阶段的国情，为建设具有中国特色的社会保障制度提供改革思路。

第一节　日本社会保障经验

完善的社会保障制度，在社会经济发展中发挥着不可或缺的促进作用。日本的历史文化与人口结构与我国很相似，研究日本社会保障制度发展的规律及相关经验，对于完善我国社会保障制度具有十分重要的作用。与众多西方发达国家相比，日本社会保障制度的建立较晚，虽然其社会保障制度在"二战"之前就已经有所发展，但真正的发展还是从战后开始的，随着日本新宪法的实施，日本开始着力构建和完善社会保障制度。日本经济经历了迅猛发展、高速增长、停滞以及复苏的不同阶段，社会保障制度也经历了一系列的波折，从建立到逐渐扩充，从面临困境到全面推进改革，取得了初步进展。社会保障制度的建立，在很大程度上解决了一些社会矛盾，实现了对农民利益的维护，有效缩小了城乡差距，在推进经济协调发展中发挥了非常重要的作用。

一、建立了广覆盖、多层次的社会保障体系

狭义的社会保障包括社会保险、社会救助、社会福利、公共卫生、医疗及老年保健等几个方面。1961 年，日本政府提出建立福利国家的口号，实现了"国民皆保险"和"国民皆年金"的社会保险计划。日本社会保险体系包括公共年金、健康保险、劳动灾害补偿保险、雇佣保险和护理保险等，不仅种类全，而且每个项目针对不同保险对象有不同的制度。社会救助与社会福利涉及儿童、老年人、残疾人、妇女、单亲家庭、贫困家庭、儿童抚养等方方面面，这种全面的、多层次的社会保障体系对日本经济发展和社会稳定起到了重要作用。

1920 年，日本政府提出《疾病保险法》，其适用范围包括职员、教员及船员等，在此基础上，1922 年日本政府又制定了《健康保险法》，标志着日本医疗保险制度的正式建立。医疗保险是日本社会保险体系中最早建立的保险项目，日本政府 1958 年颁布新《国民健康保险法》，1959 年实施。19 世纪七八十年代，日本政府相继颁布了《海军退隐令》《陆军恩给令》和《官吏恩给令》，奠定了社会养老保险的基础。日本政府于 1941 年制定《劳动者年金保险法》，1944 年更名为《厚生年金保险法》，1947 年又颁布《劳动基准法》《失业保险法》和《劳动者灾害补偿保险法》，这些法律的颁布标志着工伤保险的建立。日本的社会救助制度也叫"公的扶助制度"，早在 1874 年日本政府就颁布《恤救规则》，为社会救助制度建立了基础框架。日本政府 1929 年颁布《救护法》，1933 年正式实施，1946 年制定《生活保护法》，1950 年制定《新生活保护法》（内容包括医疗、助产、生活、丧葬扶助等），至此，日本建立起了范围广、内容丰富的社会救助制度。日本 1971 年建立儿童津贴制度、1972 年建立老人医疗费支付制度、1973 年建立老人免费医疗制度，构成了日本社会保障的福利体系。战后日本经济持续高速发展，日本每隔 3~5 年就修改一次国民健康保险法、养老保险法，提高了医疗保险和养老保险的支付额。

这一阶段，日本的社会保障水平有了大幅度的提高，社会保障制度体系也基本上达到了欧美国家的标准，建立了覆盖全民、灵活多样的、多层次的社会保障体系。

二、立法先行，保证社会保障制度顺利实施

日本在明治维新以后，就建立了与社会救济相关的法律。从日本立法与执法

的先后顺序上可以看出，日本社会保障制度建立在法制化的基础上，其法律法规非常健全，每种社会保障项目都事先制定了相应的法律及规章制度。社会救助的相关法律是《生活保护法》。社会福利服务对应的法律为《社会福利士及护理福利士法》。社会保险涉及的法律更多，有《健康保险法》《厚生年金保险法》《雇佣保险法》《劳动者灾害补偿保险法》《国民健康保险法》《国民年金法》《护理保险法》《确保高龄者医疗法》等。社会福利则涉及妇女、儿童、老年人、残疾人等方面的法律，包括三大方面的内容：一是关于妇女儿童的《儿童福利法》《母子及寡妇福利法》《母子保健法》《儿童津贴法》《儿童抚养津贴法》《特殊儿童抚养津贴法》；二是关于老年人的《老人福利法》；三是关于残疾人的《身体障碍者福利法》《智力障碍福利法》《精神保健及精神障碍者福利法》等。由此可见，日本社会保障的法律体系比较全面。日本社会保障的立法先行，成为社会保障制度有效实施的必要保证。

三、未雨绸缪，建立完善的护理保险与服务

日本政府在 1995 年便提出了"关于创设护理保险制度"的议案。1997 年，日本出台了《护理保险法》，该法律在日本长期护理保险制度的实施中发挥了先行导向作用。随后，日本对该法律进行六次修订，在 2017 年完成了最后一次修订。该法律在多次修订中建立了地域综合服务体系，增加了长期护理保险的服务内容，提升了保费缴纳的公平性。同时，日本要求 40 岁以上的市町村居民必须参加长期护理保险制度，并将参保对象分为两类，第一类为 65 岁以上人群，第二类为 40~64 岁人群。两类不同的人群享受长期护理保险待遇资格有所差异，第一类参保人可以依据被保险者的收入水平确定缴费水平，第二类保险人根据自身选择的长期护理保险类型确定需要缴纳的长期护理保险费用。

四、建立专业的社会保障服务制度

日本政府 1968 年颁布《社会保险劳务士法》，1987 年 5 月又制定《社会福利士及护理福利士法》，这标志着日本建立了专业化的社会保险服务制度，有力地推动了社会保险服务事业的发展，促进了社会的和谐与稳定，为经济的快速发展提供了重要保障。日本的社会福利士、护理福利士、社会福利士资格考试，是基于《社会保险劳务士法》《社会福利士及护理福利士法》而设置的一种国家资格考试。社会福利士的主要工作内容包括劳动社会保险手续办理、劳动管理咨询

指导、劳动与保险争议解决程序代理、年金咨询等。[①] 社会福利士主要为企业管理者、劳动者及其家属服务，主要从事老年人、残疾人及其他生活不能自理群体的咨询工作，为他们提供合理的建议。护理福利士主要为老年人、残疾人及其他生活不能自理的群体提供吃饭、洗澡等方面的服务，是从事实际护理服务的专家。无论是社会福利士还是护理福利士，这些社会保险服务行业的专业人士，在日本社会保险事业的发展中，都成为不可或缺的重要力量。

五、建立雇佣保险的预防机制

日本雇佣保险制度对于成员权利保障、防范失业风险方面主要存在以下三点预防机制：

（1）失业补助政策。日本雇佣保险制度把保障夫业者基本生活视为制度的首要功能。与其他国家不同的是，日本的失业补助不单单支付给一般的失业者，对于符合条件的再就业者同样给予补助。譬如为了鼓励失业者尽快实现再就业，政府规定，失业者在其津贴领取期结束前 100 天或还剩一半的时间就找到持续 1 年以上工作的，可领取 30~120 天的再就业补助。领取的天数视其基本补助领取天数及剩余天数而定，为的是促进、鼓励失业者尽快就业。

（2）失业预防政策。鉴于企业裁员是造成失业的直接原因，对于某些因经济事由不得不缩小规模的企业，政府通过资助当事的雇主对多余职工进行转业培训或照发工资，争取内部消化，力争不裁员。同时为了从根本上稳定就业、降低失业风险，日本政府十分重视在职职工的培训，对在企业内部组织雇员举行职业讲习或技术训练的雇主，政府有适当的补助。此外，还对雇用应退休职工或多雇用高龄、残疾人的雇主给予补助，对在就业难地区，通过开创新事业为当地居民提供就业机会的雇主进行资助。

（3）就业促进政策。帮助失业人员尽快再就业是减轻制度运行压力的重要途径，日本政府十分重视这一点。雇员方面，发放教育培训津贴接受公共职业培训的失业者除领取基本津贴以外，还可领取听课津贴、交通津贴等，如寄宿别处还可领取寄宿津贴，以此鼓励失业者更新、提高职业技能，增强求职实力。另外，对因就业缘故确需迁移外地的求职者，政府还专门提供旅费补助、住房援助。就业困难者失业后若能找到受雇 1 年以上的职业，可领取相当于 30 天津贴额的就业预备金。

---

① 肖京：《日本〈社会保险劳务士法〉及其对中国的启示》，《日本问题研究》2013 年第 3 期。

第二节　中国现代社会保障制度的演变及问题

一、中国现代社会保障制度变迁

中华人民共和国的社会保障制度萌芽于中国的博爱思想，以马克思主义社会保障经济理论思想为基础，在特有的计划经济体制背景下，借鉴苏联模式建立起来。随着市场经济体制的建立与发展，中国社会保障体制也进行了相应的改革。本节主要研究中国现代社会保障制度的发展阶段，社会保障制度体系的主要内容及社会保障的运行机制等。

（一）社会保障制度的发展阶段

依据中国经济发展的轨迹把社会保障制度的发展历程划分为以下几个阶段：

1. 中华人民共和国成立前的社会保障（1949 年以前）

民国时期，国民党政府多次提出创办劳工保险，并颁布《暂行工厂通则》，1929 年国民政府颁布《工厂法》，国民政府资源委员会在 1946 年和 1948 年针对职工的医疗、工伤、生育、死亡等项目做出了相应的规定，1948 年国民政府公布了关于退休养老待遇的相关规定，但由于当时战乱政局不稳，这些规定并没有真正地实施。

土地革命时期，中国共产党陆续颁布了《中华苏维埃共和国劳动法》《"二七"土地法》《中国工农红军优待条例》等一系列的社会保障法规。这一时期的社会保障主要由社会优抚、社会救助和社会福利、社会保险构成。社会优抚主要针对红军和工人，社会救助体现在日常生活、教育、灾害等方面，社会福利包括节假日和住房福利等，社会保险在这一时期得到了高度重视。1928 年，中国共产党在第六次全国代表大会上提出："实行八小时工作制，增加工资、失业救济与社会保险等。"[1] 社会保障的实施，进一步巩固了红色政权，推动了中国革命的发展。

1948 年，东北人民政府制定了《东北公营企业战时暂行劳动保险条例》。这

---

[1]　宋士云：《新中国社会保障制度的结构与变迁》，中国社会科学出版社 2011 年版，第 35 页。

是中华人民共和国成立前最完善的劳动保险制度。[①]

2. 中华人民共和国成立初期的社会保障（1949~1956 年）

中国的社会保障制度是在 1949 年中华人民共和国成立之后逐步发展起来的。计划经济改革前，中国社会保障仍处于传统发展时期。这一阶段，是全国企业内部统一社会保障的时期，实行的是国家—单位包管制。这一阶段的社会保障项目主要有[②]：

（1）社会救济。1950 年 7 月，中央人民政府政务院颁布《救济失业工人的暂行办法》，并成立"失业工人就业委员会"，从救济的角度对失业人员进行帮扶。在贫困救济方面，中国政府为城市中的失业人员和无依无靠的孤老残幼发放大量经费和粮食，开展了大规模的城市社会救济工作，把"生产自救"放到了首要位置。国家成立初期的"城市社会救济"和"生产自救"为社会稳定做出了贡献，起到了安全网的作用。

（2）劳动保险。中国政府在劳动保护方面建立了相关的法律法规，如《共同纲领》提出要在企业中逐步推行劳动保险制度。1951 年，政府实施《中华人民共和国劳动保险条例》，对职工生、老、病、死、伤、残的生活待遇、医疗待遇和集体事业做了详细的规定。劳动保险制度由养老保险、医疗保险、工伤保险和生育保险构成，单位缴费标准为工资总额的 3%，个人不缴费，劳动保险由工会负责管理。这一制度的实施提高了职工劳动的积极性，推动了生产的发展。

1953 年，《中华人民共和国劳动保险条例实施细则修正案》颁布后，在职职工为 100 人以上的企业开始实行劳保医疗制度。1952 年，针对机关事业单位建立了公费医疗等制度，公费医疗的费用由财政负担，由卫生部和财政部共同管理。

1951 年劳动保险制度实施以后，生育与工伤保险制度也逐步建立。生育保险包括健康医疗、产假、生育津贴和生育一次性补贴。1953 年，中国政府对生育保险中的多胎生育支付进行了明确规定，规定了机关事业单位职工的生育保险待遇。

（3）社会福利。在职工福利事业方面，国家也制定了一系列政策法规：1950年制定工人文化宫、俱乐部的组织条例、工作条例和选举条例，1955 年制定《工会法》，1956 年制定《职工生活困难补助办法》等。同时，在企业和机关事

---

① 吕学静：《社会保障国际比较》，首都经济贸易大学出版社 2007 年版，第 13 页。

② 任保平：《中国社会保障模式》，中国社会科学出版社 2001 年版，第 41 页。

业单位中办起职工食堂、浴室，修建职工住宅，职工生活困难补贴制度、职工探亲制度、职工冬季取暖补贴制度和职工互助储金会制度也建立起来。[①]

这一时期，社会保障制度的实施达到了一部分目标，[②] 但是由于社会保障制度不够完善，同时社会经济状况不断变化，其所达到的效果与开始设定的目标慢慢发生了偏离。

3. 计划经济体制时期的社会保障（1957～1983 年）

这一时期的社会保障制度又可以划分为三个阶段：1957～1968 年是全国城镇统一社会保障制度的形成时期，1969～1977 年是社会保障制度的倒退时期，1978～1983 年是社会保障制度的调整时期。这一时期的社会保障制度主要包括社会救助制度、劳动保险制度和社会福利制度。

（1）社会救助制度。该阶段的社会救济对象主要是老、弱、病、残、幼等弱势群体及精简职工。中国农村实现合作化后，依靠集体经济来解决五保供养，形成五保供养制度。[③] 1962 年，各地民政部门根据国务院颁布的《关于精简退职老职工生活困难救济问题的通知》和《精简职工安置办法的若干规定》，对精简退职人员进行救助，此项工作成为当时救助的主要内容。

（2）劳动保险制度。

1）养老保险制度。这一时期形成了包含退休条件和养老金支付标准的统一的城镇社会保障制度。受"文化大革命"的影响，1969 年中国社会保障制度进入倒退时期。"文化大革命"后，劳保医疗保险社会统筹机制被废除，转变成企业自己负担。1978 年以后，随着改革开放的深入，养老保险不断进行调整，建立了有中国特色的离退休职工的休养制度。改革开放前中国还没有建立农村居民社会养老保险制度。

2）传统医疗保障制度。这一时期，医疗保障制度包括城镇基本医疗保险和农村合作医疗两个部分。

城镇基本医疗保险由劳保医疗和公费医疗构成。1957 年，国家对职工和国家机关事业单位工作人员劳动保险中的退休、退职制度进行了调整，改进了医疗保险制度，对相关人员患病期间的医药费、伙食费、挂号费、检查费、治疗费等

---

① 任保平：《中国社会保障模式》，中国社会科学出版社 2001 年版，第 41-42 页。

② 钟洪亮：《中国社会保障制度变迁中的政府责任：1949—2009》，《北京科技大学学报》2011 年第 1 期，第 137-161 页。

③ 任保平：《中国社会保障模式》，中国社会科学出版社 2001 年版，第 43 页。

做了具体的规定。①

1958 年前后，中国开始在农村加强建立合作医疗制度。1979 年，《农村合作医疗章程》对农村实行合作医疗制度提出了新的规定。随着改革开放的发展，农村合作医疗制度的医疗保险保障程度低、覆盖面窄等问题日益突出。

3）工伤保险制度。1957 年，政府颁布《职业病范围和职业病患者处理办法的规定》，首次将十四种比较严重的职业病纳入工伤保险范围，进一步拓宽了工伤保险的范围。"大跃进"和"文化大革命"时期，工伤保险陷入混乱局面。

（3）社会福利制度。中国传统社会福利制度主要由民政社会福利、单位职工社会福利和公共社会福利构成。在这一时期，福利生产成为发展社会福利事业的主要形式。1958 年底，内务部、内政部、财政部和中国人民银行联合下发了《关于城市烈军属、军属和贫民生产单位税收减免和贷款辅助问题的联合通知》等文件，促进了中国社会福利生产的发展。

（4）小结。在计划经济时期，中国的社会保障采用国家—单位统包模式，社会保障覆盖面比较窄，主要集中在国有企业职工及机关事业单位的工作人员，且社会保障项目较少，保障水平较低。中国农村社会保障发展缓慢，只建立了农村合作医疗、劳动保险制度与五保供养等社会救济制度。计划经济体制下，社会保障制度有损公平性与效率性，随着经济体制的变革，原有的社会保障制度的缺陷日益明显，但总体上看，社会保障制度对社会经济的发展发挥了积极的作用。

4. 市场经济转轨过程中的社会保障（1984~2006 年）

随着改革开放的发展及人口结构的变化，社会保障制度也进行了相应的改革。城市社会保险改革主要涉及养老保险、医疗保险、失业保险制度，农村社会保障改革主要涉及农村合作医疗及农村养老保险制度。

（1）社会保险制度的完善与改革。

1）养老保险改革。1984 年，中国开始城镇职工基本养老保险改革。随着国有企业改革的深入推进，部分地区进行了国企职工养老保险改革的试点工作，由国企负担的保险模式向三方共付的社会保险模式转变。1986 年，国有企业开始为编制外的职工缴纳养老保险，实行社会化管理。经过几年的试运行之后，1991年政府实行了"社会统筹与个人账户相结合"的养老保险模式，并建立了基本养老保险、企业补充保险和个人储蓄性养老保险相结合的多层次的养老保障体

---

① 王春娟：《20 世纪 50 年代以来中国社会保障制度变迁研究》，西北大学硕士学位论文，2005 年。

系，养老保险资金由国家、企业和个人三方共负担。① 2006 年，个人账户本人缴费标准为 8%，单位缴费不再划入个人账户。②

由于农村人口老龄化严重，农村社会养老保险的建立也势在必行。1986 年，农村地区开始建立农村社会养老保险制度，筹资方式为集体经济补助和农民自己缴纳。1990 年，农村养老保险由民政部负责管理。1991 年，国家进行农村养老保险制度的试点改革，并于同年颁布了《县级农村养老保险基本方案（试行）》。1998 年，农村社会养老保险由劳动和社会保障部农村社会保险司负责管理。1999 年 7 月，国务院指出"中国尚不具备全面建设农村保险制度的条件"，此后农村养老保险被暂停，处于名存实亡的状态。2002 年，农村社会养老保险进入新的发展阶段，党的十六大提出：农村社会养老保险要按照自我缴费为主、集体缴费为辅以及政府补助三结合的原则，在有条件的地区探索建立农村养老保险制度。2006 年，针对农民工社会保障问题，国务院出台了《关于解决农民工问题的若干意见》。至此，农民由家庭承担养老的模式彻底被打破。

2）医疗保险改革。1986 年，国企实行大病医疗费用社会统筹，不仅减轻了单位医疗费用负担，而且减少了国家财政支出和医药浪费。1989 年 3 月，国务院决定在吉林省四平市、辽宁省丹东市、湖北省黄石市、湖南省株洲市进行城镇职工基本医疗保险改革试点，目的是控制医疗费用的合理增长。1994 年 4 月，国家在江苏省镇江市、江西省九江市等地区推行城镇职工基本医疗保险筹资模式改革试点工作，把计划经济本制的产物公费医疗、劳保医疗向统账结合转变，之后该医疗筹资模式试点工作逐步扩大到全国。1998 年，国家出台政策规定了城镇职工基本医疗保险的筹资模式和缴费比例，资金来源于用人单位和职工，用人单位缴纳的费用占职工工资总额的 6%，职工缴纳本人工资的 2%，用人单位缴费的30%划入个人账户。2000 年底，除西藏外，中国大部分地区开始正式实施个人账户和社会统筹相结合的城镇职工医疗保险制度。③

1994 年，中国政府各部门在全国 27 个省推行了"中国农村合作医疗制度改革"试点工作。1997 年，农村合作医疗保险制度得到了一定的发展。2003 年 1 月，《关于建立新型农村合作医疗制度意见的通知》发布，各省逐步推行新型农村合作医疗试点工作，中央财政每年为每位参保的村民补助 10 元。2004 年，国

---

① 董才生、陈静：《城镇企业职工社会养老保险"统账结合"模式的困境分析》，《珠江论丛》2014年第 3 期，第 30-31 页。

②③ 韩克庆：《中国社会保障制度的改革与发展》，《新视野》2013 年第 4 期，第 79 页。

务院转发《关于进一步做好新型农村合作医疗试点工作的指导意见》，从资金筹集方式、缴费标准及比例、监督管理等十六个方面进行具体指导。

3）工伤与生育保险。1994 年 7 月国务院颁布的《中华人民共和国劳动法》中的第 73 条，1996 年劳动部颁布的《企业职工工伤保险试行办法》，2003 年颁布的《工伤保险条例》是中国工伤保险建立与发展的主要依据。1994 年劳动部颁布的《企业职工生育保险试行办法》，1998 年国务院颁布的《女职工劳动保护规定》及《关于女职工生育待遇若干问题的通知》等是中国生育保险实施的主要政策依据。

4）失业保险。这一时期，政府意识到商品经济发展过程中失业是不可避免的，所以开始设想建立失业保险制度，并对失业保险的享受条件、失业津贴标准和享受期限、失业保险基金等进行了规划。1986 年发布的《国营企业职工待业保险暂行规定》标志着失业保险制度的建立，1993 年出台的《国有企业职工待业保险规定》和 1998 年颁布的《失业保险条例》则进一步规范了失业保险的发展。

（2）社会救助制度的发展。城市居民最低生活保障制度，是国家为了解决城市居民生活困难而建立的一种社会救助制度，是社会保障体系中最后一道安全网。国家于 1993 年在上海推行最低生活保障制度的试点，并于 1997 年在全国进行推广。1999 年 9 月 28 日，政府发布《城市居民最低生活保障条例》，标志着这一制度正式确立，条例规定了享受低保的条件、保障标准、办理程序、发放金额及检查与监督等各项制度。

1995 年，中国建立农村五保供养制度，五保供养的资金主要从集体经营收入和集体企业利润中扣除。2004 年，民政部、财政部、国家发展和改革委员会联合下发《关于进一步做好农村五保供养的通知》，进一步规范了五保供养工作的管理。

1996 年，政府在山东省烟台市、河北省平泉市等地开展了农村居民最低生活保障制度试点工作。同年底，民政部印发《关于加快农村社会保障体系建设的意见》，要求各地根据实际情况建立农村居民最低生活保障制度。

2002 年，国务院提出要对农村贫困家庭实行医疗救助，救助对象为农村五保户和贫困农民家庭。2003 年下发的《关于实施农村医疗救助意见》提出，要在 2005 年之前建立全国的农村医疗救助制度。

（3）社会福利制度的完善。1986 年，"七五"计划的实施标志着中国社会福利事业的发展进入新的时期。全民社会福利事业成为国家发展的主要目标，民政部管理的各级社会福利院开始向社会开放，社区养老院迅速增加。1993 年，民政部颁发《关于加快发展社区服务业的意见》，把社区服务福利引向规范化的发展道路。市场经济时期，城镇居民住房开始运行出售，并逐步开展公有住房的出售。1998 年，国家全面停止福利分房，建立了商品房市场。20 世纪 90 年代，国有企事业单位职工福利开始推向社会。2002 年，国务院颁发《关于促进国有企业分离办社会职能工作意见》，进一步推进了企业分离办社会。

（4）小结。市场经济转轨时期，中国建立了多层次的社会保障体系，经过一系列改革及试点工作，积累了丰富经验。首先，社会保障制度改革应从实际出发，要符合一个发展中国家的实际；其次，受人口老龄化的影响，建立个人账户管理制度是解决财政问题的一条出路；最后，社会保障制度改革要顺应其他社会经济的配套改革。

5. 社会主义市场经济完善时期的社会保障（2007 年至今）

（1）养老保险新动向。

1）机关事业单位养老保险改革。2015 年以前，中国实行养老保险"双轨制"，引起了资源分配不均等一系列问题。为了建立更加公平、可持续的养老保险制度，国务院决定改革机关事业单位工作人员养老保险制度。2015 年 1 月，《国务院关于机关事业单位工作人员养老保险制度改革的决定》（国发〔2015〕2号）发布，适用于公务员法管理的单位，参照公务员法管理的机关（单位）、事业单位及其编制内的工作人员。自 2014 年 10 月 1 日起，机关事业单位实行社会统筹与个人账户相结合的基本养老保险制度，改革基本养老金计发办法，按照老人老办法、中人中办法、新人新办法执行，并建立职业年金制度。2015 年 4 月，《国务院办公厅关于印发机关事业单位职业年金办法的通知》（国办发〔2015〕18 号）发布，使职业年金逐步实行社会化管理服务。①

2）退役军人与机关事业单位养老保险衔接。为了做好安置到机关事业单位工作的退役军人基本养老保险和职业年金转移接续工作，人力资源和社会保障部、财政部等部门联合发布了《关于军人退役基本养老保险关系转移接续有关问题的通知》（后财〔2015〕1726 号）和《关于军人职业年金转移接续有关问题的通知》（后财〔2015〕1727 号），对 2014 年 10 月 1 日以后退役军人职业年金

---

① 资料来源于《国务院关于机关事业单位工作人员养老保险制度改革的决定》：http：//www.gov.cn/zhengce/content/2015-01/14/content_9394.htm。

的转移手续做了详细规定。这些规定实现了军地保障政策的顺畅衔接，维护了军人的养老保险权益。

3）城乡居民养老保险一体化。2014 年 2 月 24 日，人力资源和社会保障部下发了《城乡养老保险制度衔接暂行办法》，明确了城乡衔接的指导思想、任务目标、参保范围、基金筹集、个人账户建立、养老保险待遇及调整、养老保险待遇领取条件、转移接续与制度衔接、基金管理和运营、基金监督、经办管理服务与信息化建设、加强组织领导和政策宣传十二项内容，2014 年 7 月 1 日起正式实施。① 它使全体公民更加公平地享有基本养老保障的权利。

4）社会保障基金投资运营。建立全国社会保障基金，是为了应对人口老龄化高峰时期养老保险项目的支出。时任国务院总理李克强签署国务院令，公布《全国社会保障基金条例》，2016 年 5 月 1 日起实施。②

养老基金是一个蓄水池，这个蓄水池决定了人民群众的"养命钱"。随着城乡一体化进程的加快，社会保障覆盖范围越来越广，全国社会保障养老基金的积累额不断增加。养老基金主要用于银行存款和购买国债，但这种方式不能保值增值。2015 年 8 月，国务院印发《基本养老保险基金投资管理办法》，规定养老基金可以进行市场化投资运作，用委托的方式让全国养老基金管理机构代为投资，但"养老基金投资必须以安全为第一原则"。

（2）医疗保险新政策。2007 年，中国建立城镇居民医疗保险制度，个体工商户、学生、老年人、无业人员等都可以参加该保险。2009 年 3 月，国务院发布《关于深化医药卫生体制改革的意见》（称为新医改），确立了医疗保障改革的指导思想和基本原则。2016 年 1 月 3 日，国务院提出建立统一的城乡居民基本医疗保险制度，把城镇居民基本医疗保险和新型农村合作医疗两项制度整合在一起。③ 2018 年最新修订的《中华人民共和国老年人权益保障法》第三章第二十九条规定，有关部门制定医疗保险办法应当对老年人给予照顾。

（3）失业保险新要求。2013 年失业保险工作要求认真学习贯彻党的十八大精神，转变失业保险的保障机制，建立有效的失业保险预防机制，不断修订失业

---

① 参见《两部门通知印发〈城乡养老保险制度衔接暂行办法〉》：http：//www.gov.cn/xinwen/2014-06/13/content_2700118.htm。

② 参见《全国社会保障基金条例》：http：//www.mohrss.gov.cn/SYrlzyhshbzb/zcfg/flfg/xzfg/201604/t20160428_239052.html。

③ 出自《国务院关于整合城乡居民基本医疗保险制度的意见》。

保险条例，扩大覆盖范围，提高征缴比例，加强专项基金管理，做好淘汰落后产能和兼并重组企业职工安置工作。加强失业保险信息化进程等基础管理建设，切实保障失业人员基本生活，推动失业保险事业新发展。[1] 2015 年 3 月 1 日起，失业保险费率降至 2%，单位和个人的缴费比例由各地方人民政府确定。全国各地标准不一为后期社会保障的有效转移和衔接设置了障碍，所以全国或各省应当统一单位和职工缴费率。[2]

（二）现行社会保障制度体系

现行的中国社会保障制度体系包括：社会保险、社会救助、社会福利、社会优抚等内容（见图 8-1）。

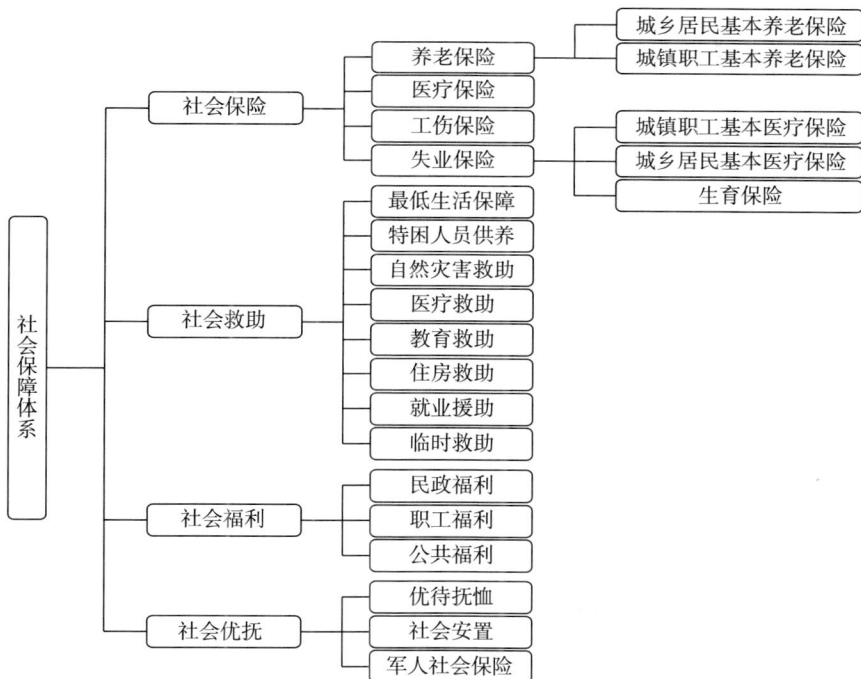

图 8-1 中国社会保障体系结构

注：其中的社会救助体系依据 2014 年 5 月 1 日起施行的《社会救助暂行办法》进行划分。

---

[1] 参见《关于印发〈2013 年失业保险工作要点〉的函》：http://blog.sina.com.cn/s/blog_764409a10101abnq.html。

[2] 桂桢：《适应经济社会发展〈失业保险条例〉修订在即》，《中国人力资源社会保障》2016 年第 6 期，第 9-10 页。

社会保险制度包括养老保险、医疗保险、失业保险和工伤保险。社会养老保险主要包括城乡居民基本养老保险、城镇职工基本养老保险。医疗保险包括城镇职工基本医疗保险、城乡居民基本医疗保险和生育保险。

社会救助体系由经常性救助、专项救助与临时救助三部分组成，以经常性救助为主，专项救助与临时救助加以补充。经常性救助包括城乡最低生活保障和特困人员供养（农村五保户供养及城市特定人群供养），具有长期性、固定性。专项救助包括自然灾害、住房、教育、医疗救助，就业援助等，具有多样性。临时救助包括重大变故家庭救助、流浪乞讨人员救助、基本生活救助和疾病应急救助等。其中，最低生活保障是社会救助体系的核心，是目前系统较为完善、执行效果较好的社会救助制度。

社会福利包括民政福利、职工福利和公共福利。民政福利包括社会福利设施、社会福利企业、社区服务、收容遣送；职工福利包括生活、文化、职工补贴等；公共福利包括教育、卫生、住房福利，价格补贴等。

社会优抚包括优待抚恤、社会安置和军人社会保险。其中，社会安置包括退役义务兵安置、退役士官安置、转业干部安置及离退休安置，军人社会保险包括军人伤亡保险、军人退役医疗保险和军人配偶随军未就业期间社会保险。

（三）现行社会保障管理机构及职能

1. 社会保障管理机构体系

中华人民共和国成立后，中央人民政府组建内务部（主管民政工作）、劳动部、中华全国总工会、卫生部等部门负责社会保障管理工作。计划经济时期，社会保险工作由劳动人事部门负责管理。市场经济时期，中央政府决定建立统一管理社会保障事务的行政机构。1988 年，政府重新组建了劳动部和人事部。1993 年 10 月，政府成立劳动部社会保险事业管理局，负责监督和管理社会保险经办机构。2004 年 2 月，民政部增设最低生活保障司。2008 年 2 月，劳动和社会保障部与人事部合并为人力资源和社会保障部。下面主要介绍 2008 年统一管理之后的人力资源和社会保障部及民政部、财政部的相关管理岗位及职能（见图 8-2）。

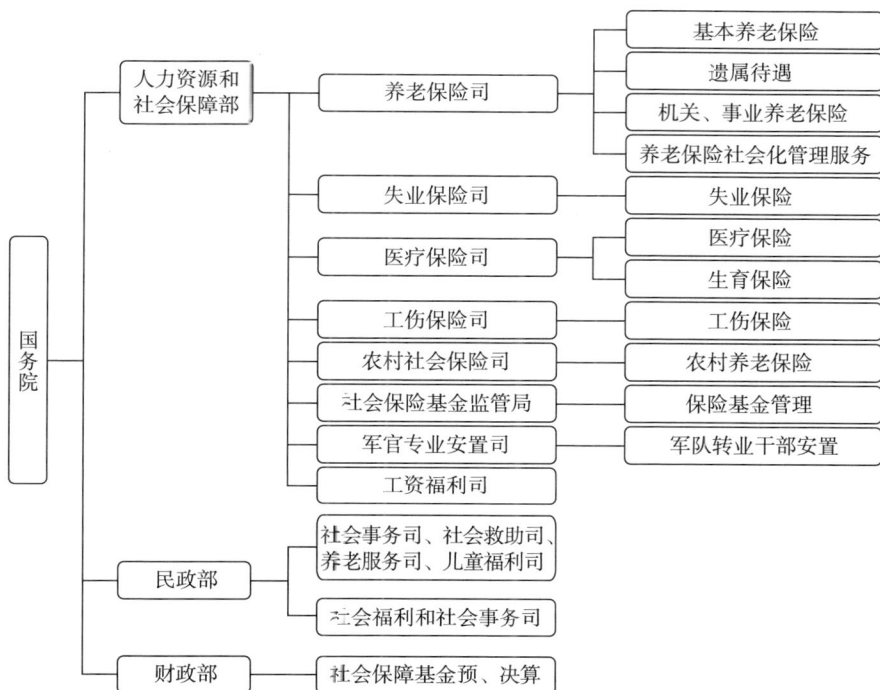

图 8-2　中国社会保障管理体制结构图

（1）人力资源和社会保障部。人力资源和社会保障部设 23 个内部机构[1]：办公厅、政策研究司、法规司、规划财务司、就业促进司、人力资源流动管理司、职业能力建设司、专业技术人员管理司、事业单位人事管理司、农民工工作司、劳动关系司、工资福利司、养老保险司、失业保险司、工伤保险司、农村社会保险司、社会保险基金监管局、劳动保障监察局、国际合作司（港澳台办公室）、人事司、机关党委、离退休干部局、国家表彰奖励办公室、调解仲裁管理司。下面主要介绍与社会保障相关的部门。

1）机关党委。主要负责组织党员干部学习宣传党的路线、方针、政策，制订党员干部政治理论学习计划，指导基层党组织开展宣传思想教育活动及干部职工思想政治工作。负责部党组理论学习中心组学习和党组民主生活会相关服务工

---

① 参见《人力资源和社会保障部主要职责和内设机构》：http://www.mohrss.gov.cn/SYrlzyhshbzb/zwgk/jgzn/bzyzz/。

作。负责机关工会、共青团、妇工委及统战工作。指导有关部属事业单位开展流动党员管理工作。

2）离退休干部局。拟定部机关离退休干部教育、管理、监督、服务的制度规定，指导部直属单位离退休干部工作。负责离退休干部的走访慰问工作，合理解决离退休干部反映的实际问题。编报离退休干部和离退休干部管理机构经费的预、决算，按规定做好经费及资产的管理使用工作。

3）国家表彰奖励办公室。会同有关部门拟定国家表彰奖励制度；根据授权承办以党中央、国务院名义开展的国家级表彰奖励活动；指导、协调和监督各地区各部门表彰奖励工作，承担部级表彰奖励计划和拟表彰奖励对象审批工作，会同有关部门组织实施。

4）调解仲裁管理司。组织制定劳动人事争议调解仲裁工作发展规划及标准并组织实施；统筹制定劳动人事争议调解仲裁政策法规，制定劳动人事争议调解仲裁制度及实施规范；负责全国劳动人事争议调解仲裁组织机构和队伍建设；统筹推进劳动人事争议调解仲裁信息化建设、宣传等基础保障工作。

5）农村社会保险司。主要负责农村居民和被征地农民的社会保障相关政策，制定农村社会保险基金管理办法。

6）社会保险基金监管局。拟定养老保险基金监管制度、运营政策和运营机构资格标准，监督社会保险基金征缴、给付、管理和投资。

（2）民政部。

1）社会事务司。推进社会保障制度改革，参与拟定残疾人集中就业扶持政策，指导婚姻登记机关和残疾人社会福利、殡葬服务、生活无着流浪乞讨人员救助管理机构相关工作，协调省际生活无着流浪乞讨人员救助事务，指导开展家庭暴力受害人临时庇护救助工作。

2）社会救助司。拟定城乡居民最低生活保障、特困人员救助供养、临时救助等社会救助政策和标准，健全城乡社会救助体系，承办中央财政困难群众救助补助资金分配和监管工作。参与拟定医疗、住房、教育、就业、司法等救助相关办法。

建立和实施城乡居民最低生活保障制度，拟定相关配套政策，组织扶贫和互助活动，指导社会各地方社会救济工作的开展，并定期进行监督检查。

3）社会福利和社会事务司。负责制定老年人、残疾人、孤儿和五保户等特殊困难群体有关救济和福利的政策，拟定与社会福利发展、规划、机构管理等相关政策，制定政府对福利单位的资助办法，制定社会福利企业相关政策，负责殡葬工作政策的制定、改革等，制定收养和收容遣送等办法。

2. 社会保险经办机构岗位

不同层级的社会保险经办机构依法所承担的任务不同，设置的岗位也不同。

社会保险经办机构岗位分为：综合服务业务岗位、待遇核定支付岗位、基本养老保险待遇支付岗位、基本医疗保险和生育保险待遇支付岗位、失业保险待遇支付岗位、工伤保险待遇支付岗位、内部管理岗位、监督稽核岗位、机关事业单位养老保险经办岗位、专业技术岗位、社会保险业务档案管理岗位、社会保险业务标准化管理岗位、咨询服务岗位、企业退休人员社会化管理服务岗位、社会保障卡管理岗位、社会保险基金反欺诈岗位。

人力资源和社会保障基层公共服务平台岗位：乡镇（街道）、村（社区）人力资源和社会保障基层公共服务平台主要有公共就业服务岗位、社会保险服务岗位、劳动关系服务岗位、劳动保障监察服务岗位及劳动人事争议仲裁岗位。

负责对单位社保机构进行目标管理；汇总编制统一的社会保险收支计划，开展有关内控和稽核工作；汇总编制、上报有关基金财务、会计、统计报表；完成上级交办的其他工作。

根据管理效率、服务质量、公共责任、公众满意度等方面的判断，对社保机构在管理过程中的投入、产出、最终结果所体现出来的绩效进行评定。简言之，就是通过设置一系列指标体系对社会保障的责任实施效果进行评估。

二、社会保障制度存在的问题

（一）基本社会保障服务不均

虽然 2016 年国家进行了居民基本养老保险和医疗保险的城乡整合，并提出了具体的整合时间和任务目标，但城乡社会保障服务的不均在较长一段时间内仍会存在。城乡收入水平的差距及管理体制的不同，农村社会保障相关法律建设的落后，直接影响了农村社会保障服务。城乡不同社会群体之间以及不同地域之间的保障项目都不尽相同。农村大部分居民仍然没有参加新型养老保险，原有养老保险保障水平过低，根本起不到养老的作用。1993 年上海最先建立了《城市最低生活保障制度》，2000 年城市最低生活保障制度进入规范化阶段。2007 年国务院发布《关于在全国建立农村最低生活保障制度的通知》，相对于城市来说，农村低保制度建立较晚，并且保障水平较低。2015 年，全国城市低保平均每月451.1 元/人，比 2014 年增长 9.5%；月人均补助水平 316.6 元，比 2014 年增长

10.9%。2015 年，全国农村低保平均每月 264.8 元/人，比 2014 年增长 14.4%；月人均补助水平 147.21 元，比 2014 年增长 13.8%。① 城市低保标准近农村低保水平的 2 倍，② 城乡社会保障水平差异较大。同时，农村目前还没有失业、工伤和生育等相关保险，城乡保险项目不均等。

从总体上来说，农村社会保障资金投入少、保障项目不全、覆盖面窄，农村与城市不能同样享有社会经济发展的成果，较大差异的社会保障制度将会阻碍社会保障的改革和完善。

（二）社会保险体系不完善、老年护理保险缺失

老年人口的保障需求与保障水平不匹配的矛盾突出。我国老年人口作为医疗费用支出的主要群体，整体健康状况不容乐观。"带病生存"是老年人的普遍现象，失能、半失能老年人数量众多。同时，贫困老年人、高龄老年人是典型的脆弱群体，与其他保险群体相比，他们所能获得的医疗资源更加有限，因而面临着更高的健康风险和保障需求。然而当前我国基本医疗保险目录内用药、诊疗、服务设施针对的是全体国民，保障的是居民平均医疗需求，并未专门考虑非老年人群与老年人群在医疗卫生服务需求及利用等方面的差异，也不太匹配老年人就医行为、医疗费用分布等特征。"医疗保险"而非健康保障的制度设计也未跟上老龄化发展趋势、疾病谱变化等。种种"不适老"不但会加重政府财政、医疗保险基金和老年人经济负担，而且不利于全民医保制度的可持续发展。作为我国老年健康保障的重要筹资机制，医疗保险必须尽早、全方位考虑人口老龄化风险及其带来的系统性冲击，并进行相应的"适老化"升维，才能更精准对焦、满足老年人健康需求，更好地迎接和应对人口老龄化的挑战。

（三）社会保障法律体系不健全

法律制度的完善，已经成为一个国家文明的标志。2010 年，十一届全国人大常委会第十七次会议通过了《中华人民共和国社会保险法》（简称《社会保险法》），这是中国社会保险法制建设的里程碑，但社会救济、社会福利和军人社会保障方面的立法仍然缺失，社会保障法律体系仍然不完善。

1. 现行法律同制度改革相悖

法律的作用不仅在于惩罚和禁止，还在于褒扬与引导。现行《社会保险法》

---

① 资料来源于《2015 年社会服务发展统计公报》：http：//www.mca.gov.cn/article/gk/tjtb/201607/20160715001158.shtml。

② 李薇、韩俊江：《我国农村最低生活保障制度存在的问题和对策研究》，《劳动保障世界》，2011 年第 3 期，第 37-40 页。

为维护公民参加社会保险和享受社会保险待遇的合法权益，对基本养老保险、基本医疗保险、工伤保险、失业保险、生育保险等社会保险制度做了一系列规范性的安排，在实施的几年中，发挥了其应有的作用。但是，现行《社会保险法》相关规定同当前全面深化社会保险制度改革相悖：社会保险法关于社会保险基金存入财政专户的规定，与当前社会保险基金投资运营的改革取向相悖，也与预算法明确要求减少财政专户、统归国库的宗旨相悖；社会保险法关于进城务工的农村居民、征地农民的社会保险规定与城乡社会保险制度一体化进程相悖；社会保险法关于缴费满15年即可领取养老金的规定，与当前延迟退休年龄的改革取向相悖。

综上所述，现行《社会保险法》同改革取向不一致的条文和规定，事实上构成了深化社会保险制度改革的法律障碍，是社会保障法律体系不健全的重要原因之一。

2. 现行制度滞后于改革发展的现实

现行《社会保险法》基于当时城乡分割的社会保险格局，分别规定了农村养老保险和城镇居民社会养老保险、新型农村合作医疗和城镇居民基本医疗保险。党的十八大明确提出，要整合城乡居民基本养老保险和基本医疗保险制度，党的十八大以后，农村养老保险和城镇居民社会养老保险这两项制度迅速实现了整合，现在已经整合为城乡居民基本养老保险制度。新型农村合作医疗和城镇居民基本医疗保险这两项制度，在许多地方也已经整合为城乡居民基本医疗保险，还没有整合的也将很快实现整合。现行《社会保险法》规定"公务员和参照公务员法管理的工作人员养老保险的办法由国务院规定"，也已经滞后于公务员和参照公务员法管理的工作人员参加养老保险的现实。这些明显滞后于社会保险制度改革发展现实的规定，必须适时修改完善。

现行《社会保险法》的修订，就是既要克服其时代局限，把社会保险制度改革发展的重大政策和举措上升为法律，为社会保险制度改革发展提供坚实的法律保障，又要突出解决其存在的不足和缺陷，从而维护法律的严肃性和权威性。

3. 缺乏国际规范

随着世界经济一体化的发展，企业逐渐走向国际，人才开始进行国与国间的流动，这对社会保险制度国际化提出了要求。但中国现阶段还没有制定有关人才国际化流动的社会保障制度，迎接世界经济变化的社会保障法制建设还不完备。

（四）社会保障资金不足

社会保障领域的工作本质上与公民就业和国家经济形势发展密切相关。目前，国家大多数拥有永久居留权的居民已纳入社会保障体系。第一，税务部门和主管部门正在共同完成社会保障工作，但相关立法未对资金管理做出更加准确的规定，社会保障基金工作不规范；第二，大部分企业经济效益差或社保基金创投意识淡薄，资金支付难度加大；第三，主管财政社会保障筹资的社会保障服务部门未充分开展回收和支付工作，导致基金支付效率低下。

（五）管理机制建设滞后，制度运行效率不高

财政社会保障资金的使用需要各行政部门之间相互协调，但目前，各部门沟通协调能力差，资金管理不力，如人事部门主要负责管理事业单位养老保险，企业部门主要负责企业养老保险管理，因此，社会保障基金管理涉及多个行政单位，社会保障基金管理总体上缺乏科学性和规范性。此外，社会保障工作的实施未建立必要的监督管理机制，如部分地区职工恶意占用社保资金，甚至贪污、滥用社保资金，正是由于缺乏必要的控制机制，导致财政社会保障资金的浪费和利用效率低下。

目前，国家社会保障体系并未完全覆盖所有地区和不同类型的员工。例如，部分偏远地区未能享受国家社会保障，虽然国民经济形势不断改善，各地区经济发展取得明显进展，但经济落后的地区数量较多。例如，许多偏远山区经济发展相对缓慢，在社会保障领域的工作效率低下。大部分农村地区或偏远山区虽已做到基本覆盖，但经过调查和统计发现，仍有部分偏远山区未实现百分百覆盖，因此随着社会保障工作范围不断扩大，全国和全民覆盖社会保障任务依然艰巨。

第三节　中国社会保障制度改革建议

实践证明，市场经济能否长期稳定发展，在一定程度上依赖于能否建立健全的社会保障制度。当前，我国正处于社会转型的关键时期，要实现社会主义社会与社会主义市场经济的协调发展，就需要建立完善的社会保障制度。它能够促进社会主义市场经济的稳定发展，进一步细化关系社会民生的问题，减少人民内部矛盾的产生，从而真正实现社会主义市场经济的协调发展。研究和借鉴其他国家

社会保障的有关经验，尤其是与中国历史文化背景相似的日本的经验，不但可为进一步改革社会保障制度奠定坚实的理论基础，而且可增强社会保障制度的可行性，促进中国社会保障事业的发展。

一、建立低起点、广覆盖、多元一体化的社会保障制度

（一）以适度为原则，设计低起点的社会保障

我国已经建成了保障全面、覆盖城乡的社会保障体系。在社会救助方面，应保尽保基本实现。截至 2020 年底，城市和农村最低生活保障政策分别覆盖 805 万人和 3621 万人，城乡低保标准分别为人月均 677.6 元和人年均 5962.3 元，另外，447 万人享受农村特困人群救助供养，贫困群众生活得到保障。同时，医疗救助、住房救助等也在克服贫困的过程中发挥了巨大的作用。2018 年以来，累计 4.8 亿人次贫困人口享受医保扶贫政策，医疗负担减轻近 3300 亿元，1000 万户因病致贫的群众精准脱贫。在社会保险方面，截至 2020 年底，全国基本养老保险参保人数达到 9.99 亿，基本实现全覆盖；企业退休人员与城乡老年居民月人均养老金分别已经达到 2900 元和 170 元；全国基本医疗保险参保人数达 13.61 亿，参保率稳定在 95% 以上，职工和居民医保政策范围内住院报销比例分别达到 85% 和 70%。在社会优抚方面，截至 2019 年底，全国各类民政服务机构集中养育孤儿 6.4 万人，基本生活保障平均标准为 1611.3 元/人·月；军人抚恤待遇以年均 10% 的幅度持续提高。目前，我国的社会保障体系是世界上规模最大的社会保障体系，在克服贫困、预防风险和建成小康社会方面发挥了巨大作用。

在我国经济进入新常态的大背景下，以降低基本社会保险费率为主要内容的减税降费政策与其他政策有机协同，企业负担持续减轻。据人力资源和社会保障部统计，社保新政仅从 2019 年 5 月执行到 2019 年 9 月底已减费 2199 亿元，为增强经济发展动力，推进供给侧结构性改革做出了积极贡献。同时，基本社会保险费率降低，为商业养老保险、养老服务、长期护理、健康保险等赢来更大发展空间。在我国"站起来""富起来""强起来"过程中，多层次社会保障政策的内涵已从兜底保障向调节财富分配格局、提升人力资本、稳定社会预期等领域拓展，成为宏观调控的重要政策工具，多层次社会保障体系建设也成为吸引社会投资、解决就业的重要途径，直接为经济发展做出了贡献。

（二）以公平为原则，扩大社会保障的覆盖范围

公平性：政府责任更清晰的定位与划分——"托底"。在社会保障制度体系中政府必须无差别提供的部分是一定阶段和一定经济发展水平下的共同境况，对一些群体在境况比较困难时应提供帮助，如优先满足弱势群体和中低收入群体的基本生活需要。这部分是"无差别的公平"，社会保障待遇应按照一定的标准公平给付。而"非基础"的部分是超越底线的需求，可以引入市场机制，不同需求层次的社会成员可以根据自身经济条件，差异化地选择社会保障服务。政府除做好制度安排外，应从法律、服务等各方面给予保障。按照"底线公平"的理论，社会保障支出水平的"底线"与社会成员的"基础性需求水平"（生存需求、发展需求、健康需求等）有很大的关系，二者是正相关的。同时，社会成员的基础性需求在一定的经济社会发展水平下是相对稳定的，不必担忧这种需求的稳步提高会给经济发展造成负担。在多层次一体化的社会保障体系中，建立政府、企业、个人（家庭）、市场几大主体之间的合理分担机制，处于底层的是低收入的弱势群体，是政府优先保护的对象，目标是消除贫困。例如，我国扶贫开发政策中实施的"两不愁三保障"。

（三）以需要为原则，建立多元化的社会保障体系

以需要为原则：社会资源是有限的，社会成员拥有的社会资源是有差别的，利用有限的资源进行社会实践的能力也是有限的。因此，需要通过一系列的社会规则补偿没有或较少占有社会资源的社会成员，帮助其公平地参与社会实践。马克思还将人的自由发展作为衡量社会发展、评价社会制度的依据，将个人的自由与社会的解放统一起来。在其经典著作中提出要尊重人的尊严和价值；关心人的物质利益和精神生活，尤其是对于那些在社会竞争中处于弱势地位的弱势成员；关注丧失劳动能力的人，保障他们的生活。从马克思关于按劳分配以及按劳分配存在着事实上的不平等容易造成贫富差距的论述，可以看出社会保障制度对于实现社会公平的重要意义。社会保障制度最终目标是实现人的全面发展，而"底线公平"恰好保障了绝大多数人实现全面发展的基本条件。建设社会主义和谐社会，共同富裕是社会主义的终极目标，我国社会保障制度在发展改革过程中应努力做到全面覆盖，缩小城乡差距，缩小乃至消除不同群体的社会保障待遇差距，保障弱势群体的基本社会权利得以实现。补偿有需要者，才能真正实现全体人民共同富裕。

（四）以人为本原则，建立一体化的社会保障制度

以人为本：党的十八大以来，以习近平同志为核心的党中央提出以人民为中

心的发展思想，反映了坚持人民主体地位的内在要求，彰显了人民至上的价值取向，确立了贯彻新发展理念必须坚持的基本原则。在加快推动中国特色社会主义制度更加成熟定型、推进国家治理体系和治理能力现代化过程中，一个重要内容即为引导人民群众树立国家治理主体意识。从政治视角看，人民是国家的主人，必须始终把群众路线贯穿于国家治理全过程，使社会保障制度改革始终为人民服务。从经济视角看，人民是推动经济增长和高质量发展的决定性力量，必须把以人民为中心贯穿于经济发展全过程，实现民生进步和经济发展协调增长。2014年以来，政府着重完善农村与城市社会保障一体化的建设。2014年《国务院关于建立统一的城乡居民基本养老保险制度的意见》对城乡居民参保、缴费、转移及享受待遇的条件做了规定。① 2015年，《国务院关于机关事业单位工作人员养老保险制度改革的决定》对企业城镇职工养老保险与公务员事业单位的养老保险进行了衔接并轨，建立了更加公平、可持续的养老保险制度。② 2016年，国务院又进行城乡居民基本医疗保险制度的整合，统一了城镇居民医疗保险和新型农村合作医疗两个制度，对城乡居民公平享有基本医疗保险权益、促进城乡经济社会协调发展、创建和谐社会有一定的促进作用。③ 笔者认为，在这样的契机下应该建立一体化的社会保障管理体制，制定统一的社会保障法律法规，改变农村社会保障管理机构割据的局面，由国家社会保障机构进行统一的监督管理，为后续进一步完善社会保险关系的转移、衔接政策做制度及法律上的准备。同时，探索有效的、可流动性的社会保险制度，进一步完善社会保险关系转移、衔接的具体实施政策，实现农村与城市、省与省、不同部门之间的衔接。

二、构建多元化的资金筹集渠道

（一）完善制度建设

社会保险是社会保障融资体系中唯一采用三方缴费格局的制度，为平衡不同险种中不同缴费群体的缴费责任，应统一社会保险的融资制度。以养老保险为例，由于城乡居民养老保险的融资渠道基本实现统一，建议进一步规整个人缴费

---

① 中华人民共和国人力资源和社会保障部：http：//www.mohrss.gov.cn/SYrlzyhshbzb/shehuibaozhang/zcwj/yanglao/201402/t20140228_125006.htm。

② 参见《国务院关于机关事业单位工作人员养老保险制度改革的决定》：http：//www.gov.cn/zhengce/content/2015-01/14/content_9394.htm。

③ 参见《国务院关于整合城乡居民基本医疗保险制度的意见》：http：//www.mohrss.gov.cn/SYrlzyhshbzb/shehuibaozhang/zcwj/yiliao/201601/t20160112_231624.html。

责任，将农村居民缴费档次调整为每人每年 100 元至 1000 元十个档次，进一步实现与城镇居民的统一。一方面，我国农村发展迅速，以家庭赡养为主要社会保障形式的农村居民收入水平逐步提升；另一方面，此次调整只涉及上调最高缴费档次，并不影响农村居民继续选择较低的缴费档次，但同时为有条件的农村居民提供高水平的缴费空间。对于城镇职工和公职人员的养老保险应尽快实现统一化，即公职人员需负担个人缴费义务，由所在机关进行代扣代缴，纳入个人账户；对于企业缴纳部分，可以采用财政预算形式拨入各级政府机关，并按照城镇职工养老保险中企业缴费率缴纳，存入养老保险统筹基金。同时，由于医疗保险、生育保险存在一定程度的交叉，且未参加生育保险的公民所需生育费用可以从医疗保险基金中支取，所以，可以考虑将两个险种合并处理，统称为医疗保险。

同时，社会保险的缴费基数应尽快统一，统一的缴费基数将有利于简化企业在缴纳社会保险过程中的计算步骤和操作步骤，将有利于社会保险征收的顺利开展。个人缴费部分仍采用个人工资总额，企业缴费部分建议按照本企业缴费人员的缴费基数总和确定。在个人工资总额确定的过程中，仍保持最低限额的规定，但可适时取消最高限额的规定，当企业和个人达成一致时，可以根据实际工资标准缴纳社会保险费，一方面有助于增加社会保障资金，另一方面有助于强化公民的保险意识。

（二）融资渠道管理整合

社会保障融资渠道的管理整合包括两个方面，一个是社会保障科目的整合，另一个是社会保障管理部门的整合。本文所指的整合，是指将相同或相似的内容，进行重新归类，将其归纳或合并处理。在社会保障科目整合中，是指将涉及相同或相近的保障内容或保障群体进行重新分类调整，避免由于重复覆盖导致的资源浪费或是空白地带导致的社会保障缺位。在社会保障管理部门整合中，是指梳理社会保障在融资过程中行使社会保障职责的部门，通过明确职责划分等方式，避免管理中出现多部门管理的标准不统一、管理不规范、保障不公平的现象。

在整合中，需要明确两点：在社会保障科目整合中，不仅是社会保险的五个险种进行整合或是将五险合一，而是将社会保障所有科目作为一个整体进行整合，将涉及跨越社会保险、社会救助、社会福利的大项目进行合并分类，或是将其中一个小项如生活救助进行拆分。在社会保障管理部门整合中，并非将所有社会保障管理部门合并或单设一个独立的保障部门进行管理，而是在合理分配资源的基础上划分部门责任，适当地合并或设立管理部门。

（三）完善现有融资渠道

社会保障融资中主要包括政府财政资金拨款、个人和企业的社会保险缴费，以及社会保障资金的增值额。完善政府财政资金的途径，是提高资金使用效率，在明确政府资金投入要点和次要点的基础上，明确支出责任、精简行政开支并加强绩效评价。完善个人和企业的社会保险缴费方式，是落实缴费人数、核实缴费基数，并简化社会保险缴费的计算方法。完善社会保障资金保值增值机制的对策，是适当引入竞争机制，采用公开招标的方式，委托专业机构进行社会保障资金的投资管理。

（四）开征社会保障税

时机成熟之时，可以考虑开征社会保障税，这是筹集社会保障资金的重要渠道。1889 年，德国首先推出了社会保障税。随后，英国在 1908 年、法国在 1910 年、瑞典在 1913 年、意大利在 1919 年分别建立了类似于社会保障税性质的费或基金。1935 年，美国开征社会保障税。[①] 2014 年 4 月，日本政府正式实施《社会保障和税一揽子改革方案》。从各国实践来看，社会保障税不但为社会保障提供了可靠稳定的资金来源，而且具有可操作性。中国可以借鉴其他国家征收社会保障税的模式和经验，根据本国国情构建社会保障的税制结构，确定更加合理的社会保障税率，明确税目和使用方向，规范社会保障税的征收与管理，筹集社会保障资金，保证社会保障可持续发展。

三、构筑专业化与规范化的社会保障服务机制

（一）大力提高建立专业化服务机构的专业化服务水平

社会保障的经办机构包括：社会保险的经办机构以及社会救助、社会福利、军人社会保障相关经办机构。目前，我国社会保障经办机构设置还不够完善，专业化程度较低，应该加强社会保障经办机构的合理设置，提高服务水平。相应的社会保障经办机构应设立咨询服务平台，接受群众的咨询，介绍各业务经办流程、宣传国家社会保障相关政策，受理举报投诉并向举报人反馈处理意见。为了给群众提供方便、快捷、高效、安全的信息服务，可以设立相应的经办服务大厅

---

① 李明：《社会保障与社会保障税》，中国税务出版社 2008 年版，第 178 页。

咨询服务岗位、窗口咨询服务岗位、电话咨询服务岗位、互联网咨询服务岗位、微信短信等服务咨询岗位，加强这些岗位员工的业务培训，提高社会保障相关岗位的服务水平和质量。[①]

（二）建立社会保障工作者机制

中国目前的社会保障服务不够专业化与规范化。从日本的实践经验来看，其依据《社会保险劳务士法》及《社会福利士及护理福利士法》构建的社会保障工作者机制很好地解决了这一问题。社会保障工作者在这里指的是从事社会保险、社会救济、社会福利等的社会工作者。日本多年的实践可以证明，建立社会保障工作者制度是社会保障服务专业化的客观需要，这就需要在对社会保障工作者准确定位的前提下，完善相应资格考试制度，建立社会保险工作者制度。一要合理确定人员编制。坚决纠正原先机构改革时"简单加减"定编的错误做法，坚定实行以职能和工作量为依据的定编办法，并做到编制人员都到位。二要科学配置机构人员。乡镇人社工作政策性、业务性、操作性强，所配人员必须会操作电脑、爱学习钻研、能敬业能吃苦，坚决防止将"老弱病残"人员安置到人社机构。三要加强工作技能培训。人社机构不可能对应县（市）人社部门设立若干科室，只有一人多"职"必须一人多"能"，才能有效应对各项人社工作。人社机构人员除应加强专业技能的自学外，其余部门应高度重视人员的业务培训。四要强化考聘人员管理。对公开考聘到乡镇人社机构的人员，应强化"服务期"管理，强化事业心、社会责任感和政治思想教育，防止考聘人员频繁流动给人社工作造成不利影响。

四、完善社会保障法律体系

在广泛征求意见的基础上，2010 年 10 月我国通过了《中华人民共和国社会保险法》，标志着中国的社会保险法制建设开始步入正轨。但这仅仅是个开始，我国的社会保障法制建设仍然任重而道远。我们要学习和借鉴外国特别是日本社会保障立法方面的成功经验，在社会保险法的基础上，为社会保障的各个项目单独立法，尽快使我国的社会保障有法可依、有法必依、执法必严、违法必究。

德国 1883 年颁布《疾病社会保险法》也叫《社会保险法》，1884 年制定《工伤事故保险法》，1889 年颁布《老年和残疾社会保险法》。美国 1935 年颁布

---

① 邵芬：《我国社会保障的理论与实践》，《云南大学学报》2005 年第 1 期，第 105-111 页。

《社会保障法案》。各国的社会保障法律都在社会保障制度建立之前出台，日本社会保障项目的建立也以相应的法律为基础。中华人民共和国成立以后，也相继颁布了一些社会保障方面的法律、法规和条例。1950 年 6 月公布施行《工会法》，1950 年 7 月颁布《救济失业工人的暂行办法》，1951 年颁布了《中华人民共和国劳动保险条例》，1953 年颁布《中华人民共和国劳动保险条例实施细则修正案》，1956 年制定《职工生活困难补助办法》，1962 年发布《关于精简退职老职工生活困难救济问题的通知》和《精简职工安置办法的若干规定》，1979 年出台《农村合作医疗章程》等。目前，虽然《中华人民共和国社会保险法》已经正式实施，但社会保障相关法律仍需要进一步健全和完善，还需加快社会保障立法的脚步，以确保中国特色社会保障制度的顺利实施。

（一）构建完整法律体系

西方发达国家百年来的社会保障实践经验证明，社会保障立法是保证社会保障制度健康、持续运行的重要手段，社会保障制度的实施需要与相关法律相配合。

首先，应建立有关社会保障行政管理、经办机构管理、监督机制管理、财务管理的法律，完善社会保障给付法律、社会保障基金法及社会保障争议法等。目前，我国仅通过了《中华人民共和国社会保险法》，与社会救助、社会福利相关的法律还有待进一步完善。

其次，加强社会保障法与其他法律的有效衔接，加强对社会保险基金的监督，避免挪用公款现象的发生。

社会保障法制体系得以较好运用的主要原因，在于具有比较完整的规范体系和中国特色的实施路径。目前，社会保障基本国策及其制度已经从一个象征性的制度安排，演变成现代国家治理不可或缺的基础性国策和制度体系，在维护社会公平正义、抵御社会风险、促进社会团结、保障社会秩序等方面发挥着越来越重要的调节作用。但也应当看到，在"基本国策指引"—"基本权利支撑"—"执政党强力实施"这一路径中，执政党的强力实施仍然是我国基本国策实施的关键所在，呈现出较高的政治性特征。立足未来，应当通过基本权利体系的构建，不断拓展和完善社会保障基本国策的权利规范体系，为社会保障基本国策的法制化实施提供更好的规范支撑。

（二）社会保障立法的思想基础

社会保障成为中国共产党历次党代会报告的重点内容。2002 年党的十六大报告提出"深化分配制度改革，健全社会保障体系"，为保证社会稳定和国家长治久安，需建立健全同经济发展水平相适应的社会保障体系。2004 年党的十六届四中全会提出，要"健全社会保险、社会救助、社会福利和慈善事业相衔接的社会保障体系"。2006 年党的十六届六中全会提出构建社会主义和谐社会，到 2020 年的目标是建立覆盖城乡居民的社会保障体系。党的十七大报告提出实现全面建设小康社会奋斗目标的新要求，2020 年实现全面建成小康社会，社会保障体系要基本覆盖全部城乡居民，使得人人享有基本生活保障。党的十八大报告提出了"五位一体"总体布局，强调了社会建设的重点是保障和改善民生。报告在"在改善民生和创新管理中加强社会建设"部分，使用大量篇幅阐述社会保障建设问题，为社会保障体系建设指明了新的目标和发展方向，即公平、整合、深入、全面发展，且首次提出"发挥社会保障调节分配的作用"。

五、推进社会保障制度与相关政策的有机结合

任何一种制度都不可能是独立存在的，社会保障制度与经济制度、公共管理制度等有着紧密的联系，所以社会保障制度必须与其他政策紧密配合，才能实现制度与制度的良性互动。笔者的实证研究发现，社会保障与经济增长、收入分配、劳动力市场、资本市场等因素存在相互影响的关系。社会保障制度的建设与完善必须统筹考虑其与经济、公共管理等领域政策的衔接，从而形成科学的社会保障体制。

（一）产业结构与经济增长

我国的产业结构正向着自动化、低碳环保、医疗保健等方向迈进。[①] 产业结构与社会保障之间有着紧密的联系。人口老龄化加重，高龄老年人口不断增加，老年护理行业、老年医疗、老年服务等产业急需调整和开发。国家的产业导向直接影响老年保障等相关政策的实施及衔接。

消费是经济增长的重要因素，促进消费政策，是带动新产业，推动经济与社会发展的直接动力，完善社会保障体系，从而提升百姓的消费能力。养老金水平的不断攀升，医疗保险保障水平的进一步提高，大病医疗保险的全面推行，社会救助与社会福利体系的不断完善是居民进行合理消费的重要保障。2014 年 10 月 29 日，国务院总理李克强主持召开国务院常务会议，部署推进消费扩大和升级，

---

① 2014 年国务院历次常务会议，中国政府网：http://www.gov.cn/guowuyuan/gwy_cwh.htm。

促进经济提质增效，加快健康医疗大数据应用，推进老有所养健康家政消费，尝试建立产业投资基金等，健全社区与居家养老服务体系，制定鼓励民营资本投资养老服务产业相关税收政策，在供水、供电、供热方面给予民办机构与公办机构同样的优惠政策。如果要使消费领域的有效供给有所增长，就要加大医疗、教育、文化、体育等社会领域向民间投资开放的力度，鼓励民间投资进入更多的新动能领域。①

（二）劳动就业

社会保障和劳动就业两者相互联系、相互影响。就业是社会保障资金积累的基础，社会保障可以缓解一部分就业压力，调和社会矛盾。无论是在西方国家还是中国，失业是不可避免的现象。社会保障与就业的协调发展是经济持续、健康发展的保障，合理的社会保障制度能够促进统一的劳动力市场的建立，形成劳动力的合理流动。近几年，中国劳动年龄人口连续下降，每年下降近 300 万人。预计 2020 年后，中国劳动年龄人口每年下降数量在 800 万人左右。② 劳动力即将缺乏，促使中国出台更积极的就业政策，对社会保障提出新的要求。2016 年已实施降低企业的医疗保险、生育保险等保险费率，减轻企业和个人负担，扩大社会保障覆盖范围。

（三）收入分配

社会保险与社会救助等在本质上是收入的再分配，是缩小贫富差距的重要手段，收入分配政策直接影响社会保障支付转移。2014 年 10 月 29 日，国务院相继颁布了有关"深化收入分配制度改革"的相关措施及细则，通过多渠道提高农民的纯收入，提高国有资本收益上缴国库的比例，用于民生及保障措施，进一步规范垄断行业收入分配，逐步缩小收入差距，通过收入分配政策的配合，可以进一步保证低收入群体基本生活。③

（四）资本市场与金融创新

资本市场直接影响社会保障基金的保值、升值，合理有序的资本市场是社会保障可持续的保障。李克强总理在 2014 年主持召开的国务院常务会议上，为了

---

① 李克强：《重点推进住房消费等 6 大领域消费》：http://www.360doc.com/content/14/1030/09/3040766_421061453.shtml。

② 中华人民共和国政府网：http://www.gov.cn/guowuyuan/gwy_cwh.htm。

③ 国务院：《分批出台收入分配改革配套措施》：http://blog.sina.com.cn/s/blog_500a60790102v733.html。

给社会有效投资开拓更大空间，研究创新重点领域投融资机制，积极扩展政府与社会资本合作（PPP）模式。2016年9月20修订并实施了《全国社会保障基金信托贷款投资管理暂行办法》，对社会保障基金的投资条件、项目选择、投资决策程序、风险管控与投后管理进行了明确的规定。① 英国媒体也非常关注此次改革，尤其是中国地方政府社会保障基金入市的举动。② 社保基金进入金融市场，有利于优化政府投资方向，帮助社会资本项目的引进。与此同时，提出完善多层次资本市场体系，为了促进创新创业、提高群众收入，而有针对性地缓解了高成本的融资问题。大力发展资本市场，使得养老保险基金经营机构提供相应的与投资范围、投资方式及有关风险分解有关的政策条件和环境条件得以保证，使得基金投资效益持续稳定增长。

（五）财政与税收

社会保障水平直接受财政政策的影响。社会保障支出是公共财政政策的重要组成部分，社会保障与财政制度之间需要相互配套，才能相互促进。公共财政的安全性、长效性、预备性是保证财政资源的重要措施，公共财政政策结构也将影响社会保障项目的实施。根据目前社会保障的改革方向，公共财政要加大对低收入人群、弱势群体、残疾人等社会保障的投入力度，进一步加强农村社会保障体系的完善，增加农村社会保障项目，扩大社会保障项目的覆盖范围。2016年国务院在《推进中央与地方财政事权和支出责任划分改革的指导意见》中指出："我国财政事权和支出责任划分为保障和改善民生，促进社会公平正义，发挥了重要作用。要逐步形成中央领导、合理授权、依法规范、运转高效的财政事权和支出责任划分模式。"③

社会保障支出占财政支出的比例逐年增加，社会保障项目的增设、覆盖范围、费用支付等都与财政有直接的关系，社会保障政策中的社会福利、社会救助、军人社会保障等制度都是通过完善税收等政策来进行收入再分配的调节。2016年8月，中国129个改革税目的资源税收入达20.65亿元，首月减负5.54亿元。资源税的全面改革直接影响国家的财政收入，进而影响到社会保障制度的完善及项目的实施。税收政策与社会保障制度相互影响，通过收入所得税、增值税、利息税、消费税、遗产税等，进行收入的再分配，实现了高收入阶层向低收

---

① 全国社会保障基金理事会：http：//www.ssf.gov.cn/tzyy/201609/t20160926_7154.html。
② 英媒关注中国地方养老基金将入市：http：//news.163.com/16/1027/15/C4D4LJ16000187V8_all.html。
③ 中华人民共和国政府网：http：//www.gov.cn/guowuyuan/gwy_cwh.htm。

入阶层的转移支付。建立现代化的财政制度与税收制度是社会保障制度实施的物质基础。

（六）户籍制度改善

户籍制度改革牵动每个人的利益。户籍制度改革不仅对社会保障的实施有重要的影响，对产业结构调整、城镇化等都有非常重要的影响。2016 年 9 月 30 日，国务院办公厅印发《推动 1 亿非户籍人口在城市落户方案的通知》，这是改善民生的重要举措，深化户籍、财政、土地、社保等制度间的配套改革，能够促进经济持续健康发展，维护社会公平与正义。城乡区域间户籍迁移壁垒的破除，是城乡一体化社会保障制度建设的前提，目前，很多没有户籍的人员不能享受到同等的社会保障待遇，这是制度性的不公平，户籍制度的改革将消除不同地域带来的社会保障的差异。

（七）审计制度

在 2014 年，国务院会议根据中央预算执行和其他财政收支审计结果提出，进一步加强对审计中出现的问题进行整改，提高公共资金筹集和使用效率，改进政府管理效能，要建立健全整改和监督的长效机制，加大对骗取财政资金及侵占国有权益等不法行为的打击力度，确保资金的安全，使其发挥最大功效。

审计是规范行政权力有效运行、建立现代政府的主要基础，具有监督作用。2015 年，国务院向社会公布了中央预算执行和其他财政收支的审计结果，推动了各项政策的落实，提高了对重点领域风险情况的防范能力，揭示了公共资源资金使用和管理中存在的明显问题，这些政策有：稳增长、调结构、惠民生等。健全监管机制，严格规范民生资金管理，如国有资产、"三公经费"和扶贫等。审计也对一些不法行为，如以各种方式骗取财政资金，违反财政收支规定，严肃问责追责，进而铲除滋生腐败的土壤，在此过程当中要密切关注可能增加政府债务的潜在风险。为了规范金融业务创新、防范金融风险，李克强总理在 2016 年 7 月 7 日主持召开的国务院常务会议上，对审计查出的问题进行整改，提高公共资金使用效率，听取政府和社会资本合作模式推广情况汇报，推动更有效激发社会投资活力。①

---

① 刘家义：《国务院关于 2014 年度中央预算执行和其他财政收支审计查出问题整改情况的报告》，《中华人民共和国全国人民代表大会常务委员会公报》2016 年第 1 期，第 109—118 页。

本章小结

本章主要探讨日本社会保障的成功经验，以及中国社会保障制度的历史演变阶段和存在的问题，并提出中国社会保障制度改革的建议。日本成功的经验表现在：第一，日本建立了广覆盖、多层次的社会保障体系；第二，立法先行，保证了社会保障制度的实施；第三，建立护理保险，以预防为主，不仅提高了老年人的生活水平，更有利于刺激就业和经济的发展；第四，建立了专业的社会保障服务制度；第五，雇佣保险以失业预防机制、雇佣安定、能力素质开发为重点。这些成功经验，对中国社会保障制度建设有重要的参考价值。

中国社会保障制度可划分为中华人民共和国成立前的社会保障（1949年以前）、中华人民共和国成立初期的社会保障（1949~1956年）、计划经济体制时期的社会保障（1957~1983年）、市场经济转轨过程中的社会保障（1984~2006年）以及社会主义市场经济完善时期的社会保障（2007年至今）。

中国社会保障现行体系包括：社会保险、社会救助、社会福利、社会优抚等内容。2008年，中国成立人力资源和社会保障部，此后，社会保障主要由人力资源和社会保障部、民政部负责。

社会保障制度存在的主要问题有基本社会保障服务不均衡，城乡差异较大，缺失老年护理保险，社会保险制度不完善，社会保障法律体系不健全，社会保障资金不足及管理机制滞后等。针对中国所处的发展阶段以及存在的问题，笔者提出了适合中国国情的政策建议：必须建立低起点、广覆盖、多元一体化的社会保障制度，社会保障水平应略低于适度水平下限；必须建立多元化的投资渠道，进一步提高基金的征缴率，扩充全国社会保障基金，推进社会保障产业开发，加强基金征收管理，适时开征社会保障税；必须建立专业化与规范化的社会保障服务机制，快速、高效地处理社会保障案件；必须加快社会保障法律体系的建设，进一步完善中国社会保障法律制度；必须推进社会保障制度与相关政策的有机结合。社会保障政策的实施需要建立相应的经济增长政策、产业调整政策、劳动就业政策、收入分配政策、资本市场与金融创新、财政与税收、户籍制度的改革以及审计制度。这些制度的完善是社会保障制度顺利改革和实施的重要条件。

结　论

本书在介绍社会保障基本概念、发展阶段及相关理论研究的基础上，进一步分析了日本社会保障演变的过程。日本社会保障经历了"二战"前的萌芽时期、1946~1973年的建立时期、1974~2000年的调整时期以及2001年以后的改革时期。日本的经济也经历了恢复期（1945~1955年）、高速增长期（1956~1972年）、低速稳定增长期（1973~1989年）、长期停滞期（1990~2001年）和缓慢增长期（2002年以后）。从两者的发展阶段可以看出，日本经济与社会保障关系密切，两者互相影响。一方面，经济的发展成为日本社会保障建立和发展的物质基础。它不仅促进了日本社会保障制度的建立，还为其发展和完善提供了财政支持。另一方面，社会保障为经济的发展提供了稳定的社会运行环境。与经济发展相适应的社会保障在一定程度上缓和了劳资矛盾，搞活了劳动力市场、金融投资等市场，促进了经济结构的调整，进一步繁荣了国民经济。超前或者滞后于经济发展的社会保障在一定范围内会制约经济的健康发展。对两者关系的研究对中国社会保障制度有重要的借鉴意义。

笔者通过前八章的研究得出以下结论：

第一，中国社会保障制度的建立及演变广泛借鉴了国际经验。中国学者应该结合中国社会保障的实践及国内情况，提出自有的社会保障理论体系，为中国社会保障的健康发展和改革提供理论指导。

第二，日本2012年的社会保障水平超过适度水平的下限，但在适度水平上限范围内。虽然日本社会保障水平处于合理范围内，但日本却于2004年就开始进行对公共年金等社会保障项目的改革，目的是提高个人承担的缴费比例，减少社会保障支出。适度水平的社会保障适用于人口结构长期内不发生大的变动、经济处于平稳发展态势的社会。但目前，无论是中国、日本还是其他发达国家都面临着人口结构的重大改变，人口老龄化是无法改变的事实。笔者认为，中国社会保障水平应该略低于适度水平的下限，对于已经进行的高起点社会保障项目，需要及时地进行改革。

第三，通过对日本社会保障与人均 GDP 相关关系的研究发现，社会保障对经济拉动的效应小于经济增长对社会保障的推动作用。社会保障不是经济增长的主要因素，但社会保障可以通过人力资源等间接地发挥作用，影响经济的增长。

第四，通过对日本的三次分配的实证研究得出：日本社会保障支出比例每增加 1 个百分点，收入分配差距将缩小 0.099 个百分点，而人均 GDP 增加 1%，收入分配差距将拉大 1.5 个百分点。这说明日本社会保障制度还需要进一步完善筹资机制和补偿机制，并加强社会保障经办机构的管理，进而充分发挥社会保障制度的收入再分配功能。

第五，养老保险缴费水平、筹资模式等能够有效地调控劳动力市场的供给关系，养老保险制度对老年人就业的影响最为直接，退休后的养老金直接决定了老年人是否继续就业。

第六，日本养老基金并没有对资本市场的发展产生显著影响，社保基金与资本市场之间存在单向的因果关系。

第七，中国社会保障制度应该建立低起点、广覆盖、多元一体化的社会保障体系，调整社会保障水平及筹资机制，建立专业化、规范化的社会保障服务机制，加快社会保障法制建设，推动社会保障产业化发展，完善中国资本市场的发展。

附录一　相关数据汇总

附表 1-1　日本人口结构预测表

年份	总人口（千人）	0~14 岁（千人）	15~64 岁（千人）	65 岁以上（千人）	0~14 岁人口占总人口比（%）	15~64 岁人口占总人口比（%）	65 岁以上人口占总人口比（%）
2020	124100	14568	73408	36124	11.74	59.15	29.11
2021	123474	14318	72866	36290	11.60	59.01	29.39
2022	122813	14049	72408	36356	11.44	58.96	29.60
2023	122122	13766	71920	36436	11.27	58.89	29.84
2024	121403	13505	71369	36529	11.12	58.79	30.09
2025	120659	13240	70845	36573	10.97	58.72	30.31
2026	119891	12959	70349	36584	10.81	58.68	30.51
2027	119102	12706	69799	36597	10.67	58.60	30.73
2028	118293	12466	69187	36640	10.54	58.49	30.97
2029	117465	12242	68522	36701	10.42	58.33	31.24
2030	116618	12039	67730	36849	10.32	58.08	31.60
2031	115752	11856	67224	36673	10.24	58.08	31.68
2032	114870	11692	66330	36848	10.18	57.74	32.08
2033	113970	11544	65412	37013	10.13	57.39	32.48
2034	113054	11410	64441	37203	10.09	57.00	32.91
2035	112124	11287	63430	37407	10.07	56.57	33.36
2036	111179	11171	62357	37651	10.05	56.09	33.87
2037	110220	11060	61229	37931	10.03	55.55	34.41

年份	总人口（千人）	0~14岁（千人）	15~64岁（千人）	65岁以上（千人）	0~14岁人口占总人口比（%）	15~64岁人口占总人口比（%）	65岁以上人口占总人口比（%）
2038	109250	10951	60059	38239	10.02	54.97	35.00
2039	108268	10842	58917	38508	10.01	54.42	35.57
2040	107276	10732	57866	38678	10.00	53.94	36.05
2041	106275	10618	56888	38769	9.99	53.53	36.48
2042	105267	10500	55985	38782	9.97	53.18	36.84
2043	104253	10377	55117	38759	9.95	52.87	37.18
2044	103233	10249	54308	38676	9.93	52.61	37.46
2045	102210	10116	53531	38564	9.90	52.37	37.73
2046	101185	9978	52810	38398	9.86	52.19	37.95
2047	100158	9835	52098	38225	9.82	52.02	38.16
2048	99131	9689	51385	38057	9.77	51.84	38.39
2049	98103	9539	50683	37881	9.72	51.66	38.61
2050	97076	9387	50013	37676	9.67	51.52	38.81
2051	96048	9233	49386	37430	9.61	51.42	38.97
2052	95021	9077	48773	37171	9.55	51.33	39.12
2053	93993	8922	48180	36891	9.49	51.26	39.25
2054	92964	8767	47613	36585	9.43	51.22	39.35
2055	91933	8614	47063	36257	9.37	51.19	39.44
2060	86737	7912	44183	34642	9.12	50.94	39.94
2065	81355	7354	41132	32869	9.04	50.56	40.40
2070	75904	6911	38165	30829	9.10	50.28	40.62
2075	70689	6495	35329	28865	9.19	49.98	40.83
2080	65875	6053	32670	27152	9.19	49.59	41.22
2085	61434	5594	30482	25358	9.11	49.62	41.28
2090	57269	5161	28540	23568	9.01	49.83	41.15
2095	53322	4788	26627	21907	8.98	49.94	41.08
2100	49591	4472	24733	20386	9.02	49.87	41.11
2105	46098	4187	22921	18991	9.08	49.72	41.20
2110	42860	3906	21257	17697	9.11	49.60	41.29

资料来源：根据日本《社会保障统计年报（2002）》计算得出。

附表1-2 1950~2012年日本社会保障项目费占社会保障总支出比

年度		社会保障给付费				
		合计（亿日元）	医疗（亿日元）	构成割合（%）	年金、福利和其他（亿日元）	构成割合（%）
1950	（昭和25）	1261	646	51.2	615	48.8
1951	（昭和26）	1571	804	51.2	767	48.8
1952	（昭和27）	2194	1149	52.4	1045	47.6
1953	（昭和28）	2577	1480	57.4	1097	42.6
1954	（昭和29）	3841	1712	44.6	2129	55.4
1955	（昭和30）	3893	1919	49.3	1974	50.7
1956	（昭和31）	3986	2018	50.6	1968	49.4
1957	（昭和32）	4357	2224	51.0	2133	49.0
1958	（昭和33）	5080	2099	41.3	2981	58.7
1959	（昭和34）	5778	2523	43.7	3255	56.3
1960	（昭和35）	6553	2942	44.9	3611	55.1
1961	（昭和36）	7900	3850	48.7	4050	51.3
1962	（昭和37）	9219	4699	51.0	4520	49.0
1963	（昭和38）	11214	5885	52.5	5329	47.5

年度		社会保障给付费						
		合计（亿日元）	医疗（亿日元）	构成割合（%）	年金（亿日元）	构成割合（%）	福利和其他（亿日元）	构成割合（%）
1964	（昭和39）	13475	7328	54.4	3056	22.7	3091	22.9
1965	（昭和40）	16037	9137	57.0	3508	21.9	3392	21.2
1966	（昭和41）	18670	10766	57.7	4199	22.5	3705	19.8
1967	（昭和42）	21644	12583	58.1	4947	22.9	4114	19.0
1968	（昭和43）	25096	14679	58.5	5835	23.3	4582	18.3
1969	（昭和44）	28752	16975	59.0	6935	24.1	4842	16.8
1970	（昭和45）	35239	20758	58.9	8562	24.3	5919	16.8
1971	（昭和46）	40258	22505	55.9	10192	25.3	7561	18.8
1972	（昭和47）	49845	28111	56.4	12367	24.8	9367	18.8
1973	（昭和48）	62587	34270	54.8	16758	26.8	11559	18.5
1974	（昭和49）	90270	47208	52.3	26782	29.7	16280	18.0
1975	（昭和50）	117693	57132	48.5	38831	33.0	21730	18.5

续表

年度		社会保障给付费						
		合计 （亿日元）	医疗 （亿日元）	构成割合 （％）	年金 （亿日元）	构成割合 （％）	福利和其他 （亿日元）	构成割合 （％）
1976	（昭和 51）	145165	68098	46.9	53415	36.8	23652	16.3
1977	（昭和 52）	168868	76256	45.2	65880	39.0	26732	15.8
1978	（昭和 53）	197763	89167	45.1	78377	39.6	30219	15.3
1979	（昭和 54）	219832	97743	44.5	89817	40.9	32272	14.7
1980	（昭和 55）	247736	107329	43.3	104525	42.2	35882	14.5
1981	（昭和 56）	275638	115221	41.8	120420	43.7	39997	14.5
1982	（昭和 57）	300973	124118	41.2	133404	44.3	43451	14.4
1983	（昭和 58）	319733	130983	41.0	144108	45.1	44642	14.0
1984	（昭和 59）	336396	135654	40.3	154527	45.9	46215	13.7
1985	（昭和 60）	356798	142830	40.0	168923	47.3	45045	12.6
1986	（昭和 61）	385918	151489	39.3	187620	48.6	46809	12.1
1987	（昭和 62）	407337	160001	39.3	199874	49.1	47462	11.7
1988	（昭和 63）	424582	166726	39.3	210459	49.6	47397	11.2
1989	（平成元）	448822	175279	39.1	225407	50.2	48136	10.7
1990	（平成 2）	472203	183795	38.9	240420	50.9	47988	10.2
1991	（平成 3）	501346	195056	38.9	256145	51.1	50145	10.0
1992	（平成 4）	538280	209395	38.9	274013	50.9	54872	10.2
1993	（平成 5）	568039	218059	38.4	290376	51.1	59604	10.5
1994	（平成 6）	604660	228656	37.8	310084	51.3	65920	10.9
1995	（平成 7）	647243	240520	37.2	334986	51.8	71737	11.1
1996	（平成 8）	675402	251711	37.3	349548	51.8	74143	11.0
1997	（平成 9）	694087	252987	36.4	363996	52.4	77104	11.1
1998	（平成 10）	721333	253989	35.2	384105	53.2	83239	11.5
1999	（平成 11）	750338	263863	35.2	399112	53.2	87363	11.6
2000	（平成 12）	781191	259953	33.3	412012	52.7	109226	14.0
2001	（平成 13）	813928	266309	32.7	425714	52.3	121905	15.0
2002	（平成 14）	835584	262643	31.4	443781	53.1	129160	15.5
2003	（平成 15）	842582	266048	31.6	447845	53.2	128689	15.3
2004	（平成 16）	858660	271454	31.6	455188	53.0	132018	15.4

续表

年度		社会保障给付费						
		合计 （亿日元）	医疗 （亿日元）	构成割合 （%）	年金 （亿日元）	构成割合 （%）	福利和其他 （亿日元）	构成割合 （%）
2005	（平成17）	877827	281094	32.0	462930	52.7	133803	15.2
2006	（平成18）	891098	281027	31.5	473253	53.1	136818	15.4
2007	（平成19）	914305	289462	31.7	482735	52.8	142108	15.5
2008	（平成20）	940848	296117	31.5	495443	52.7	149288	15.9
2009	（平成21）	998507	308447	30.9	517246	51.8	172814	17.3
2010	（平成22）	1046910	329190	31.4	529830	50.6	187890	17.9
2011	（平成23）	1075060	340620	31.7	530750	49.4	203690	18.9
2012	（平成24）	1085570	346250	31.9	539860	49.7	199480	18.4

资料来源：1950 年到 2009 年数据来自日本《社会保障统计年报（2012）》；2010 年到 2012 年数据来自日本统计局。

附表 1-3　1951~2012 年日本国民所得及社会保障给付费情况

年度		国民所得 （亿日元）	社会保障给付费		
			合计	医疗	年金、福利和其他
1951	（昭和26）	44346	3.54	1.81	1.73
1952	（昭和27）	52159	4.21	2.20	2.00
1953	（昭和28）	60015	4.29	2.47	1.83
1954	（昭和29）	65917	5.83	2.60	3.23
1955	（昭和30）	69773	5.58	2.75	2.83
1956	（昭和31）	78962	5.05	2.56	2.49
1957	（昭和32）	88681	4.91	2.51	2.41
1958	（昭和33）	93829	5.41	2.24	3.18
1959	（昭和34）	110421	5.23	2.28	2.95
1960	（昭和35）	134967	4.86	2.18	2.68
1961	（昭和36）	160819	4.91	2.39	2.52
1962	（昭和37）	178933	5.15	2.63	2.53
1963	（昭和38）	210993	5.31	2.79	2.53

续表

年度		国民所得（亿日元）	社会保障给付费			
			合计	医疗	年金	福利和其他
1964	（昭和39）	240514	5.60	3.05	1.27	1.29
1965	（昭和40）	268270	5.98	3.41	1.31	1.26
1966	（昭和41）	316448	5.90	3.40	1.33	1.17
1967	（昭和42）	375477	5.76	3.35	1.32	1.10
1968	（昭和43）	437209	5.74	3.36	1.33	1.05
1969	（昭和44）	521178	5.52	3.26	1.33	0.93
1970	（昭和45）	610297	5.77	3.40	1.40	0.97
1971	（昭和46）	659105	6.11	3.41	1.55	1.15
1972	（昭和47）	779369	6.40	3.61	1.59	1.20
1973	（昭和48）	958396	6.53	3.58	1.75	1.21
1974	（昭和49）	1124716	8.03	4.20	2.38	1.45
1975	（昭和50）	1239907	9.49	4.61	3.13	1.75
1976	（昭和51）	1403972	10.34	4.85	3.80	1.68
1977	（昭和52）	1557032	10.85	4.90	4.23	1.72
1978	（昭和53）	1717785	11.51	5.19	4.56	1.76
1979	（昭和54）	1822066	12.06	5.36	4.93	1.77
1980	（昭和55）	2038787	12.15	5.26	5.13	1.76
1981	（昭和56）	2116151	13.03	5.44	5.69	1.89
1982	（昭和57）	2201314	13.67	5.64	6.06	1.97
1983	（昭和58）	2312900	13.82	5.66	6.23	1.93
1984	（昭和59）	2431172	13.84	5.58	6.36	1.90
1985	（昭和60）	2605599	13.69	5.48	6.48	1.73
1986	（昭和61）	2679415	14.40	5.65	7.00	1.75
1987	（昭和62）	2810998	14.49	5.69	7.11	1.69
1988	（昭和63）	3027101	14.03	5.51	6.95	1.57
1989	（平成元）	3208020	13.99	5.46	7.03	1.50
1990	（平成2）	3468929	13.61	5.30	6.93	1.38
1991	（平成3）	3689316	13.59	5.29	6.94	1.36
1992	（平成4）	3660072	14.71	5.72	7.49	1.50
1993	（平成5）	3653760	15.55	5.97	7.95	1.63

续表

年度		国民所得 （亿日元）	社会保障给付费			
			合计	医疗	年金	福利和其他
1994	（平成6）	3700 09	16.34	6.18	8.38	1.78
1995	（平成7）	3689367	17.54	6.52	9.08	1.94
1996	（平成8）	3801609	17.77	6.62	9.19	1.95
1997	（平成9）	3822945	18.16	6.62	9.52	2.02
1998	（平成10）	3689757	19.55	6.88	10.41	2.26
1999	（平成11）	3643409	20.59	7.24	10.95	2.40
2000	（平成12）	3718039	21.01	6.99	11.08	2.94
2001	（平成13）	3613335	22.53	7.37	11.78	3.37
2002	（平成14）	3557610	23.49	7.38	12.47	3.63
2003	（平成15）	3580792	23.53	7.43	12.51	3.59
2004	（平成16）	3638976	23.60	7.46	12.51	3.63
2005	（平成17）	3658783	23.99	7.68	12.65	3.66
2006	（平成18）	3752258	23.75	7.49	12.61	3.65
2007	（平成19）	3787290	24.14	7.64	12.75	3.75
2008	（平成20）	3513834	26.74	8.42	14.08	4.24
2009	（平成21）	3392234	29.44	9.09	15.25	5.09
2010	（平成22）	3527030	29.68	9.33	15.02	5.33
2011	（平成23）	349056C	30.80	9.76	15.21	5.84
2012	（平成24）	351114C	30.92	9.86	15.38	5.68

资料来源：1950年到2009年社会保障相关数据来自日本《社会保障统计年报（2012）》；2010年到2012年数据来自日本统计局。

附录二 日本社会保障相关法律及
重要事件

1874 年　颁布《恤救规则》

1900 年　制定《感化法》、制定管理娼妓规则

1903 年　举办全国慈善事业大会

1905 年　颁布《矿业法》

1908 年　中央慈善协会成立仪式

1911 年　颁布《工场法》

　　　　制定《厚生灾害保护法》

1914 年　举办第一回佛教社会事业大会

1915 年　基督教协同传道社会大会

1917 年　制定《军事救护法》；举办全国社会事业大会

1920 年　设立内务省社会局、举办全国社会事业大会；成立"新夫人协会"

1921 年　制定《职业介绍所法》

1922 年　制定《健康保险法》；成立"日本农民组合"

1925 年　成立"农民劳动党"

1926 年　成立"日本农民党"

1929 年　颁布《救护法》

1931 年　颁布《劳动者灾害扶助法》和《劳动者灾害扶助保险法》

1932 年　实施《救护法》

1933 年　制定《防止虐待儿童法》

1937 年　制定《军事扶助法》

1938 年　制定《社会事业法》《国民健康保险法》《母子保护法》《国家总

动员法》

1939 年　制定《船员保险法》《司法保护事业法》；实行家族补贴制度；设置军事保护院

1941 年　制定《医疗保险法》《劳动者年金保险法》

1942 年　制定《战时灾害俣护法》

1945 年 9 月　颁布《战灾孤儿保护对策纲要》

1946 年 2 月　颁布《工会法》

　　　　4 月　颁布《主要地方流浪儿保护纲要》

　　　　10 月　施行《生活保护法》

　　　　11 月　颁布、实施《劳动关系调整法》；发布《失业保险制度纲要草案》

1947 年 3 月　颁布《日本国宪法》（1947 年 5 月 3 日实施）

　　　　4 月　提交《社会保障制度纲要》和《建设社会保障制度的劝告书》

　　　　4 月　颁布《劳动标准法》及《劳动者灾害补偿标准法》

　　　　8 月　改正《健康保险法》；修订《养老金保险法》

　　　　10 月　颁布《日本国劳动基准法》，《劳动者灾害补偿保险法》

　　　　11 月　颁布《儿童福利法》（1948 年 1 月 1 日实施）；颁布《失业保险法》《职业固定法》

1948 年 1 月　颁布《失业补助法》、《失业保险法》（追溯到 1947 年 11 月 1 日实施）

　　　　7 月　颁布国家《公务员互助工会法》

　　　　8 月　提交《关于日本社会保险制度的调查团报告》；颁布《社会保障制度审议会设置法》

　　　　10 月　全日本成立国立医疗工会

　　　　12 月　社会保障制度审议会成立，设立健康保险审议会、养老金保险审议会

1949 年 5 月　颁布、实施《工会法》（新发）

　　　　8 月　提出《强化改善生活保护制度的劝告》

　　　　9 月　社会保障制度审议会发表，确立《社会保障制度的备忘录》

　　　　11 月　颁布《残疾人福利法》（1950 年 4 月 1 日实施）

　　　　12 月　颁布《残疾人福利法》

1950 年 3 月　颁布（新）《生活保护法》（5 月 1 日实施）

　　　　5 月　发表《社会保障制度纲要》

　　　　8 月　提出《日本社会保障制度劝告书》

1951 年 3 月　颁布《社会福利事业法》（1951 年 6 月 1 日实施）

　　　　4 月　制定《儿童宪章》

　　　　5 月　提交《推进社会保障制度的建议》

　　　　8 月　举办第一回老人节

　　　　9 月　社会保障制度审议会要求批准有关对《社会保障制度最低基准的国际条约法案劝告》

1952 年 5 月　通过《社会保障的最低基准条约》

1954 年 1 月　成立维护社会保障组织；发表《社会保障纲要》

　　　　2 月　建议《综合调整年金制度》

　　　　5 月　颁布《厚生年金保障法》；提出《有关强化、改善结核对策的申请书》以及《有关推进社会保障制度的要求》

　　　　5 月　就强化、改善结核对策以及社会保障制度的计划、管理方法等提出劝告

1956 年 7 月　发表第一份《厚生劳动省白皮书》

　　　　10 月　社会保障制度审议会提出《有关医疗保障制度的劝告》

　　　　11 月　医疗保障五人委员会为实现全民保障再次向政府提交创设医疗保障制度劝告书

1958 年 2 月　颁布《农林渔业团体职员互助工会法》（1959 年 1 月 1 日实施）

　　　　4 月　颁布《国家公务员互助工会法》（新法）（7 月 1 日实施）

　　　　9 月　颁布《国民健康保险法》（新法）（1959 年 1 月 1 日实施）

　　　　12 月　反对战争与失业确立社会保障的国民大游行由福冈出发

1959 年 1 月　反对战争与失业确立社会保障的国民大游行由福岛出发

　　　　2 月　颁布《最低工资法》（7 月 10 日实施）

　　　　4 月　颁布《国民年金法》

　　　　4 月　厚生劳动省设立国民年金审议会

1960 年 2 月　颁布《精神薄弱者福利法》（4 月 1 日实施）

1961 年 2 月　国民保险率达到 100%；实现了国民皆保险、国民皆年金

　　　　4 月　生活保护者第一次全国大会召开

11 月　颁布《儿童抚养补助费法》（1962 年 1 月 1 日实施）

1962 年 7 月　提出《对社会保障制度的综合调整基本方针以及推进社会保障制度的劝告》

8 月　颁布《地方公务员互助会工会法》（12 月 1 日实施）；颁布实施《老人福利法》

1964 年 3 月　颁布、实施《母子福利法》

1965 年 6 月　颁布《理学疗师士》《工作疗法师法》

1966 年 2 月　制定敬老日（第一次成为国民的庆祝日）

9 月　颁布、实施《公害对策基本法》

1967 年 10 月　修改《工人灾害补偿保险法》

1968 年 6 月　颁发《社会保险劳动士法》

7 月　全国保险医团体联合会设立总会

1969 年 1 月　自民党医疗对策基本问题调整会发表国民医疗对策大纲

12 月　颁布、实施残障人对策基本法

1970 年 12 月　实施农民养老金制度

1971 年 1 月　颁布《促进中老年人雇佣特别措施法》（10 月 1 日实施）

5 月　颁布《儿童津贴法》

7 月　社会保障制度协议会就改革医疗保险制度提出报告

1972 年 2 月　废除《健康保险法》的一部分改正案以及医疗基本法案

6 月　颁布《老人福祉法》的修订版（1937 年 1 月 1 日实施）

9 月　厚生劳动省决定从 1973 年 10 月开始准许儿童抚养补助费和残疾福利、老龄福利年金的并用

11 月　老人医疗免费制度开始实施

1973 年 1 月　发表《国民年金法与厚生年金法改正案》，并共同向国会提出议案

7 月　允许 65 岁以上的残障人医疗免费

7 月　颁布《公害健康被害补偿法》（1974 年 9 月 1 日起实施）

1974 年 11 月　颁布《雇佣失业保险法》（1975 年 4 月 1 日起实施、一部分在 1975 年 1 月 1 日实施）

12 月　厚生大臣发表新《国民年金法》草案（基础年金）

1980 年 3 月　国际残障人年日本推进协议会设立总会

6 月　厚生大臣发表《老年人福祉税构想》

7 月　修改厚生年金法

10 月　修改工人灾害补偿保险法

12 月　修改健康保险法

1981 年 3 月　公布废止有关歧视残障人名词用语的法律

5 月　通过了"实现社会平等与残障人参与社会"的议案

7 月　政府宣布将 12 月 9 日定为"残障人日"

1982 年 2 月　国际残障人年推进本部决定残障人政策 10 年计划

5 月　提交《社会保障应该要注重个人的自助努力，医疗保障制度、年金制度合理化的改革方案》

5 月　提出《社会保障的发展计划》

7 月　颁布《老人保健法》

1984 年 1 月　厚生劳动省发出《强化精神病院的指导监督的通知》

4 月　修改雇佣保险法案

6 月　修改《残障人福祉法》

7 月　修改《健康保险法》

8 月　社会保障制度审议会提出设置介于医院与特别保健养老院之间的设施的建议

1985 年 1 月　修改《国民年金法》

5 月　颁布《男女雇佣机会均等法》

5 月　修改《儿童津贴法》

10 月　修改《国家公务员互助工会法》等（引用基础年金）

12 月　修改《医疗法》

1986 年 1 月　发表《长寿社会对策大纲》

9 月　福祉保育工会成立

10 月　修改《老人保健法》

12 月　成立国民医疗综合对策本部

1987 年 4 月　颁布《社会福利士法》及《护理福利士法》

5 月　修改《残障人雇佣促进法》

5 月　颁布《养老金自主运用法》、《临床工学技士法》（创设操作维持生命的管理装置的保守点检者资格制度）

　　　6 月　《假肢用具士法》

　　　9 月　修改《劳动基准法》（缩短法定劳动时间、劳动时间制度弹性化）；《公害健康被害补偿法》；《民法》（设定特别养子新制度等）

1988 年 5 月　修改《儿童抚养补助费法》、《厚生年金保险法》（充实厚生年金基金制度）、《国民健康保险法》

　　　6 月　提交《为实现长寿、福祉社会的对策的基本方针与目标》

　　　10 月　提交《今后社会福祉的基本方向》

1989 年 3 月　政府强行实施 3%的消费税制度

　　　4 月　修改雇佣保险以及劳动保险金征收等法律（设立临时工保险新特例）

　　　6 月　组成全日本养老金工会

　　　8 月　提出《有关重新研究老人保健制度的中间报告》

　　　12 月　就《发展老人保健福利事业 10 年战略规划》达成协议

1991 年 5 月　颁布《育儿休业法》

　　　5 月　《老人保健法》修改案成立

1993 年 2 月　再次提高老人医疗费的患者医疗负担

　　　9 月　成立残障人基本法，修改身心残障人对策基本法

1994 年 2 月　高龄福利发展计划座谈会发表《创建面向少子高龄化社会的福利模式》等报告书

　　　8 月　养老金等改订法案通过国会决议（支给年龄要在 65 岁以上，年金与失业付给不可同时使用）

　　　9 月　税制改革关联法案成立、消费税由 3%增加到 5%（1997 年实施）

1997 年 12 月　通过《护理保险法》并于 2000 年 4 月实行

1999 年　制定"今后五年老年人保健福利政策的方向"

2000 年 1 月　出台《社会福利法》

　　　2 月　正式发表了《21 世纪国民健康报告书》

　　　3 月　通过《厚生年金保险法》《国民年金法》等七部有关养老金制度改革的法案

2001 年和 2012 年两次修改《老龄社会对策大纲》

2001 年 4 月　《雇佣保险法》开始实施

2003 年 3 月　通过《关于医疗保险制度体系及诊疗费用体系的基本方针》

　　　　8 月　《母子家庭母亲就业支援相关特别处置法》实施

2004 年 1 月　通过《年金基金管理和运用独立行政法人法》

　　　　2 月　通过《年金改革相关法案》

　　　　6 月　《年金法案》实施

2005 年　修改《护理保险法》

2006 年 4 月　《障碍者自立支援法》正式实施

2007 年 4 月　通过《雇员年金一元化法案》

　　　　6 月　颁布《日本养老金机构法》，制定《年金机构法》

2008 年　修改《护理保险法》

　　　　4 月　通过《高龄者雇佣安定法》

2010 年 1 月　正式成立了特殊法人日本年金机构

　　　　3 月　通过《国民年金法》修改方案

2011 年　修订《护理保险法》

2012 年 8 月　通过《年金功能强化法案》《雇员年金一元化法案》

　　　　11 月　通过《国民年金修正法案》《年金生活者支援后付金法案》

2013 年 10 月　通过《社会保障制度改革法案》

资料来源：①赵立新：《德国日本社会保障法研究》，知识产权出版社 2008 年版。②王伟：《日本社会保障制度》，世界知识出版社 2014 年版。③宋健敏：《日本社会保障制度》，上海人民出版社 2012 年版。

参考文献

一、中文文献

（一）著作类

［1］上田员次郎：《日本人口之预测》，李立侠等译，正中书局 1934 年版。

［2］马克思：《资本论》，人民出版社，1975 年版。

［3］战后日本经济编写组：《战后日本经济》，上海人民出版社 1978 年版。

［4］弗里德曼著：《资本主义与自由》，张瑞玉译，商务印书馆 1986 年版。

［5］保罗·萨谬尔森、威廉·诺德豪斯：《经济学》，萧琛译，中国发展出版社 1992 年版。

［6］生野重夫：《现代日本经济历程》，朱绍文等译，中国金融出版社 1993 年版。

［7］A. H. 罗伯逊：《美国的社会保障》，金勇进等译，中国人民大学出版社 1995 年版。

［8］星川顺一著：《日本经济与财政政策 凯恩斯政策的忠告》，朱东平译，立信会计出版社 1997 年版。

［9］霍斯金斯：《21 世纪初的社会保障》，侯宝琴译，中国劳动社会保障出版社 2004 年版。

［10］吉尔伯特：《社会福利的目标定位》，郑秉文译，中国劳动社会保障出版社 2004 年版。

［11］A. C. 庇古：《福利经济学》，朱泱、张胜纪译，商务印书馆 2006 年版。

［12］霍尔茨曼：《21 世纪的老年收入保障——养老金制度改革国际比较》，郑秉文译，中国劳动社会保障出版社 2006 年版。

［13］坂脇昭吉、中原弘二：《现代日本的社会保障》，杨河清译，中国劳动社会保障出版社 2006 年版。

［14］浜野吉、井奥成彦等：《日本经济史 1600—2000》，彭曦等译，南京大学出版社 2010 年版。

［15］约瑟夫·E. 斯蒂格利茨：《公共部门经济学》，郭庆旺译，中国人民大学出版社 2013 年版。

［16］詹姆斯·M. 布坎南：《国富论》，王金良译，中国社会科学出版社 2013 年版。

［17］道格拉斯·C. 诺斯：《制度、制度变迁与经济绩效》，杭航、韦森译，上海三联书店 2014 年版。

［18］亚当·斯密：《国富论》，郭大力、王亚楠译，译林出版社 2014 年版。

［19］约翰·梅纳德·凯恩斯：《就业、利息和货币通论》，高鸿业译，商务印书馆 2014 年版。

［20］《孙中山全集（第十卷）》，中华书局 1986 年版。

［21］杨祖功：《西欧的社会保障制度》，劳动人事出版社 1986 年版。

［22］国际劳动局：《展望 21 世纪：社会保障发展》，劳动人事出版社 1988 年版。

［23］管静和、张鲁、国际劳工局社会保障司：《社会保障导论》，劳动人事出版社 1989 年版。

［24］葛寿昌：《社会保障经济学》，复旦大学出版社 1990 年版。

［25］郭崇德：《社会保障学概论》，北京大学出版社 1992 年版。

［26］左中海：《日本市场经济体制》，兰州大学出版社 1993 年版。

［27］《邓小平文选（第一卷）》，人民出版社 1993 年版。

［28］《邓小平文选（第二卷）》，人民出版社 1994 年版。

［29］陈建安：《战后日本社会保障制度研究》，复旦大学出版社 1996 年版。

［30］《毛泽东文集（第七卷）》，人民出版社 1996 年版。

［31］复旦大学日本研究中心：《日本社会保障制度——兼论中国社会保障制度改革》，复旦大学出版社 1996 年版。

［32］复旦大学日本研究中心：《日本社会保障制度》，复旦大学出版社 1997 年版。

［33］沈洁：《日本老人福利制度》，上海远东出版社 1997 年版。

［34］李珍：《社会保障制度与经济发展》，武汉大学出版社1998年版。

［35］李明：《社会保障与社会保障税》，中国税务出版社2000年版。

［36］李珍：《社会保障理论》，中国劳动社会保障出版社2001年版。

［37］任保平：《中国社会保障模式》，中国社会科学出版社2001年版。

［38］刘燕生：《社会保障的起源、发展和道路选择》，法律出版社2001年版。

［39］罗元文：《国际社会保障制度比较》，中国经济出版社2001年版。

［40］郑秉文、和春雷：《社会保障分析导论》，法律出版社2001年版。

［41］穆怀中：《社会保障国际比较》，中国劳动社会保障出版社2002年版。

［42］于沛霖、北川庆子：《中日社会保障问题研究》，吉林人民出版社2003年版。

［43］郑功成：《社会保障学——理念、制度、实践与思辨》，商务印书馆2000年版。

［44］崔岩：《日本经济体制变革研究》，辽宁大学出版社2004年版。

［45］金仁淑：《投资大匡的兴衰——日本对外直接投资模式及效用研究》，吉林人民出版社2004年版。

［46］贝弗里奇：《贝弗里奇报告》，中国劳动社会保障出版社2004年版。

［47］沈洁：《日本社会保障制度的发展》，中国劳动社会保障出版社2004年版。

［48］王元月、游桂云、李然：《社会保障——理论、工具、制度、操作》，企业管理出版社2004年版。

［49］王珏：《世界经济通史（中卷）经济现代化的进程》，高等教育出版社2005年版。

［50］杨晓波：《社会保障基金运行的经济分析》，中国人事出版社2006年版。

［51］孙健夫：《社会保障概论》，经济管理出版社2007年版。

［52］吕学静：《社会保障国际比较》，首都经济贸易大学出版社2007年版。

［53］《新大不列颠百科全书》，中国大百科全书出版社2007年版。

［54］黄海峰：《德国循环经济研究》，科学出版社2007年版。

［55］萧国亮、隋福民：《世界经济史》，北京大学出版社2007年版。

［56］张广利：《社会保障理论教程》，华东理工大学出版社2008年版。

［57］赵立新：《德国日本社会保障法研究》，知识产权出版社 2008 年版。

［58］郑造桓：《社会保障：问题与对策》，浙江大学出版社 2008 年版。

［59］杨栋梁：《日本近现代经济史》，世界知识出版社 2010 年版。

［60］宋士云：《新中国社会保障制度的结构与变迁》，中国社会科学出版社 2011 年版。

［61］杨莲秀：《社会保障法学》，北京大学出版社 2011 年版。

［62］杨华：《日本社会保障制度研究》，中国财政经济出版社 2011 年版。

［63］金仁淑：《日本经济制度变迁及绩效研究》，中国经济出版社 2012 年版。

［64］宋健敏：《日本社会保障制度》，上海人民出版社 2012 年版。

［65］赵永生：《日本国民皆保险研究》，中国劳动社会保障出版社 2013 年版。

［66］张五常：《经济解释（第三卷）》，中信出版社 2013 年版。

（二）期刊文章（按时间顺序排列）

［1］福武直、许良村：《日本社会和社会保障》，《社会》1982 年第 1 期。

［2］郭士征：《日本的社会保障及其国际比较》，《世界经济》1991 年第 11 期。

［3］郑功成：《我国古代社会保障思想及其评价》，《上海保险》1991 年第 4 期。

［4］侯星芳：《概述日本的社会保障制度》，《世界经济与政治论坛》1993 年第 3 期。

［5］张季风：《日本劳动力市场的新变化与走势探析》，《世界经济与政治》，1993 年第 6 期。

［6］孟薇：《浅析战后日本"生活保护法"及社会保障制度》，《现代日本经济》1994 年第 5 期。

［7］熊必俊、韩孟：《日本的社会保障制度框架及其最新改革动向》，《经济学动态》1994 年第 6 期。

［8］杨巍巍：《日本社会保障制度的发展过程及其基本框架》，《人口学刊》1994 年第 6 期。

［9］吕德才：《社会保障产生及其运行过程中的人口原因分析》，《人口学刊》1994 年第 5 期。

[10] 田夫：《日本社会保障制度掠影》，《社会工作》1995 年第 5 期。

[11] 王闻、石为华：《日本的社会保障制度》，《国际经贸研究》1996 年第 4 期。

[12] 山崎泰彦、沈士仓：《日本社会保障的发展过程》，《中国社会工作》1996 年第 4 期。

[13] 王榕平、王启民：《世界社会保障制度的历史渊源和发展概况》，《福建师范大学学报》1996 年 4 期。

[14] 马斌：《日本社会保障制度及其对中国的启示》，《生产力研究》1996 年第 1 期。

[15] 穆怀中：《中国社会保障水平研究（三）——中国适度社会保障水平选择》，《中国社会保险》1997 年第 2 期。

[16] 崔岩：《战后日本社会保障制度的发展及其启示》，《日本研究》1997 年第 2 期。

[17] 吕正明：《日本社会保障制度》，《中国改革》1998 年第 4 期。

[18] 金仁淑：《东亚金融危机中的日本态势》，《世界经济》1998 年第 12 期。

[19] 梁君林：《论社会保障的经济功能》，《山西财经大学学报》2001 年第 2 期。

[20] 苏光明：《浅析毛泽东、邓小平社会保障思想的差异》，《市场经济研究》2001 年第 3 期。

[21] 陈作章：《日本社会保障制度及社保基金的投资运营》，《日本经济》2001 年第 2 期。

[22] 杨祖义：《德国历史学派的经济史学解析》，《中南财经大学学报》2001 年第 5 期。

[23] 刘允斌：《社会保障基金与资本市场的关系及其经济增长效应研究》，《社会科学战线》2001 年第 5 期。

[24] 穆怀中：《社会保障水平经济效应分析》，《中国人口科学》2001 年第 3 期。

[25] 曾长秋、徐德莉：《毛泽东、邓小平的社会保障思想》，《中南大学学报（社会科学版）》2004 年第 3 期。

[26] 金仁淑、冯志：《强制性制度变迁与明治维新的二元效应》，《日本学

论坛》2004 年第 4 期。

[27] 金仁淑：《日本经济 10 年萧条中的政府失策及其启示》，《东北师大学报》2004 年第 2 期。

[28] 吴建华：《日本社会保障制度及对中国之启示》，《重庆职业技术学院学报》2005 第 2 期。

[29] 边恕、穆怀中：《日本公共年金隐性债务规模与解决方案》，《日本研究》2005 年第 3 期。

[30] 金仁淑：《日本政治制度演化与经济绩效》，《日本学刊》2005 年第 6 期。

[31] 刘强：《瑞典、芬兰居民收入分配状况及调节政策考察报告》，《经济参考研究》2006 年第 32 期。

[32] 臧少梅、于学江、修雁：《毛泽东、邓小平、江泽民的社会保障思想及中国的实践》，《内蒙古农业大学学报》2006 年第 3 期。

[33] 边恕：《日本养老保险制度变迁的经济福利效应分析》，《日本研究》2007 年第 2 期。

[34] 卡梅罗·梅萨-拉戈：《拉美国家社会保障（养老及健康保险）、劳动力市场及覆盖面研究》，《社会保障研究》2008 年第 2 期。

[35] 渡边雅南、韩冬雪：《现代日本社会结构的阶级分析》，《政治学研究》2008 年第 1 期。

[36] 张玉棉、张少磊：《日本公共年金制度改革及面临的新课题》，《日本问题研究》2008 年第 2 期。

[37] 王振鹏：《毛泽东、邓小平和江泽民社会保障思想比较研究》，《法治与社会》2008 年第 4 期。

[38] 张炜、吴宇：《日本社会保障支出水平与其经济发展关系的实证研究——基于 VAR 模型》，《日本问题研究》2008 年第 4 期。

[39] 边恕、孙雅娜：《日本年金制度的改革模式及其效果分析》，《现代日本经济》2009 年第 4 期。

[40] 张戌凡：《西方社会保障制度的经济学脉络》，《经济论坛》2010 年第 2 期。

[41] 宋金文：《日本会理保险改革及其动向分析》，《日本学刊》2010 年第 4 期。

［42］万美君：《我国人口老龄化对社会经济的影响》，《辽宁省社会主义学院学报》2010 年第 4 期。

［43］井上英夫：《老龄化与日本的社会保障》，赵菁译，《上海金融学院学报》2011 年第 4 期。

［44］高霖宇：《发达国家社会保障水平与收入分配差距关系及对中国的启示》，《地方财政研究》2011 年第 7 期。

［45］钟洪亮：《中国社会保障制度变迁中的政府责任：1949—2009》，《北京科技大学学报》2011 年第 3 期。

［46］姜丽美：《国外社会保障与劳动力市场关系研究综述》，《云南财经大学学报》2011 年第 2 期。

［47］王雅楠：《少子高龄化背景下日本公共年金制度改革》，《中国经贸导刊》2011 年第 12 期。

［48］邓雅丁：《国内外收入分配差距指标体系对比浅析》，《辽宁工业大学学报》2011 年第 2 期。

［49］睢党臣、吴雪：《老龄化背景下日本公共养老金信用危机及对中国的启示》，《经济问题探索》2012 年第 6 期。

［50］万美君：《社会保障发展历程及理论研究》，《辽宁公安司法管理干部学院学报》2012 年第 4 期。

［51］张玉棉、刘广献：《日本税制—社会保障"一体化改革"最新研究》，《日本问题研究》2013 第 1 期。

［52］张舒英：《日本人口老龄化与社保制度改革》，《求是》2013 年第 6 期。

［53］韩克庆：《中国社会保障制度的改革与发展》，《新视野》2013 年第 4 期。

［54］邵爱媛：《现代日本社会保障制度的历史探析》，《学园》2013 年第 28 期。

［55］刘江桥：《浅析日本施行的"社会保障和税一揽子改革方案"》，《劳动保障世界》2013 年第 24 期。

［56］万美君：《日本公共年金制度改革及对劳动力市场的影响》，《日本研究》2014 年第 2 期。

［57］谭睿：《日本老年社会保障制度改革的策略及启示》，《老龄科学研究》

2014 年第 7 期。

［58］董才生、陈静：《城镇企业职工社会养老保险"统账结合"模式的困境分析》，《珠江论丛》2014 年第 3 期。

［59］金仁淑：《日本消费税改革的经济效应探析》，《日本学刊》，2015 年第 2 期。

［60］朱火云：《社会保障对收入分配的影响——基于欧盟的证实分析》，《当代经济管理》2015 年第 4 期。

［61］门晓红：《日本城市化：历史、特点及其启示》，《科学社会主义》2015 年第 1 期。

［62］吕学静：《日本长期护理保险制度最新启示》，《中国人力资源社会保障》2016 年第 4 期。

［63］张季风：《"安倍经济学"给日本带来什么》，《领导科学论坛》2016 年第 8 期。

［64］穆怀中、柳清瑞：《中国养老保险制度改革关键问题研究》，中国劳动社会保障出版社 2006 年版。

［65］张庆洪、岳远斌：《养老保险基金对收入分配的影响分析》，《广西大学学报》1998 年第 4 期。

［66］金仁淑：《日本内部劳动力市场衰败的理性分析》，《世界经济研究》2007 年第 12 期。

［67］田伟：《企业养老保险缴费率对城镇就业影响研究》，经济科学出版社 2022 年版。

［68］文太林：《我国养老保险制度对劳动力市场的影响》，《金融与经济》2007 年第 12 期。

（三）学位论文（按时间顺序排列）

［1］李双月：《日本适应人口老龄化的社会保障制度改革》，河北大学硕士学位论文，2001 年。

［2］庄志杰：《社会保障制度研究》，厦门大学博士学位论文，2001 年。

［3］万美娜：《社会保障资金筹措与国有股减持》，湘潭大学硕士学位论文，2002 年。

［4］李鹏军：《日本老龄化问题及其对策研究》，西南师范大学硕士学位论文，2003 年。

［5］郑支农：《社会保障制度研究》，华南师范大学硕士学位论文，2003年。

［6］林毓铭：《中国社会保障制度可持续发展的分析与评估》，武汉大学博士学位论文，2004年。

［7］刘波：《当代英国社会保障制度的系统分析与理论思考》，东北师范大学博士学位论文，2005年。

［8］王艳华：《日本老龄化社会和日本社会保障体系分析》，对外经济贸易大学硕士学位论文，2005年。

［9］张姝：《社会保障权论》，吉林大学博士学位论文，2005年。

［10］王春娟：《20世纪50年代以来中国社会保障制度变迁研究》，西北大学硕士学位论文，2005年。

［11］胡威：《社会保障制度及其政治价值原则研究》，吉林大学博士学位论文，2005年。

［12］王宇：《社会保障立法模式研究》，黑龙江大学硕士学位论文，2005年。

［13］孙永勇：《社会保障对储蓄的影响》，武汉大学博士学位论文，2005年。

［14］练伟：《日本年金（养老金）制度改革与完善研究》，河北大学硕士学位论文，2006年。

［15］王伟：《人口老龄化对日本经济的影响及日本政府的对策研究》，东北财经大学博士学位论文，2007年。

［16］崔燕：《中日养老保险制度的法社会学解读》，山西大学硕士学位论文，2008年。

［17］黄敏：《我国财政社会保障支出的适度水平研究》，河北大学硕士学位论文，2008年。

［18］张在萍：《社会保障适度水平的测定与分析》，山东大学硕士学位论文，2008年。

［19］耿军锋：《中日经济体制比较研究》，延安大学硕士学位论文，2008年。

［20］王群：《中国特色社会保障理论与实践问题探索》，吉林大学博士学位论文，2010年。

［21］葛永哲：《中日养老金管理体制比较分析》，吉林大学硕士学位论文，

2010 年。

[22] 张陆：《日本养老保险基金的运营管理及对中国的启示》，延边大学硕士学位论文，2010 年。

[23] 张少磊：《日本公共年金制度代际不公平问题研究及启示》，河北大学硕士学位论文，2010 年。

[24] 黄永辉：《日本养老保险制度改革研究》，华中师范大学硕士学位论文，2011 年。

[25] 郑茂：《社会保障制度发展路径研究——基于国际比较的视角》，西南财经大学博士学位论文，2011 年。

[26] 熊淑芳：《中国和日本社会保障制度比较研究》，郑州大学硕士学位论文，2011 年。

[27] 梅婧：《社会保障制度下的中日社会保险比较研究》，南昌大学硕士学位论文，2012 年。

[28] 王晓波：《战后日本年金制度研究》，东北师范大学硕士学位论文，2012 年。

[29] 颜曼婧：《社会保障对居民消费行为影响研究》，湖南师范大学硕士学位论文，2012 年。

[30] 牟晓伟：《日本储蓄率变动及其影响研究》，吉林大学博士学位论文，2012 年。

[31] 江传龙：《我国社会保障适度水平的测定与分析》，安徽财经大学硕士学位论文，2012 年。

[32] 齐琳：《20 世纪 60、70 年代日本政府调节贫富差距的政策研究》，天津商业大学硕士学位论文，2012 年。

[33] 张伊丽：《人口老龄化背景下日本公共养老金制度的经济学分析》，华东师范大学博士学位论文，2013 年。

[34] 金太顺：《日本养老保险制度借鉴研究》，东北师范大学硕士学位论文，2013 年。

[35] 陈晶：《中国人口老龄化的经济效应分析》，辽宁大学博士学位论文，2013 年。

[36] 孟喜灵：《胡锦涛社会保障城乡统筹思想研究》，浙江农业大学硕士学位论文，2013 年。

［37］赵毅博：《日本养老保障体系研究》，吉林大学博士学位论文，2014 年。

二、外文文献

［1］Japan，"Social security of Japan"，Tokyo，1950.

［2］Runciman Walter G.，"Problems of Research on Relative Deprivation"，*European Journal of Sociology*，1961，2（2）：315－323.

［3］Friedlander S.，M. Silver，"A quantitative study of the determinants of fertility behavior"，*Demography*，1967（4）：30－70.

［4］J. Mincer，"Investment in human capital and personal income distribution"，*Journal of Political Economy*，1958（66）：281.

［5］Alvin I.，"Schorr. Still Waiting for Welfare Reform"，*New York Times*，1974.

［6］Kelly W. R.，P. Outright and D. Hittle，Comment on Charles F. Hohm's "Social security and fertility：An international perspective"，*Dernography*，1976（13）：581－586.

［7］Martin Feldstein，"Social Security，Induced Retirement，and Aggregate Capital Accumulation"，*Journal of Political Economy*，1974，82（5）：905－926.

［8］Yitzhaki Shlomo，"Relative Deprivation and the GiniCoefficient"，*Quarterly Journal of Economics*，1979（2）：321－324.

［9］Burkhauser Richard V.，"Are Women Treat－ed Fairly in Today's Social Security System?"，*Gerontologist*，1979（3）：242－249.

［10］Hohm C. F.，Fred J. Galloway，Carl G. Han－son，and Daniel A. Biner，"A reappraisal of the social security－fertility hypothesis：A bi－directional approach"，*The Social Science Journal*，1984，23（2）：149－168.

［11］Noriaki Niwata，The theory of insurance and social security in Japan，the Insurance Institute of the Keio University，1986.

［12］"Notes and Brief Reports"，*Social Security Bulletin*，1987（8）：29－34.

［13］M. J. Boskin，L. J. Kotlikoff，D. J. Puffert，J. B. Shoven，"Social Security：A Financial Appraisal Across and Within Generation"，*National Tax Journal*，1987，40（1）：19－34.

［14］K. Murakami，Retirement benefits and pension plans in Japan，Tokyo：Sophia University, 1991.

[15] Cocrance A. , *Comparing Welfare State*, London: MacMillan Press Ltd, 1993.

[16] Catherine Jones Finer, "Capitalist Welfare Systems: A Comparison of Japan, Britain and Sweden", *Joumal of Social Policy*, 1994 (4): 593-594.

[17] Rickards Robert C. Child Care, "Higher Education, and Pension System in Japan and the United States", University of Texas at Austin, 1993.

[18] Glenn Hubbard, Jonathan Skinner, Stephen P. Zeldes, "Precautionary saving and social insurance", *Journal of Pohcical Economy*, 1995 (2): 360-399.

[19] Davis E. P. , *Pension funds: Retirement Income Security and Capital Markets. An Znternational Perspective*, Oxford University Press, 1995.

[20] Madonna Harrington Meyer, "Making Claims as Workers or Wives: The istribution of Social Security Benefits", *American Sociological Review*, 1996, 61 (3).

[21] Peter Gottschalk, Timothy M. , Smeeding, "Cross-national Comparisons of Earnings and Income Inequality", *Journal of Economic Literature*, 1997, 35 (2).

[22] Shibata Yoshihiko, Nihon No Shakai Hosho, "Social Security of Japan." Shin Nihon Shuppan-Sha. 1998.

[23] Barker Robert L. , *The Social Work Dictionary 4th Edition*, Washington D. C. : NASW Press, 1999.

[24] Marcus Rebick, "Japanses Labour Markets: can we expext significant change?", *Oxford University Discussion Paper Series*, 2001.

[25] T. Kato, "The end of lifetime employment in Japan?: Evidence from national surveys and field research", *Journal of the Japanese and International Economies*, 2001 (15): 489-514.

[26] Masanobu M. Asuda, Katsuhisa K. Ojima, "Japanese Social Security for the Elderly from a Viewpoint of Life Cycles", *Review of Population and Social Policy*, 2001 (10): 37-54.

[27] Lee R. , Edwards R. , "The Fiscal Impact of Population Aging in the US: Assessing the Uncertainties", *Tax Policy and the Economy*, 2002 (16): 141-180.

[28] Robert L. Clark, Olivia S. Mitchell. , "Sterengthening employment-basde

pensions in Japan", *Nation bureau of economic research*, 2002 (4): 4–7.

[29] Neil Gilbert, Moshe Sherer, Peter Taylor – Gaiby, Robert R. Friedman, "Modern Welfare States", *British Journal of sociology*, 1990, 41 (1): 142.

[30] Yamamoto K. , "Feasibility Study of Public Pension Reform", *Journal of the Society for Pension Study of Japan*, 2003, 22 (7).

[31] Robert Holzmann, Edward Palmer, "Pension ReformIssues and Prospects for Non – Financial Defined Contribution (NDC) Schemes", Proceedings of the NDC Conference in Sandhamn, Sweden, 2003.

[32] Tetsuo Fukawa, Katsuya Yamamoto, "Japanese Employees' Pension Insurance: Issues for reform", *The Japanese Journal of Social Security Policy*, 2003 (1): 6–12.

[33] Atsushi Seike, "Pension Reforms toward an Aging Society", *The Japanese Journal of Social Security Policy*, 2003 (6).

[34] Toshiaki Tachibanaki, "Social Security Reform in Japan in the 21 st Century", Economics of Social Security in Japan, Kyoto University, 2004.

[35] Morgan Peter, "Japan's Pension Reforms: The Myth of the Pension 'Crisis' ", HSBC mimeo February, 2004.

[36] Development of Japan's social security system. Institute for International Cooperation Japan International Cooperation Agency, 2004.

[37] "Tax and Social Security Reforms in an Aging Japan", Springer, 2004.

[38] Toshiaki Tachibanaki, *The economics of social security in Japan*, Edward Elgar, 2004.

[39] Takashi Oshio, "Social security and intragenerational redistribution of lifetime income in Japan", *Japanese Economic Review*, 2005, 56 (1): 85–106.

[40] Leonard J Schoppa, *Race for the exits: The unraveling of Japan's system of social protection*, New York: Cornell University Press, 2006.

[41] Takashi Oshio, Social security and intra–generational income redistribution in Japan, Kobe: Kobe University, 2006.

[42] Komamura K. , "The 2004 pension reform and the impact of rapid aging in Japan", *Japanese Journal of Social Security Policy*, 2007 (1) .

[43] Louis D. Hayes, *Introduction to Japanese politics*, New York: M. E. Sharpe, Inc. 2008.

［44］ Slemrod Joel, Jon Bakija, *Taxing Ourselves* (*Fourth Edition*), Cambridge: MIT press, 2008.

［45］ Hahn J., Shelton A. M., "The effects of no social security COLA on Medicare Part B premiums", *Congressional Research Service*, 2009（10）.

［46］ Shelton A. M., "The impact of Medicare premiums on Social Security beneficiaries ", *Congressional Research Service*, 2009.

［47］ Shimizutani S., T. Oshio, "New evidence on initial transition from career job to retirement in Japan", *Industrial Relations: A Journal of Economic and Society*, 2010: 248-274.

［48］ Anthony Webb, "Social Security Programs and Retirement around the World: The Relationship to Youth Employment", University of Chicago Press, 2010.

［49］ Diamond, Jess, *Essays on the Japanese labor market*, California: UC San Diego, 2011.

［50］ Noriyuki Takayama, " *Japan's* 2012 *Social Security Pension Reform* ", RIPPA and JRI Pension Research Chair Professor at Hitotsubashi University, 2012.

［51］ 近藤文二：「社会保障」『中央労働学園』1949 年。

［52］ 山田雄三：「社会保障研究序説」『社会保障研究所』1968 年。

［53］ 孝橋静子：「高度経済成長期以降の女性労働者の状態：家族制度と女性労働・社会保障との関係に関する研究」『華頂短期大学』，2000-12-20。

［54］ 森宏一郎：「年金積立金の過去と未来；年金積立金の意味と将来の模擬」『日医総研仕事論文』49 号，2001-07。

［55］ 土居仗郎、星岳雄：「財政投資計画に勘定する」，載『比較』，2003年第 7 期。

［56］ 中嶋邦夫、上村敏之：「1973 年から2004 年までの年金改革が家計の消費貯蓄計画に与えた影響」『生活経済学研究』2006-09-30。

［57］ 村上あかね：「少子高齢社会における生活保障と世代間関係」『財団法人家計経済研究所，フォーラム現代社会学』2007-05-26。

［58］ 久保和華：「公的年金改革の問題点：遺産に関する一考察（続）」『宮崎公立大学人文学部紀要』2007-03-20。

［59］ 脇田滋、井上英夫、木下秀雄：「若者の雇用．社会保障：主体形成と制度．政策の課題」『日本評論社』2008 年。

［60］安宅川佳之：「少子高齢化時代の社会保険制度の展望」『日本福祉大学経済論集』第 40 号，2010-03-31。

［61］馬場晋一：「所得格差　と起業活動に関する考察－ジニ係数と起業率の回帰分析による検証－」『立教ビジネデザイン研究』第 8 号，2011 年。

［62］池本美香：「経済成長戦略として注目される幼児教育．保育政策：諸外国の動向を中心」〝日本総合研究所，教育社会学研究』第 88 集，2011 年。

［63］西沢和彦：「税と社会保障の抜本改革」『日本経済新聞出版社』2011 年。

［64］丸尾直美：「社会俣障、税、雇用、成長の一体改革」『週刊社会保障』所載，2012-05。

［65］八塩裕之：「公的年金の『物価スライド』と消費税」『会計検査研究』第 45 号，2012 年。

［66］堀真奈美：「社会俣障システムの再構築に向けて」『生活福祉研究』2012-02。

［67］原正行：「逆 U 字曲線仮説について－政治・経済学の視点から－」『摂南経済研究』第 3 巻第 1・2 号，2013 年。

［68］小平裕：「公的年金の現行制度と評価」『成城．経済研究』第 199 号，2013-01。

［69］社会保障改革研究会：「特別掲載万一の財政危機に社会保障はどうするのか（上）」『週刊社会保障』2013-10。

［70］広瀬義朗：「カナダの1987 年所得税改革後の所得階層・世代別租税負担構造の変化」『中央大学経済研究所年報』第 45 号，2014 年。

［71］丸尾直美：「日本の医療保障制度（問題と持続可能な制度への改革）」『尚美学園大学総合政策論集』第 18 号，2014-06。

［72］田中明彦「国民皆年金下の障害基礎年金の『保険料納付要件』の解釈のあり方：障害基礎年金不支給決定取消訴訟事件に係る意見書」『賃金と社会保障』2015-9。

［73］岡室美恵子：「中国における介護保険制度導入に関する初期的考察」『千葉経済論叢』第 53 号，2015 年。

［74］佐川英美：「福祉国家論考新しい福祉ガバナンスの前提認識と方向

性」『キリストと世界：東京基督教大学紀要』第 25 号，2015-03。

　　［75］井上由起子：「高齢者福祉における住まいの保障」『生活経済政策』第 224 号，2015-09。

　　［76］吉岡成子「経済・財政再生計画の目安のもとでの社会保障関係予算」『生活経済政策』2016-02。

　　［77］石橋敏郎，角森輝美，山田綾子：「保健・医療・福祉における社会保障制度の変容（下）」『アドミニストレーション』2016-02。

　　［78］西野辰哉：「2010 年の介護保険関連施設利用者率からみた2025 年改革モデルの検証とその定量的整備指標の応用可能性」『日本建築学会計画系論文集』2016-03。

　　［79］髙野亜紀：「介護保障ネット〈事例報告〉（第 9 回）Bさん（連載第 2 回）に続いて同じ市で24 時間介護が認められたIさんの事例」『賃金と社会保障』2016-03。

　　［80］川上哲：「社会保障改革における財政制度等審議会の役割」『賃金と社会保障』2016-03。

　　［81］永嶋信二郎：「社会保障としてのベーシック・インカム」『仙台白百合女子大学紀要』2016 年 3 月。

　　［82］和泉徹彦，齋藤香里，白石憲一，卓涓涓：「全国消費実態調査を用いた消費・貯蓄、貧困、介護サービスの分析」『生活経済学研究』第 143 号，2016-03。

　　［83］高橋幸裕：「高齢者の看取り支援に対する政策的課題」『尚美学園大学総合政策研究紀要第 27 号』2016-03。

　　［84］上田英一郎，金沢徹文：「米田博保険診療の仕組み」『科学評論社』2016 年。

　　［85］安達和夫：「社会保障クライシス」『東京：幻冬舎メディアコンサルティング』2016 年。

　　［86］前市岡楽正：経済格差—橋木・大竹両教授の論点，http：//www3. keizaireport. com/report. php/RID/50214/。

　　［87］阿布彩：子供の貧困日本の現状，http：//www. nhk. or. jp/kaisetsu−blog/400/122784. html。

三、网络文献及其他

［1］中华人民共和国政府网（http：//www. gov. cn/）

［2］中华人民共和国国家统计局（http：//www. stats. gov. cn/）

［3］理论人民网（http：//theory. people. com. cn/）

［4］中华人民共和国人力资源和社会保障部（http：//www. mohrss. gov. cn/ index. htm/）

［5］国民年金基金联合会（http：//www. npfa. or. jp/）

［6］日本首相官邸网站（http：//www. kantei. go. jp/）

［7］日本厚生劳动省网站（http：//www. mhlw. go. jp/）

［8］日本总务省统计局网站（http：//www. stat. go. jp/）

［9］美联储官方网站（http：//www. federalreserve. gov/）

［10］日本银行（http：//www. boj. or. jp/）

［11］日本内阁网站（http：//www. boj. or. jp/）

［12］日本内阁府（http：//www. cao. go. jp/）

［13］国际货币基金组织 IMF（http：//www. imf. org/external/index. htm/）

［14］国立社会保障人口问题研究所（http：//www. ipss. go. jp/）

［15］中华人民共和国民政部（http：//www. mca. gov. cn/）

［16］中华人民共和国财政部（http：//gks. mof. gov. cn/）

［17］豆丁网（http：//www. docin. com/）

［18］日本年金机构（http：//www. nenkin. go. jp/kanyu/index. html/）

［19］金辉：《社保基金与资本市场互动已成国际惯例》，《经济参考报》 2012 年 3 月 29 日。

［20］习近平：《关于〈中共中央关于全面深化改革若干重大问题的决定〉 的说明》，《人民日报》2013 年 11 月 16 日。

［21］王伟：《日本社会保障的改革与课题》，《中国社会科学院院报》2004 年 2 月 10 日。

四、笔者攻读学位期间发表的学术论文目录

发表论文：

［1］万美君：《我国人口老龄化对社会经济的影响》，《辽宁省社会主义学院

学报》2010年第4期。

[2] 万美君：《土地制度经济视角解析——基于〈地权的逻辑〉》，《辽宁公安司法管理干部学院学报》2011年第2期。

[3] 万美君：《社会保障发展历程及理论研究》，《辽宁公安司法管理干部学院学报》2012年第4期。

[4] 万美君：《社会保险制度的经济分析》，《学理论》2013年第35期。

[5] 万美君：《社会保障基金资产组合模型研究》，《辽宁公安司法管理干部学院学报》2014年第2期。

[6] 万美君：《日本公共年金制度改革及对劳动力市场的影响》，《日本研究》2014年第2期。

[7] 万美君：《中国农村社会保障制度改革方向》，《沈阳干部学刊》2014年第5期。

[8] 孟翔飞、刘玉梅、万美君：《中国城镇化进程中的城市贫困问题——以辽宁省为例》，《地方财政研究》2015年第2期。

[9] 曲娜娜、万美君：《辽宁省老龄事业发展的现状分析》，《法制与社会》2015年第34期。

[10] 万美君、曲娜娜：《辽宁养老机构专业服务人员队伍建设》，《商》2015年第30期。

[11] 万美君、曲娜娜：《辽宁城镇居民机构养老意愿调查分析》，《辽宁经济》2015年第10期。

[12] 万美君：《辽宁养老机构发展现状分析》，《合作经济与科技》2015年第21期。

[13] 曲娜娜、万美君：《辽宁省养老模式的新途径探索》，《法制博览》2015年第28期。

[14] 万美君：《互联网＋时代养老政策探究》，《中国市场》2016年第33期。

编写教材：

[1] 李文生：《西方经济学》，中国建材工业出版社2012年版，第一副主编。

[2] 赵艳玲：《经济学基础》，西北工业大学出版社2013年版，第一副主编。

参与课题：

［1］辽宁省社科联："辽宁省完善网络群体性突发事件应对机制的对策研究"，2012 年结项。

［2］辽宁省社会科学基金会："辽宁省城镇化进程中的贫困问题研究"，2015 年结项。

［3］辽宁省社会科学规划基金项目："老龄事业发展难点研究——以辽宁省养老服务发展的难点为视角"，2010 年立项。

后　记

　　书稿收笔的那一刻，我的心情无比复杂，有喜悦，有激动，有感悟也有反省。书稿从选题、构思框架到最后成稿，回头发现已有五年多的时间，我已经由为人女到为人母，在这期间感慨颇多。

　　该书稿在两年前就已经起笔，但由于种种原因迟迟没有完成。漫长的写作是一种煎熬，是一种磨炼，也是一种体验。思路闭塞之时，那种痛苦让人压抑，思路顺畅之时，又是何等的欢快。只有自己亲身经历了这一过程，才能更真切地体会到其中的酸甜苦辣。整个博士求学生涯及书稿的写作升华了我的人生价值观，促使我不断自我认识、自我挑战。在写作期间，我在不断地反省生活与工作如何统筹、陪伴孩子与完成学业如何取舍？很多的问题困扰着我，困惑有时会成为障碍，但有时也会成为动力。今天能够完成书稿，离不开老师、同学、朋友、家人对我的关心和帮助，是他们在背后默默地支持我、鼓励我。

　　感谢我的导师金仁淑教授，她不仅对该研究的选题及结构设置给予了我大量的帮助，还在精神上对我进行鼓励和支持，让我有了坚持下去的动力。她深厚的学术底蕴，严谨的治学态度，高尚的师德，严于律己、宽以待人的师者风范，平易近人的人格魅力深深地影响着我。金仁淑教授的教诲，不仅让我树立了远大的求学目标，还使我明白了许多做人做事的道理。在此，谨向导师表示崇高的敬意和衷心的感谢！

　　感谢中国政法大学商学院的孙选中教授、李晓教授、柴小青教授、于淼教授，他们为书稿的结构和内容提出了许多宝贵的建议。当然，也要感谢商学院唐丽娟、李琼华、张婷等老师给予我的帮助。

　　感谢我的同窗好友彭博、张波、高令、梁邵泽、柴桦及同门张莹、吕昕霞对我写作的大力支持，感谢他们在资料收集、翻译等方面付出的努力，希望友谊长存。

感谢辽宁公安司法管理干部学院的孟翔飞院长、邓玉萍教授、刘明彦教授、李可强教授、佟丽萍教授、张素德主任、杨国主任、张春萍主任、戢迎晖主任、刘文东主任、贾彦主任、梁峰老师等对我学业的支持及生活的关心和帮助。

感谢父母的养育之恩，谢谢他们无私的奉献和帮助。同时，要感谢我的公公婆婆，谢谢他们辛勤操劳，克服家庭困难给予我的帮助，让我有更多的精力进行写作。更要感谢我的爱人金鑫对我的理解、包容和支持。

感谢中国政法大学和商学院为我创造的良好的学习环境，架设了提升自我的平台。在今后工作和学习的道路上，我会继续努力，向着我的人生目标，不断前行。

最后，再次感谢所有关心、支持、帮助过我的人。

万美君

2022 年 11 月